学歴の専有と意味

投資・身体化・文化圏

Appropriation and Meaning of Academic Career
—Investment, Embodiment, Cultural Sphere—

黄　順姫 ◎ Whang Soon Hee

学文社

まえがき

本書は、筆者がこれまで執筆した単著『日本のエリート高校—学校文化と同窓会の社会史』（世界思想社、1998年）、『同窓会の社会学—学校的身体文化・信頼・ネットワーク』（世界思想社、2007年）に続くものであり、本書をもって三部作となる。これら前著二冊は、それぞれ、韓国日本学会（2003年）、韓国日本教育学会（2010年）で学会賞（学術賞）を受賞した。この流れを汲む本書『学歴の専有と意味—投資・身体化・文化圏』を読む皆さんに、本書の特徴を簡単に述べることにする。

第一に、本書は、学歴を取得すること、およびその意味について、多様な視座から考察し分析したものである。すなわち、「投資として学歴」は取得した当該者にどのような機能を果たすのか、についてである。この領域において従来の研究は主に、社会的に「地位形成機能」と再生産による「地位表示機能」に沿って論じられてきた。しかしながら、現代は社会の構造変動に伴い、高等教育への進学アスピレーションが高くなり、他方、出産率の低下等による人口減少も生じ、大学進学へのアクセスが容易となり、進学率が増加してきた。なお、社会階層構造においても、両極化が進み、中流階層の人々が減少し、彼らが上流階層と下流階層のどちらかへと移動せざるを得なくなることが加速化している。このような社会現象のなかで、人々は社会的地位を再生産、維持することを望むことはもちろん、ひいては社会的地位が落ちてしまうことを恐れ、そのリスクを削減するために大学の学歴取得を求めて進学する場合が増加する。特にポストモダンの現代では、家族、地域、会社など伝統的な共同体が崩壊しつつあり、個人は、いつどのようなときでもリスクが生じる「リスク社会」のなかで生きることになる。したがって、個人はリスクが生じる際に社会的な地位の降下を防衛するために、または自らの社会的地位降下を防衛してくれる高学歴の機能を信頼して学歴を取得・専有している。

特に、特定の学歴を専有する人はその学歴ゆえに、経済的資本のみならず文化的資本・社会的資本を有すると解釈され、特定の文化的、社会的地位のある人々のグループへ入ることができるかどうかのゲートの前に立たされる。そしてその社会圏へ包摂されるか、排除されるかになる。この意味で学歴はゲートを通過するかどうかのパスポートのような機能を果たすことになる。結局、高学歴は文化的、社会的地位のグループに入れるパスポートを手に入れ、その地位から落とされることなく、安心、安全に特定地位のグループのなかで他者と相互関係を維持することができる。したがって筆者は、本書のなかで、現代社会の構造変動のなかで新たに生じている学歴の「地位降下防衛機能」を見出し、概念化を試みた。

第二に、本書の特徴は、長年にわたって同窓生たちがライフステージを移行する過程で母校の記憶と実践の再構築と再社会化機能について分析を行ったことである。学年同窓会は、彼らが80歳代から90歳代前半に学年同窓会を廃止する場合が多い。たとえば、2023年調査対象校の東京支部の総会で、敗戦後高校制度改革によって1949年に入学し、1952年に卒業した学年同窓会の代表は、同級生たちが90歳であり、物故者が多くなっているので学年同窓会を閉鎖すると報告した。彼らは戦後最初に男女共学が実施された学年であった。参考までに2022年の男子の平均寿命は81・05歳、女子のそれは87・09歳となっている（厚生労働省「令和4年簡易生命表」）。すなわち、1952年卒業の学年は男女ともに、平均年齢を超えてまで毎年学年同窓会を開催したことがわかる。毎年の学年同窓会の会合では物故者への黙禱を捧げ、記念文集には在学時代の写真と姓名を記録して同窓生たちに知らせる。学年同窓会を閉鎖するのは、各学年によって多少差異があるもののほとんどは80歳代からである。そのため、高齢の同窓生たちは、長年の人生を共にした自らの同窓生たちを「運命共同体」と称する。

筆者が本書の第3章、第4章で調査対象にした学年は1968年、1969年に高校を卒業した人々である。特に1969年卒業した学年の人々については、1992年から2024年現在まで32年間調査を続けた。彼らが42歳の時から2024年現在73歳に至るまでになっている。しかし、この調査対象校の卒業生や高校生の調査は1986年から行っており、1987年は高校を卒業し大学生、大学院生を対象に面接調査を行った（「ハビトゥスによる学校生活への適応過程―高校段階における事例を通して―」『教育社会学研究』第43集、東洋館出版社、1988年、163-175頁）。その後は、学校の協力を得て生徒たちの調査、同窓会事務局の協力で20歳から71歳までの同窓生たちを対象に質問紙調査を行った。その後も継続して38年間をかけて研究をしてきた。

このように同一の調査対象校の生徒および同窓生を長年にわたって、多様な研究方法による持続的な研究を行ってきたことは、国内の教育社会学研究ではまれなのではないだろうか。第3章と第4章での分析を通して、同窓生たちは同窓会という「社会圏」、「文化圏」のなかで、過去の母校の記憶と実践を再構築し、同窓会文化へ再社会化していることを明らかにした。したがって、学歴はそれを専有している人々が長年同窓会で社会関係を維持し、互いに母校への回顧的社会化と、現在の同窓会文化への社会化を通して、「再社会化機能」を果たすことをはじめて明らかにした。学歴を文化の視点からみたときに、母校における学校文化への社会化に加え、人生の後期高齢期に至るまで学校文化を基に再社会化を継続し、彼らの身体文化を構築していくのである。

第三に、本書の特徴は、学校研究において時代のスペクトラムが広い。1940年代の戦時期に名門の旧制中学校と高等女学校の学校文化のメタファーの研究を行っている。前者は旧制中学校における戦時期の学校体育における身体文化の多重性と両義性についてであり、後者は高等女学校同窓会の身体文化のなかで戦時期の実践と記憶がいかに再構築されるのかのメカニズムを明らかにした。他方、現代においては、2000年代の野球、サッカーの強豪校部活動の身体文化を「信頼資本」「社会的資本」の蓄積メカニズム、および学校類型によって部活動で身体化するブランドの差異化を明らかにした。

さらに2010年代において、全国の高校教員を対象に質問紙調査を行い、学力格差と同窓会・卒業生の援助と支援が格差を固定化する機能を果たしていることを明らかにした。そのなかで、学校の伝統や文化の継承教育重視と同窓会・卒業生による支援の差異に相関関係があることも解明した。

さらにまた、本書では、2020年代初期の日本と韓国の教育システムの比較研究を行った。学歴主義における日本・韓国の教育の問題を比較分析し、学歴の機能について論じた。特に韓国では大学進学率が日本のそれより高く、学歴の地位降下防衛機能については、社会階層からの転落のリスク、不安だけでない。大学卒業の学歴をもたない場合、他者との相互作用を通して特定の文化的・社会的地位のあるグループへの参加・加入から排除されることへのリスクと不安が大きい。学歴の地位降下防衛機能は、大学への進学率が高く、進学を当然のように期待している韓国社会で特に有効に機能していることになる。

本書が学歴の専有と意味をめぐる研究書として、学問の発展に少しでも寄与し、その礎となることを願ってやまない。また学歴に関心を有する一般の読者にとって、投資としての、学校文化の身体化、ひいては同窓会の社会圏、文化圏について知的好奇心が少しでも満たされることができれば幸いである。

2024年3月

黄　順　姫

目次

学歴の専有と意味——投資・身体化・文化圏——

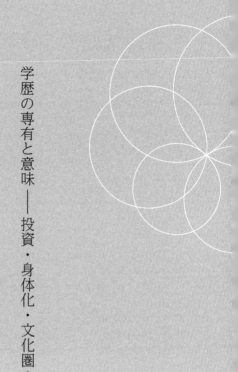

第1章　身体文化としての学校文化圏を読み解く理論枠組み

1　身体歴史の社会学

　本章は時代的、社会的環境のなかで学校生活を送った体験を有する同窓生たちの身体文化について考察を行う。過去の学校生活のなかで身体化し、年月を通して無意識のなかに維持、変容した学校的文化に焦点を当てるものである。本章では主に第2章から第6章の研究の基礎に位置づく理論枠組みについて考察する。

　本研究は次の二つの理論枠を基礎にして進めている。第一に、学校文文は同窓生たちの身体に刻まれている生きた歴史の社会学に位置づけられるものである。同窓生たちは過去の学校生活のなかで身体化した学校文化を、その後の生活のなかで無意識に維持、強化、変容させていく。第二に、同窓生たちは過去の記憶を喚起し、再生、再構築する過程で学校文化に新しい意味をもたせたり、あるいは、過去の意味づけを再度強化したりする。さらに、記憶の喚起、再構築の作業は生の営みとともに繰り返し行われるのである。

ここで、重要なのは、過去の時間、空間、出来事の喚起をどのように見なすかである。M・アルヴァックス（Maurice Halbwachs）は彼の著書『集合的記憶』のなかで、時間を次のようにとらえている。すなわち、時間はただ流れるものではなく、持続するものであり、現在になお存続するものである。そして、時間は過去を回顧する条件として、個人の意識に豊かな枠を与え、そこにさまざまな想い出を配置させ、過去を再発見することを可能にさせるのである。

人が過去の学校について記憶を喚起するとはすなわち、個人的な記憶の再生作業であると同時に、集合的記憶の再生でもある。在学時代の学舎、運動会、文化祭、修学旅行、部活動、友人関係、教師生徒間の関係、恋愛などそれが楽しいことであれ、辛いことであれ、また、その記憶の喚起を一人で行うのであれ、集団で行うのであれ、その再生の作業は集合的枠組みによって行われる。

アルヴァックスは個人が記憶を喚起する際の集合的記憶の枠組みについて、たとえば、建築家が主であった集団と旅した場合、その集団のなかに立ち戻り、集団の一員として彼らの観点を取り入れて「想い出」を再生するという。画家、または小説家などからなる集団の場合も同じである（アルヴァックス 1989：3-4）。

そしてたとえ一人で旅したとしても、厳密な意味では一人だけで「想い出」を作ったことにはならないし、それを回顧するときにも、一人だけの枠組みで思い起こすのではない。彼はロンドンを旅したときのことを思い出してこのように言う。「はじめてロンドンに行ったときには、セント・ポール大寺院や市庁官邸の前に立ち、ストランド街や裁判所周辺を歩いた時の多くの印象が、少年時代に読んだディケンズの小説を思い起こさせてくれた。だから私は、ディケンズとともにロンドンを散歩したのだった。この時には、いつでもどんな状況においても、私はただ独りでいたのでも、独りで考えていたのでもないと言える。というのも私は考えにひたりながら、あれやこれやの集団に身を置いていたからである」（アルヴァックス 1989：4）。たとえ個人が一人で自らの過去を回顧するとしても、さまざまな集団の成員として経験した集合的時間の社会的持続のなかに収斂するのである。このようにして、過去の物理的および社会的時間と空間のなかで集団の観点や観念をもちいて経験した個人的記憶は、集合的記憶の現象としてとらえることができるのである（アルヴァックス 1989：159–162）。

この個人的記憶を喚起、再生することは、過去を単に保存、想起するのではない。過去は、現在の基盤のうえで再構築されるのである。そして、個人的記憶の集合的枠組みは、単に個人的記憶の組み合わせによって構築されるのではない。この集合的枠組みは、集合的記憶がおのおのの時代、社会の支配的思考に調和して過去のイメージを再構築する手段として使われるのである（Halwachs 1925/1992：39–40）。

また、アルヴァックスは集団のなかで個人と他者が記憶を再構成することについて述べている。「われわれの記憶が他人の記憶によって助けられるためには、他人がわれわれに証言を与えてくれるだけでは十分ではない。さらにわれわれの記憶が他人の記憶と一致しつづけていることが必要であり、また、われわれの記憶と他人の記憶の間に多くの接触点が十分存在し、それらが喚起させる想い出が共通の基盤の上に、築かれることが必要なのである。想い出を得るためには、過ぎ去った出来事のイメージをバラバラに再構成するだけでは十分ではない。この再構成は、われわれの心の中だけでなく他の人びとの心にも存在する共通の所与や観念を出発点として、なされなければならない。なぜならそれらの所与や観念は、われわれの心から他人の心へ、また、その反対へと、絶えず繰り返して働いていくのであるが、それが可能となるのはそれらが同一社会の部分をなしており、しかもずっと続けて同じ社会に属しているからである、こうすることによってわれわれは、想い出が再認されると同時に再構成されることができるのを理解できる。」（アルヴァックス 1989：16–17）

過去の学校についての記憶を再生する作業にも同様のことがいえる。在学時代の記憶を一人で回顧するとしても、自分の枠組みから想起すると同時に、自らが属している集団の枠組みから想起し思考するのである。その集合的枠組みによって過去の学校は新しく構築されるのである。そして、個人は常に一人で過去の学校を回顧するだけではない。たとえ学校の文化を身体化しそれが無意識のうちに身体に刻まれ維持されても、意識の面では学校生活の思い出を忘れてしまう場合もある。それは思い出を維持していた記憶のなかの集団の成員でなくなった場合である。学校のことなど過ぎ去った過去のことであり、その集団の成員として過去を振り返ることをしなくなったとき、思い出を忘れてしまうのである。

しかし、過去の学校を完全に忘れて生きているなか、同級生、先輩・後輩、在学時代の教師などに再会すると、彼らに助けられ学校に対する自らの記憶を喚起し再構築することができる。なぜ記憶は蘇るのか。それは、他者とともに自身も記憶のなかの学校の構成員で、共通の思い出を作る作業に関与したからである。また、構成員ではありながら直接に相互行為を行わなくても、学校全体の行事に参加したり、共通の先生に影響されたりして、共通の思い出を抱いた場合である。すなわち、彼らは

「記憶の共同体」である。それと同時に、彼らは互いに助け合いながら自らのなかに存在する過去の学校を呼び起こし、回顧し、共に楽しむのである。すなわち、彼らは「記憶再生の共同体」でもある。このように彼らは同窓会の社会圏、文化圏という同じ社会に属していて記憶を再構築していくという意味で、彼らは「記憶の共同体」であり、かつ「記憶再生の共同体」なのである。

同窓生たちは、自らの身体に刻まれた過去の集合的記憶を、常に現在の時点から繰り返し想起、再構築し、再び身体に刻んでいく。これは、再構築し続ける、生きた痕跡としての身体である。したがって、本研究は、同窓生たちの生きている歴史としての身体を社会学的にとらえるものである。従来の「歴史主義」と区別される、「歴史の社会学」の理論に基盤をおく必要がある。研究の視点を、過去の時間軸にそったクロノロジカルな因果関連からではなく、過去を想起し再生する過程のなかで再構築する、生きられかつ生き続ける歴史の社会学的方法に位置づけるのである。

2 反省的身体（reflexive body）

本研究では、P・ブルデュー（Pierre Bourdieu）のハビトゥス概念およびその理論を基盤にし、それを発展させた理論枠のうえに同窓生の身体文化の分析を行う。ハビトゥスとは、個人がさまざまな状況に直面したとき、彼らが、その状況に適切に対処していくための心的・身体的な性向の体系である（Bourdieu, 1977：78-87）。それは過去の経験のなかで蓄積、統合され、なかば無意識的に習慣化された傾向、性向となる。そして結果的には個人の直面した状況に適切に対処していく。このハビトゥスは、現在だけでなく、未来の実践、および表象を生成する原理として作用するのである。さらに、ハビトゥスは、習慣化された体系を生成すると同時に、また、その体系における差異を知覚し、それを評価する体系でもある。したがって、ハビトゥスは、慣習行動およびその知覚を組織する構造であるとともに、身体化された構造として分割、評価される構造である。構造化する構造であり、また、構造化された構造である（ブルデュー 1989：260–271）。

では、同窓生の身体文化を研究していくうえで、なぜハビトゥスに着目するのか。同窓生たちが学校教育を受けてから、すでに数十年以上の年月がたっている場合がある。そのような同窓生としての身体文化を彼らの意識の部分だけで分析するのは表面的なことである。彼らの学校文化は無意識のうちにハビトゥス化され、長い年月のなかで変容し、再度、無意識のうちに身体化されているのである。したがって、身体文化の無意識的な部分までを射程に入れて分析するためには、ハビトゥスに注目する必要がある。また、現在の同窓生の身体文化を分析するために、学校的実践と記憶を方法的に分離して考える必要がある。

過去の身体化された学校的実践と記憶のハビトゥスは、それぞれの場（champ）のなかで、場の独自の論理にしたがって機能する。たとえば一方で、過去の学校的記憶は、学校生活を通して体得した「学校知」「学校生活の思い出」として表象の領域のなかで独自に機能し、また他方で、過去の身体化された学校的実践は、無意識に現在の行動領域のなかに顕現化し固有の機能を果たしている。極端な場合、過去の記憶は忘却してしまったにもかかわらず、過去に身体化した実践のハビトゥスは、現在

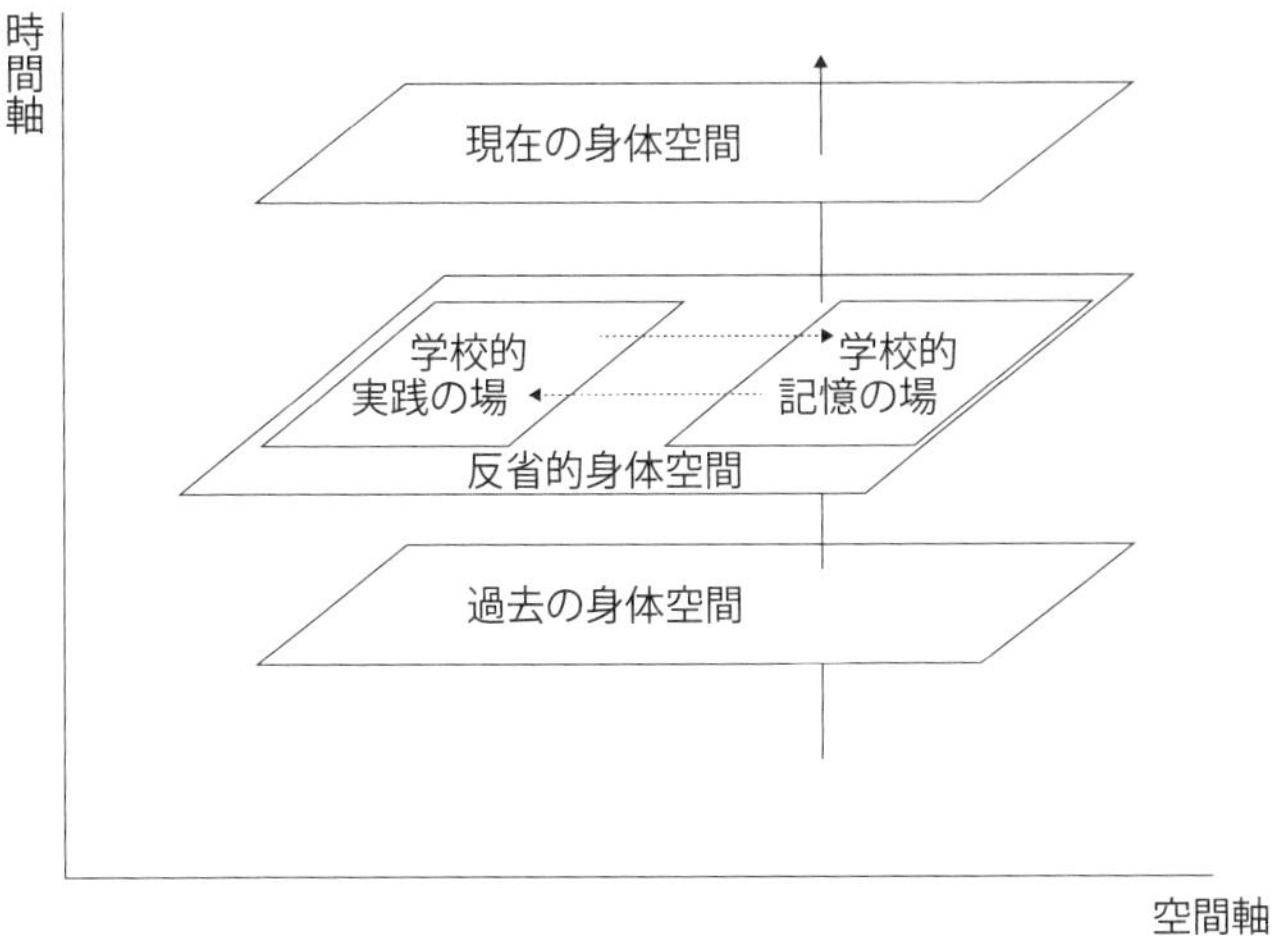

図1-1　学校的過去を再構築する反省的身体空間

なお無意識のうちに現れ続けるのである。

しかしながら実際には、過去の実践と記憶のハビトゥス体系は、それぞれの場の論理をこえて、互いに影響を及ぼす場合がある。たとえば、過去の記憶が現在の実践に、また、過去の実践が現在の記憶の再生様式に関わってくるのである。すなわち、一方で、過去の記憶への反省的作業のあり方、評価の仕方は現在の実践のハビトゥスを修正、再構築する。また他方で、過去の実践のハビトゥスは無意識のうちに現在の身体に顕現化し、過去の記憶を喚起する仕方、再構築のあり方を規定する。このように、過去の実践と記憶のハビトゥスは互いに関与し、知覚、評価を行い、影響を及ぼすのである。

図1-1は、反省的身体空間（reflexive body space）における実践と記憶の関係を表したものである。この図でわかるように、学校的実践と記憶の場は独自の構造を有しており、またそれぞれは複数の

ハビトゥス体系で成り立っている。たとえば、同窓生たちは、在学中の生徒、教師、家族、地域、職場などの集団のなかで相互作用を行い、実践と記憶のハビトゥスを形成した。このような下位ハビトゥスの複数性は、過去を回顧、再生する際に互いの関与的関係構造によって、総合的に調和した体系を再構築していく。そして、学校的実践と記憶の場は、反省的身体空間のなかで、独自の場の論理および互いへの関与の論理によって、同窓生たちの身体文化を再編成していくのである。

では、具体的に同窓生の過去の学校的実践と記憶のハビトゥスはどのように構築、再構築されるのか。そこでは、時間、空間、連続性が重要となる。同窓生の学校的身体の再構築作業は、時間および空間の軸のなかで反復して行われる。ブルデューは、社会の構造と個人の行為の関係のなかで、個人のハビトゥスがいかに構造化され、かつ構造化していくかの図式を提示した（ブルデュー 1989：262）。しかしながら、彼は、過去を回顧する時間および空間軸の連続的な過程のなかでハビトゥスがいかに再構造化され、かつ再構造化するかについては明確な図式を提示していない。

しかし、同窓生の学校的身体は、卒業後何十年が経過しても、過去の実践と記憶を回顧し内省することによって、ハビトゥスの再構築がなされるのである。このような現象を明らかにするために、時間、空間、連続性をとらえる新たな分析の道具が必要になる。

同窓生の現在の身体は、反省的身体空間のなかで、自らの過去の身体を想起し、内省を行う。ここでは、その過去と現在の交差において内省を行う身体を、「反省的身体（reflexive body）」と称する。反省的身体は次の三つの特徴を有する。第一に、反省的身体は過去を再生し、再構築する。そして、反省的身体の内容、および様式は、過去の身体を再生するときの集合的記憶の個人的・社会的枠の影

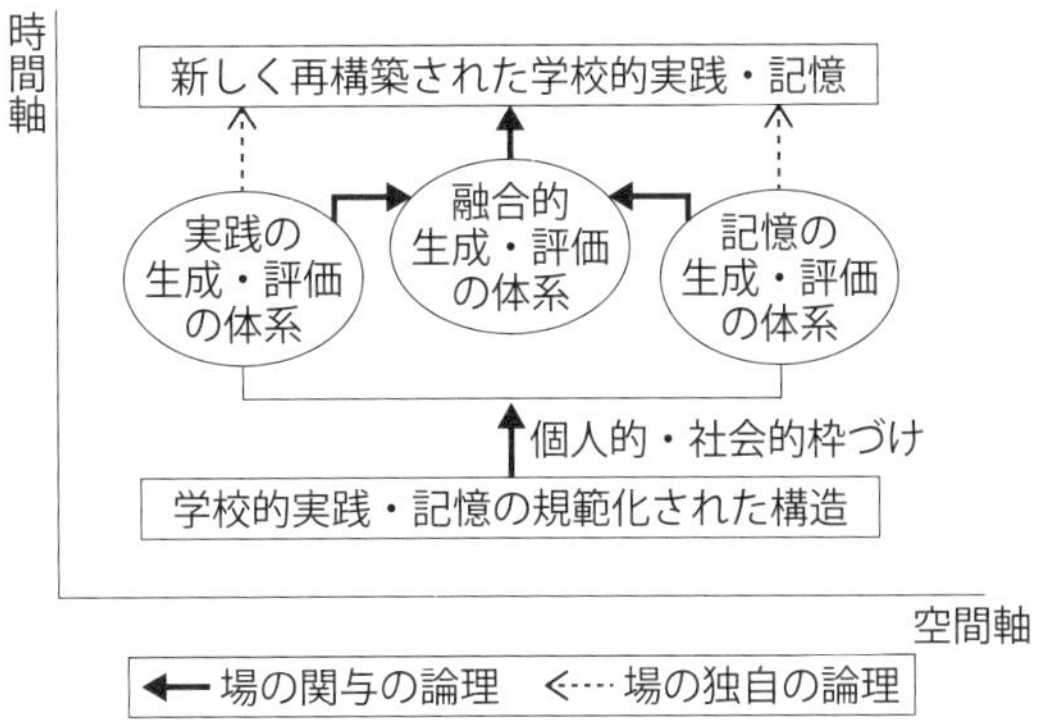

図1-2　反省的身体における学校的実践・記憶の再構築メカニズム

響をうけ編成される。第二に、反省的身体は、過去の身体を想起、内省することを通して、現在の身体に対して知覚・評価し、その身体性を築きあげる。さらに、未来の身体に対する予測の機能を果たす。第三に、反省的身体は過去の身体を振り返る連続的な作業のなかにおいてその都度生起し、再構築する。回顧する過去との時間的距離の遠近にかかわらず、また、回顧の内容にかかわらず、記憶を再生する形式において反省的身体は常に成立し、再編するのである。

では、具体的に同窓生たちが学校的実践と記憶を再生する反省的身体についてみることにする。次の**図1-2**はそれを表わしたものである。

図1-2でわかるように、同窓生は現在および過去の時間軸と、学校の集合的空間軸において反省的身体を構築する。過去の記憶は現在の個人的・社会的枠組みという条件づけによって反省的身体空間のなかで再生される。その枠づけは、現在彼ら同窓生たちが関与している集団の社会・文化的構造、および彼ら自身のライフ・ステージなど個人の特性である。学校的実践と記憶の性向体系はそれぞれ独自の場のなかでこ

の再生作業を通して、新しく再構築されかつ再構築する。その性向体系は、新たな生成図式体系と評価図式体系からなるのである。しかしながら常に独立した場の論理だけが機能するのではない。それぞれの場が互いに関与し、影響を及ぼすのである。たとえば記憶の評価図式は、実践のハビトゥスに対して知覚、評価し、弁別していくのである。また、実践の場合も同様である。これらの実践と記憶の生成および評価の図式体系は互いに融合し、弁別的で新たな性向体系を作るのである。これが融合的生成・評価図式体系である。このように、学校的実践・記憶の規範化された構造は、場の独自の論理と関与の論理によって、新たに再構築される。

以上の考察によって、同窓生たちの学校的実践と記憶の再構築メカニズムは、彼らが記憶を回顧するたびに、そのときの集合的枠組みの基盤のもと反省的身体空間のなかで行われる。そのため、新たに再構築される学校的実践と記憶そのものは、回顧する時点における同窓生たちの社会的で集合的な枠組みのあり方に影響を受ける。したがって、同窓生たちの学校的実践と記憶の再構築のメカニズムは、個人的枠および社会的枠の関数であることが了解される。そして、実践と記憶のそれぞれの場の独自の論理と関与の論理にしたがって、同窓生たちの身体文化のハビトゥスは再構築されかつ再構築していくのである。

引用・参考文献

Bourdieu, P.（1977）*Outline of a Theory of Practice*, Cambridge University Press.
ブルデュー、P著、石井洋二郎訳（1989）『ディスタンクシオンⅠ―社会的判断力批判』新評論

アルヴァックス、M著、小関藤一郎訳（1989）『集合的記憶』行路社

Halwachs, M.（1925）*Les cadres sociaux de la mémoire.* Alcan.＝Coser L. A.tr.（1992）*The Social frameworks of Memory in: Halwachs*, University of Chicago Press.

第2章　学校文化の身体化と集合的記憶の共有
——名門伝統校を事例として

1　学校文化の構造と伝統

　多くの高校は年に一回、学校の雑誌を発行する。編集委員会が生徒および教師に原稿の依頼をしたり投稿を集めたりして、それを編集し年度末に発行をする場合が多い。このような学校の雑誌は歴史が古く、伝統校では戦前にまで遡ることも少なくない。どの時代でも学校の雑誌は、生徒および教師が学校生活のなかで経験した生の声を掲載している。そのため、雑誌には時代のなかで創られた生徒および教師の文化がリアルに読みとれるのである。そこには固有の生徒文化、教師文化からなる学校文化が凝縮し現れている。

　多くの学校で共通する雑誌の内容は、学校長の巻頭言、創立記念日などに行われた記念講演、編集委員会特別企画、詩・小説などの文藝作品、学校生活の感想、部活動の報告、学校日誌、編集後記などである。そして、学校によっては同窓会の欄を設ける場合もある。このような学校の雑誌は、各学校の文化を把握する恰好の素材である。さらに、学校文化に組み込まれた時代性だけでなく、時代のなかで学校が生き残るためにいかに適応し、文化的な変容を辿ってきたかの文化史をも把握できるよい材料なのである。

本章で事例にするのは福岡県修猷館高等学校である。本校は、1784年2月6日黒田藩の藩校「東学門所修猷館」として開校した。廃藩置県により1871年10月25日に藩校としての修猷館は廃校となったが、1885年に再興され現在に至っている。1892年に卒業生の会である「修猷館館友会」が創設され、1894年7月31日に『館友会雑誌』が発行された。その後、1895年には生徒会である「同窓会」が創立された。「同窓会」は生徒たちの体力の強化のために発足した組織であった。そのため春には陸上運動会、秋には剣道大会が行われた。1902年には、卒業生の広田弘毅らが校長に諮り、在校生に呼びかけて在校生と卒業生の機関雑誌として『同窓会雑誌』が創刊された。その後、1919年にこの雑誌は卒業生のための欄を設けることになった。1926年は生徒会である「同窓会」の名称を、「学友会」に改称した。その後1931年に「学友会」雑誌を『修猷』に改名した。また、その『修猷』のなかに入っていた〝菁莪〟を独立させ、『菁莪』第一号として発行した。したがってこの学校の現在の同窓会誌である『菁莪』は1931年から発行されているものなのである。他方、学校の生徒たちの雑誌である『修猷』は、第二世界大戦中の1943年11月10日、第82号をもって廃刊となったが、敗戦後1943年に再び復刊されることになった（修猷館二百年史編集委員会 1985：691-772）。したがって、『修猷』は現在も学校の生徒会、『菁莪』は同窓会の雑誌として刊行され続けている。

長い歴史と伝統を有する学校の雑誌には、生徒たちの学校文化に対する苦悩が現れる。過去の学校文化が継承され、伝統として彼らに影響を及ぼす。異なる二つのベクトルから彼らに「象徴的権力」を振るうのである。すなわち、伝統は、一方で生徒たちに自負心を与えるが、他方で彼らに従わせる重圧を与える。彼らは自分たちの学校に伝統があることに誇りをもち、ほかならぬ生徒であることに自負の念を抱く。しかしながら、彼らは伝統に従わされる象徴的権力に対して窮屈さを感じる。彼らは自分たちに見合うように伝統を創りかえることを主張する。しかし、そうすることによって過去の伝統を断絶するのではないかと恐れている。過去の伝統は生徒たちに自負と抑圧、改革と不安を抱かせることになる。

そのなかで生徒たちは次の二つの方向へと向かう。第一は、現在の自分たちの文化を伝統に照らし合わせようとする。伝統をそのまま継承しようとする方向。第二は、過去の伝統を現在の文化に映し出し、それを消滅させたり、変容させたりする、伝統を創りかえようとする方向である。実際の学校生活のなかでは、前者、後者のどちらかだけが機能するのではなく、互いが作用し複合的に機能するのである。そのなかで彼らは、再び自らの文化を創出し、身体化していく。

では、学校文化の構造、その文化の身体化と共有、伝統の消滅と継承について考察していくことにする。

(1) 学校文化の構造

学校は社会の多様な文化から固有の教育目標に適切なものを選別・編成し、系統的に配列して生徒に伝達する。教科書、教材、時間割、コース編成、特別活動、学校行事などがそれである。しかし、その文化の内容は非常に恣意的なものである。そして、学校はこの伝達活動をより効率的に行うための装置として集団的、組織的枠組みをもつ。生徒組織、教師組織、PTA組織、施設・設備などがそれである。このようなカリキュラムと組織のなかで、生徒は他の生徒および教師と相互作用を行いながら学校生活を送っている。また、教師も他の教師および生徒との関係性のなかで学校生活を送っている。生徒および教師の活動は、学校にすでに慣習化・規範化されている行動様式、儀礼・儀式としてルーティン化している行動様式、そして相互作用を通して常に創り続ける行動様式によって構成される。藤田英典は学校教育の過程を芝居にたとえ、「学校組織」は舞台装置、「カリキュラム」は台本、「教育過程」の諸活動は演技であると述べる（藤田ら 1993：27）。

学校的時間・空間のなかで学校組織、カリキュラム、教育過程は固有の文化を構築する。そして文化は生徒および教師に共有され、独自の枠組みで解釈・身体化していく。このように身体化する学校文化は、彼らに意識される部分もあれば、意識されない部分もある。卒業してから自らが特定の学校文化を身体化していることに気づく場合もある。同様に教師たちも在任期間中には意識しなかったとしても、学校文化を身体化したまま、退職するか他の学校へ転勤していく。そして、生徒および教師が創り上げた文化は彼らがいなくなっても学校に残っていく。

学校は自らに適切な生徒を選別し、教育の全過程を通してその文化に生徒を社会化させる。それが学校の選別機能、社会化機能である。また、生徒も入学する以前に学校の社会的・文化的威信、学力序列、固有の文化などの情報を収集し、入学を志望したり、断念したりする。それが生徒自らによる、自己選別機能、自己排除機能なのである。このようなプロセスを経て入学した生徒たちの前にすでに存在するのが、学校の規範化された文化である。教師の場合は、自らが特定の学校を選別し志願して赴任する場合もあれば、転勤の辞令によって半ば強制的に特定の学校に赴任する場合もある。いずれにしても、生徒および教師は、それぞれ異なる文化を身体化したまま学校に入学、赴任してくるのである。そして、彼らは学校の規範化された文化に遭遇し、適応の葛藤を経験しながら社会化していくのである。

(2) 伝統としての学校文化

規範化された学校文化は長い歴史のなかで数々の神話、象徴を構築しながら集積していく。そして新しく入学、赴任してくる生徒および教師に正統性を誇示しながら、象徴的権力を振るうのである。彼らに伝統の重要性、価値を植えつけ従わせることによって、現在の認知、思考、行動様式の総体を拘束するだけでなく、近い未来に起こりうるそれさえも予め規制するのである。このように伝統は、生徒および教師に意味があると解釈されることによってはじめて、正統性、継承の価値が見出されるのである。発達し継承される伝統は、生徒および教師が進んで同化し、拘束を喜び、身体に刻み込むプロセスのなかで、再構築され、再生産されていく。

A・ギデンズは、伝統が過去志向であるため現在に重大な影響を及ぼしているが、しかし、正確には現在に対して重大な影響を及ぼすように構成されているものであると述べる。そして伝統は「集合的記憶」を組成する媒体として、一個人にのみ帰属するのではなく、集団の成員の社会的枠によって、現在の基盤のもとに再構成される。そして伝統の「完全無欠性」は「たんに時間を超えて持続しているという事実に由来するのではなく、現在を過去に縛り付けていく一連の要素を確認するためにおこなう、解釈という絶え間ない「作業」に由来している」と述べている（ベックら 1997：118-120）。

過去の伝統が弱体化し消滅していく場合、それは「過去の名残り」になりやすい傾向がある。それは「乗り超えられた過去の標本としての意味付与」がなされているのみである。現在の集団にとって、その成員性、アイデンティティに重要な要素に関わりのない、単なる過去の差異的記号表現に過ぎないのである。それは現在の構成員に「集合的枠組みをはぎ取られた記憶痕跡」なのである（ベックら 1997：187-195）。

このようにみていくと、学校の規範化された伝統が弱体化し消滅するか、発達し繁栄し続けるかは、現在の構成員に左右されることが理解される。現在の社会的、集合的枠組みによって解釈され、重視される伝統のみが生き残るのである。そして、生き残った伝統は、正統で神聖なもの、過去と現在を完全無失につなぐものとして、現在の彼らに聖なる文化の権力を発揮するのである。しかしここで重要なのは、このプロセスが半ば無意識に行われる場合があるということである。実際は、彼ら自らが伝統を解釈、容認したにもかかわらず、意識の面では、あたかも先輩の偉業であるがために当然従うべきであると自明視しているのである。学校における規範化された伝統のからくりがここに存在するのである。

伝統校の校長は生徒たちに「先人に続け」という表現をしばしば戦略的に使用する。ここには次の二つの本質が隠されている。第一に、伝統の継承過程を自明視し、伝統の恣意的な規範を教え込むことである。先人に続けというときの先人とは先輩たちであり、偉業を成し遂げた存在である。そして彼らの偉業は伝統として学校に残っている。その伝統を守り、継承することが大事であるということである。伝統は守るべきものであるという規範を生徒たちに植えつける。

第二に、学校を去っていった過去の先輩を現在の生徒によって学校に永続させることである。先人に続けということの表面的な意味は、先輩の偉業に恥じないように、学力および学校行事などの実績を高めることである。しかしながら、その本質は、現在の生徒の行動、実績を上げることによって、先輩の偉業は現在の学校的時間・空間のなかに埋もれることなく、輝き続けることができるのである。すなわち、過去の先輩は現在の学校のなかに蘇り、永久に輝き続けるのである。生徒たちに使用された校長の戦略には過去と現在を結ぶこのような原理が隠されている。

では、事例をひとつあげてみる。1970年代、教育改革の実施を境に東京都立のいくつかの高校は、文化的・社会的威信、名門進学校としての名声を失っていった。そして過去の規範化された文化である伝統も断絶された。伝統はもはや学校のなかに生き残り象徴的権力を振るうことができなくなった。過去の時間は現在の学校のなかにもはやなにも意味をもたず、伝統を象徴するものは過去の残滓にすぎない。過去の輝かしい実績をおさめた先人自らが現在の学校と断絶したのではない。むしろ、逆に現在の学校の時間・空間のなかで過去の彼らは埋もれ、拒絶されてしまったのである。先人は、もはや現在の学校のなかで解釈、意味付与されることはなく、時間を超えて学校のなかに生き続けることもできなくなったのである。

2　名残りの伝統、継承される伝統

⑴ 名残りの伝統

福岡県立修猷館高等学校の事例を通して、伝統が名残りになる場合、継承される場合をみることにする。伝統の名残りの例として「モウカリ」を取り上げることができる。モウカリとは、生徒たちがもうけたと感じる状況を指す「儲かる」から、彼ら自身が創り上げたことばである。第二次世界大戦直後の1945、6年頃、食料不足の状況のなか、ほとんどの生徒たちは弁当を持参することができなかった。そして学校は授業を繰り上げ、生徒たちを早く帰宅させた。実施されるはずの授業がなくなり、生徒たちは儲けたと思った。その後、1950年代、経済の立て直しのなか食料事情は好転してきた。その結果食料事情による授業の繰り上げは公然の事実でなくなった。しかしながら、学校のなかにはモウカリという慣習的行動パターンが規範化されていた。

生徒たちはモウカリの楽しさを身体化していた。そして彼らは学校に規範化されていたそれを逆に利用し、伝統として定着させた。モウカリの発生当時の食料事情とは時代の状況が変動してきたにもかかわらず、生徒たちは学校生活の自主的行動として解釈、意味付与し、モウカリを守ろうとしていた。クラスで「モウカリ交渉委員」を選出し、教師に積極的に交渉させた。文化祭、運動会のため授業の時間を潰しその準備に当てたい場合、教師が出張、病気などで授業が行われない場合など、生徒たち自らが時間割を組み替え、教師と交渉をする。教師に授業を休講してもらい、授業を繰り上げて日課を終了させてしまうのである。このような生徒たちとの相互作用を通して、教師たちにもモウカリの規範は身体化されていった。

１９５２年から55年まで在学し、76年日本史の教師として母校に赴任したＭ・Ｆは次のように述べる。「僕が在学したときにもモウカリはありましたね。一日６時限まであるのにモウカリ交渉委員がうまく交渉して、２、３時限儲かって帰りましたね。すぐ家に帰るわけでもないですけどね。僕が赴任した76年もモウカリはありましたよ。だいたい、クラスで押しの強い子、粘り強い子がモウカリ交渉委員になりますね。先生によっては大らかに儲からせる人もいれば、あまりやらせない人もいましたね。僕は一度だけ儲からせましたよ。運動会の練習で準備が間に合わないといわれてね。82、83年ころまでもモウカリは続いてましたね」（Ｍ・Ｆ）。

しかしながら、このモウカリの伝統は名残りになってきた。１９７０年代後半以後、学校教育の画一的・管理主義的あり方が教育病理として社会問題になってきた。県の教育委員会は学校の授業実施の時間数、遅刻者数などの統計を出させ、学校教育の現場を把握し、管理しようとした。県の教育委員会は特定の学校が自己裁量によって授業時間数を守らないことを認めなかった。教育政策によって決められた授業時間をどの学校でも例外なく守ることを要請したのである。

これに学校側も対応せざるをえなくなった。学校の校長、教頭などの管理職は自らの学校が授業時間数の少ないことで低い評価を受けることを恐れた。そして、生徒および他の教師に対して時間の管理、授業時間数の確保を重視するように促した。また、保護者たちも、生徒たちが浪人をせず現役で大学に入学することを願っている。そこで、学校内での時間的規律が問われるようになった。

学校で授業時間を守り、現役で大学に入学することを強調する背景には、効率的な時間管理のイデオロギーが存在する。生徒も教師も、時間の管理、授業時間の徹底という新しい考え方を植えつけられた。これまでのモウカリの伝統は、現実の管理主義の観点から照応してみると、時間管理、授業管理が曖昧でルーズなもの、勝手なものとして解釈されるようになった。

そして、モウカリは名残りになった。M・Fは「僕が転勤でこの学校を出る1993年までには、すでに本来の意味でのモウカリがなくなりましたね。ただこの学校では、教師の出張とかで授業ができなくなった場合、自習時間を繰り上げて少し早くても帰宅させます。これを今の生徒はモウカリといいますが。学校側が一方的に調整してやることであって、生徒が交渉したりはしませんよ。本来の意味でのモウカリはもうすでになくなっていましたね」と述べる。

このように伝統は学校の内・外の変動にともない、現在の文化に適合しない場合消滅、変容するなど形骸化していく。

(2) 継承される伝統

では次に、同校を取り上げ継承されていく伝統についてみることにする。この学校に規範化されている文化は、「自主自律」、「不羈独立」、「連帯感が強い」、「団結の美意識」、「権威主義」などの要素をもっており、教師と生徒の間の信頼に基づく自由な行動を認めている（黄 1999）。さらに具体的にみると、**表2-1**の通りである。

この表からわかるように、この学校では勉強だけでなく、部活動や学校行事に熱中し文武両道を求

表2-1　規範化されている学校文化

領　域	ハビトゥス様式
文化的活動	文化的プレステージの高い活動を享受
学　業	大学入学試験準備の手段的学業より、むしろそれ自体を目的とする学問的関心をもって学業に専念
思考行動様式	自主的判断 批判的、客観的思考 自律性
教師に対する認識、態度	知識があり相談しやすく、人生の先輩として思える教師を好む 教師に対する生徒たちの自律性を確保
学校生活	勉強だけでなく部活動、学校行事に熱中
学校に対する表象	名門校であると思い、学校に自負を感じる
伝統維持	伝統を維持、継承することを重視、またそのことに敏感
規　制	規則を細かく制定していない
ジェンダー	性差の文化が存在、しかし、女性の社会進出にかんしては肯定的。社会の変動に伴い現在は運動会のブロック長を女子学生も任うなど変化している。

（出所）黄（1999）p.73に加筆

める生活を重視している。さらに、生徒たちは学業を大学入試の手段としてではなく、学問的な関心からそれ自体を目的とみなしている。学校の規則は細かく制定されておらず、生徒たちの自由、自主性、自律性に委ねている。さらに、他人の意見を単に受け入れるのではなく、自ら考え批判的に思考することが重要視されている。生徒たちはこのような自主自律、不羈独立の精神が継承されているとみなし、その伝統を維持・継承することに敏感になっている。

さらに学校には男女におけるジェンダーの文化が存在した。旧制中学校から１９４８年に新制高校になって49年から女子生徒が入学し、２０２１年現在は女子が全体の約5割を占めている。[1]女子生徒の入学が増加するにつれ、生徒会などの組織で女子生徒が活動する比率も高くなっている。しかしながら、2001年時点では生徒会の会長および運動会組織の各ブロック長は常に男子生徒が占めていた。運動会でも、男子生徒は騎馬戦、7段ピラミッド、応援のエール、女子生徒は創作ダンス、チアガールなどその役割と行為が規範化されていた。「運動会にしてみても、50年もの歴史があるのにもかかわらず、女性ブロック長も運営委員長も生まれたことはなく」、「別に規則で「男性であること」と条件付けされているわけではないのに、それを当然とする風潮がある」と女子生徒は暗黙の了解を問いただす（福岡県立修猷館高等学校新聞部 2001（以下、『修猷新聞』）：11）。

では、生徒たちは伝統をどのように変容させ身体化するのか。第一は、現在の文化に伝統を照らし合わせ、伝統に沿うように自らのそれを見直し、変容させようとする。2000年生徒会の後期総務は、「修猷は、今、〝危機〟に瀕している。形だけの伝統、名ばかりの自由、中身の空っぽなプライド。そんな空虚なものなら、すぐに捨て去ってしまえばいい。恐れ多くも、以上の様なことを偉そうに述べてきたが、総務としてこれらの諸問題に対して力を及ぼしたと言える自信はない。だが、この拙文を読んでくれた人の意識を呼び覚ますことができれば幸いだ。救いが無い訳では決してない。一日も早く、一人でも多くの修猷生が、奮起してほしい。修猷館の未来のために」（福岡県立修猷館高等学校 2001（以下『修猷』）：150）。

そして、前期議長は、「現在の修猷に目を向けてみると、〝真の修猷生〟が云々なんて言っている場合ではないことに気づかされる。先に述べたような伝統の軽視をはじめとして、自治の崩壊、〝自由〟の誤認、プライドの欠如、モラルの低下、など挙げればきりがないほどのニセ修猷を目の当たりにする」(『修猷』：151)。

前期総務も「後輩のみなさんに伝えたい事がある。この修猷館に身を置くことになったあなた方に必要な物、求められる物とは、正に修猷館の特徴であり館歌のなかにも歌われている〝質実剛健〟の気風であり、修猷館の名称の由来である〝践脩厥猷〟の理念である。この二語には、修猷の歴史そのものが反映されているように思われてならない。我々も、修猷の歴史の1ページを飾るため、その信念のもと、常に前進を続けている。あなた方も、修猷館にある気風や理念の本質をしっかりと見据えて〝真の修猷生〟を目指して行ってくれ」(『修猷』：148)。このように、彼らは学校の伝統と自分たちの現在の文化とを照らし合わせ、それに見合うような改革を試みる。

しかしながら、第二に、生徒たちは過去の伝統を見直し、新しいものに創り直そうとする。従来の伝統を踏襲するのではなく、新しいものへ挑戦する。その試みは運動会のなかでもみられる。運動会の応援合戦で、バック・パネルをスタンドに固定させるとき、例年、針金を使用してきた。そのため、準備に長い時間を要するが、風などに弱いためすぐ壊れ、負傷者が多くでるという欠点があった。それを２００１年には、金具付きのものに新調した。数年にわたる教師たちの提案を参考に生徒たちは改革を実行に移した。その結果、時間の効率性、耐久性、安全性がもたらされた。彼らはバック・パネルに大変革を起こしたと喜び、その成功を新聞に掲載した(『修猷新聞』：6)。

また、男子の7段ピラミッド[2]、タワーを行うタンブリング競技においても、新たに創造的なものを試みた。各ブロックの中心テーマに沿ったストーリー性をもたせ、表現力を競い合うのだが、テーマをよく反映した見事なものであったと自負している。それは競技のなかに、テーマに適切な歌を創り、取り入れることを新しく試みたのである。その結果、彼らはタンブリングの創作性、完成度を向上させたと高い評価を受けた。さらに、彼らはそれによって、ブロック構成員の団結力を高めたと自己評価している。そして運動会で伝統を発展させたと自信に満ちていた。そして、「「運動会は楽しかった。」と思い出に浸かるだけではいけない。運動会で学んだことを生かして学校生活を送ることができれば、今年の運動会は初めて成功したということができる」と互いを鼓舞する（『修猷新聞』：7）。これは次の二つの意味がある。第一は、非日常の運動会を通し、合理主義、創造性、団結力などを体得するが、それは「非日常の身体化」である。さらに新しく身体化した文化によって、これまでの日常生活のあり方を見直し、変容させ、再構築する。すなわち「非日常による日常の再構築」をとげるのである。第二は、伝統の基盤のうえ、新たな学校文化を自らの身体で創り出したことを互いが確認し、共有することを意味する。そこでは、生徒および教師がともに文化の創出に参加し身体で学んだことを生かそうと主張することで、共通の身体性を再認識させている。

このように、彼らは一方で、伝統に照らして自らの文化を見直しながら、他方で、伝統を創り直し新たな文化を創出していくのである。そして彼らはその文化を身体化し、共通の身体性を互いが確認していく。

3　身体化された伝統の時代的差異

規範化された学校文化は、たとえ伝統として継承されていくとしても、時代によって強調される要素は多様である。伝統の基盤が存在しても、生徒および教師が学校生活を送る時代の社会的・文化的状況、教育制度・理念・政策、地域社会の変動など、学校外のマクロ・レベルの環境が彼らの学校生活に影響を及ぼす。またさらに、学校組織、制度のミドル・レベル、生徒および教師間の相互作用のミクロ・レベルにおける全過程で、伝統の内容は選別され、強化されるからである。

学校文化の身体化における時代的差異を明らかにするため、１９９２年、当時20歳から71歳までの同校の卒業生を対象に調査を行った[3]。在学当時、勉強と課外活動を両立して学校生活を送った者、または、課外活動に熱中していた者は、合計57・５％にのぼった。課外活動とは、部活動、運動会、文化祭などの活動を指している。歴史の長い進学校でありながら、勉強を最重視して学校生活を送った者の比率が低いことが特徴である。彼らは学校で勉強と課外活動を両立することを「文武両道の精神」の表象とみなしていたのである（黄 1994：30–31）。

では、文武両道の生活を通して身体化した学校文化を彼らはどのように考えているのか。卒業生たちは、自らの身体化した学校文化について、非常に肯定的に評価している。学校文化が非常に好きだとしている者は65・９％、どちらかといえば好きだという者は25・７％で、合計91・６％の者が好きであると回答している。そして、学校文化のなかで好ましいと思う部分は「自主・自律、自由の精神」

が最も高く、次に「質実剛健」である。一方で、学校文化のなかで嫌いである部分については、「権威主義」「全体主義」を取り上げている。

このような学校文化に対する彼らの評価を年齢別にみることにする。１９９２年調査時点の60代では、他の年齢層より好ましいと思う部分で「質実剛健」が最も高く、「自主・自律、自由の精神」が最も低くあげられた。さらに、「権威主義」「全体主義」を嫌いとする者は最も低い。軍国主義の時代に学校生活で全体主義・権威主義に反抗することが極めて少なく、むしろそれを意識、無意識に身体化していた。そして質実剛健を是とし重視する文化を体得していたのである。

しかし、50代では、学校文化で身体化する内容、重視する価値観、考え方などが60代とは異なっている。60代に比較して「質実剛健」をあげる者の比率が減少し、逆に「自主・自律、自由の精神」をあげる者が急増している。彼らは１９４５年の敗戦、47年の「学校教育法」の公布による教育制度の改革、48年の新制高校への移行、49年の女子生徒の入学などの変動のなかで、学校生活を通して旧制中学校の先輩たちとは異なった価値観、考え方を身体化した。戦後民主主義、自由主義教育が提唱されるなか、上級生による「鉄拳制裁」をなくし、運動会、文化祭を完全に生徒自治によって行うなど、「自主・自律、自由の精神」を強く意識し学校生活に取り組んだ。過去の伝統との断絶、新しい伝統の創出を試み、戦後の学校文化の基盤をつくりあげたと自負している。

40代では「自主・自律、自由の精神」が引き続き高くあげられるが、「権威主義」「全体主義」を嫌いとする者の比率が他の年齢層より高い。さらに、30代、20代では、「自主・自律、自由の精神」が一層高くあげられている反面、「質実剛健」をあげる者の比率が最も低い。そして、彼らは「自主・

自律、自由の精神」に自ら独自の意味を付与している。すなわち、彼らは管理主義教育が学校に浸透している他の学校の生徒たちとは異なり、自分たちは自主・自律、自由を身体化していると解釈、意味付与している。また、質実剛健については、学校文化を構成する要素であると認めてはいるもののその実体験が薄いのである。特に20代では、質実剛健を好きであるとあげる者の比率が最も低い。経済的、文化的に豊かな生活を楽しむ時代状況のなかで学校生活を通して、質実剛健を実感したり、重視したりすることが他の年齢層より非常に薄いのである。

以上みてきたように、伝統として継承されている学校文化の要素も、時代によって生徒たちに身体化される部分、身体化される度合いが異なることが了解される。

学校文化は、学校生活を行う生徒および教師によって創られ、彼らの身体に刻まれ、共有されるものである。そして、規範化された文化は新しく入学、赴任してくる人々の前に伝統として存在している。しかし過去の伝統は現在の学校構成員によって、新たに解釈、意味付与され、継承されるか、あるいは名残りとして形骸化していくかの道のりを辿るのである。伝統の継承は過去の文化、過去の繁栄を現在の学校のなかに生き残らせる過程である。現在によって再生、変容、再生産された伝統のみが、学校的時間・空間のなかで価値あるものとして存在し続けるのである。

注

（1）「福岡県　令和３年度教育便覧　学校一覧　1．公立学校（５）高等学校」https://www.pref.fukuoka.lg.jp/contents/kyouiku-binran-r03.html（２０２１年12月３日閲覧）。

（2）現在は学校の運動会で安全の面からタンブリングの7段ピラミット、4段タワーなどの競技が廃止の議論が行われている。そこでこの学校では廃止を巡って議論を行った結果、安全性も含めて学生たちの自主性に任せるという結論に達した。したがって、現在も継続して実施されている。修猷館高等学校ホームページ「２０２３年度の開催について」(https://shuyu.fku.ed.jp/html/R05_undoukai/index.html　２０２４年1月24日閲覧）を参照。

（3）１９９2年8～9月、同窓会名簿から20歳から71歳までの２０００名を対象に無作為抽出し、質問紙を郵送。２０００票のうち（２８７票は住所不明で返送）、７２１票を回収し、筑波大学大型計算機でＳＰＳＳによって統計解析を行った。結果、統計的に10％以内で有意なものを提示している。この調査の結果の一部をすでに『同窓会の社会学』第4章（黄 2007：165–227）にて分析してある。同書を参照することで、理解が深まると思われる。

引用・参考文献

ベック、U・ギデンス、A・ラッシュ、S著、松尾精文・小幡正敏・叶堂隆三訳（1997）『再帰的近代化』而立書房
福岡県立修猷館高等学校（1985）『修猷館二百年記念（図録）』
福岡県立修猷館高等学校（2001）『修猷』１３２号
福岡県立修猷館高等学校新聞部（2001）『修猷新聞』Vol.288
藤田英典・熊谷一乗・武藤孝典・木原孝博編（1993）『学校文化の社会学』福村出版
ジンメル、G著、茅野良男訳（1994）『ジンメル著作集9　生の哲学』白水社
黄順姫（1994）『学歴の社会的機能』筑波大学社会学研究室編『社会学ジャーナル』19号
黄順姫（1999）『日本のエリート高校』世界思想社

第3章　母校の記憶と実践の再構築と再社会化機能《1》
——集合的再生装置と回顧的社会化

1　はじめに：母校の文化に基づく「学校的社会圏」・「学校的文化圏」と「回顧的社会化」

　学校を卒業した人にとって過去の学校はどのようなものであるのか。学校教育に関する研究者は、人々が学校に通っている間だけに焦点を当て、その教育を考えがちである。学校教育のより深い意味を解明するためには、卒業後の同窓生をも研究の対象として扱うような研究の視点の転換、研究領域の開拓が必要である。人々は学校を卒業した後にも在学時代に身体化した文化を意識・無意識に維持、変容、強化していく。さらに、彼らは一人で、同窓生仲間で、同窓会集団で、過去の学校についての記憶を喚起し再生していく。そして、過去の学校生活への新たな意味を現在の日常生活に生かしていくこともある。このように考えると、学校教育は、単に在学期間だけに限るのではない。卒業後の生き方のなかに影響を及ぼし続けるものとして考えることができる。

　では、人が過去の学校について考えることはどのようにして可能になるのか。卒業生を過去の学校に導き、回顧させる装置はなにであるのか。そして、過去の学校を喚起、再生し、新しく構築するメカニズムはどうであるのか。卒業生の記憶のなかの学校を分析することで明らかにしていく。これを明らかにする際に、「回顧的社会化（retrospective socialization）」という概念を作り、これを道具にして考察していくことにする。本章は、学歴を社会階層の上昇移動、再生産、下降移動のような社会的機能の観点よりも、むしろ学校生活における社会化を通して身体化された価値観、考え方、行動の仕方、美的感覚、学校生活様式からなる「学校的身体文化の専有」としてとらえる観点に依拠している。

学校での生活においては、彼らが入学する以前からすでに規範化されている文化に加え、彼らの当該社会の時代的、文化的、経済的構造のマクロな環境をもとに、学内の社会化を行っている。さらに、彼らは卒業後に就職、進学して行くことを想定し、その社会にいる自分を予期し、それに向けて「予期的社会化（anticipative socialization）」も行う。したがって、彼らが学校生活を通して「身体化する学校文化」はこれらの社会化を通して身体に刻み込まれた結晶の総体なのである。

文化の面から学歴の研究において、多くの教育社会学者、社会学者たちは、在学時の学校における社会化および予期的社会化について研究を行っている場合が多い。しかし、学校を卒業した当事者たちは、過去の在学時に身体化した学校文化について回顧して、再び社会化を行っている。同一の学校を卒業した人々の同窓会、あるいは同窓の集団は、「学校的社会圏」であり、母校の記憶と実践からなる、「学校的文化圏」である。この圏は、G・ジンメルのいう「圏」の概念に類似したものであろう（ジンメル 1969：119-123）。

同窓生たちは、過去の学校生活の記憶と実践の経験を共有する「学校的社会圏」、「学校的文化圏」

のなかで、再び社会化を行っている。たとえば、クラス会、クラスの仲間グループ会、部活OB・OG会、学年同窓会、全国同窓会の地域の分科会、同窓会幹事学年の会などの構成員になり、自分の観点だけでなく、他者の観点を取り入れて、集団の一員として彼らは在学中の「想い出」を認識、補強、反転、再構築していく。ひいては記憶にあまり残っていなかったことも、他の構成員たちの視点、語り、追認を取り入れて共有することによって、「思い出」を新たに生成することもある。

このように、母校の学校的社会圏・文化圏のなかで過去の学校社会への社会化を行うことを「回顧的社会化」と称することにする。それを通して卒業した具体的な母校としての学歴の意味や卒業生として共有する身体文化を知覚し、意味付与を行い、卒業生としてのアイデンティティを強化し、さらにはコンプレックス、恥およびトラウマからの反転をなし、記憶の新たな生成、作り直し、強化の作業を行う。結果、彼ら構成員のなかで諦め、許し、理解の作業などを通して、それがたとえ卒業生でなければ不思議で理解しがたいものでも、彼らの固有の様式よって母校の学校的身体文化を専有している仲間や自身自身への自尊感情、誇りを生成し、共有することになる。そしてこのような「回顧的社会化」は、彼らがこの学校的社会圏・文化圏の構成員である限り、彼らの長い人生を通して行われる場合が多いのである。換言すれば、同窓生たちは母校を卒業した後に彼らの社会圏・文化圏のなかで、学校的身体文化を喚起し、その文化を強化、補強、反転、変容しながら再構築し、「再社会化(re-socialization)」を行っている。したがって、このように在学時代に身体化した文化を、学校的社会圏・文化圏のなかで再構築し、再身体化していくことを、学歴の「再社会化機能」と称することにする。

2　調査の方法と手続き

本章と続く第4章では、同窓生たちが同窓会のなかで、在学時代に身体化されていた母校の学校文化について、集合的記憶と実践を回顧し、互いの相互作用を通して強化、反転し、再構築をしていくのかを考察していくことにする。そのために、次の大枠を設定し、具体的に分析を行う。第一に、母校への身体化された集合的記憶と実践について考察を行う。その際、第1章で確認したM・アルヴァックスの集合的記憶の理論を参照し、同窓生が「学校的記憶と実践の共同体」、「集合的記憶再生の共同体」になれるのかを分析する。母校の文化に基づく学校的社会圏・文化圏である同窓会の組織形態、同窓会内の正規のクラブ活動、ひいては同窓会総会の幹事学年の準備・実行の過程で、過去の運動会や文化祭において取り組んだシステムや実践様式が半ば無意識に喚起されることなどについて、面接調査や参与観察を行う。単なる卒業生であった人々が同窓会の社会圏、文化圏に呼び戻され、同窓会活動のなかで自らが母校の身体文化を共有し、いかに同窓生のアイデンティティを生成、再構築していくのかを考察する。

第二に、母校の記憶と実践を強化、反転、再構築する集合的再生装置を考察する。そのために、同窓会組織、幹事学年制度、同窓会総会運営のシステム、および同窓会総会の儀礼、儀式等を分析する。第三に同窓会総会を開催する当番幹事学年がコンセプト、シナリオを企画して行われる全体のイベント、およびクラブ活動発表会など同窓会に参加する個人の活動の内容を分析する。

これらの内容を分析するための調査の手続きおよび方法は、同窓会での参与観察と面接調査であった。筆者は、福岡県立修猷館高等学校の東京支部の同窓会総会、福岡本部の同窓会総会、近畿支部の同窓会総会、「二木会」など、それぞれに参加し、参与観察を行ってきた。

まず、1969年卒業の学年。（昭和44年卒業であるため）自称「獅子の会：ししの会」が同窓会組織の主な支部の同窓会総会の幹事学年を務める際に、それぞれの同窓会総会に参加して参与観察をし、それぞれの総会の後には面接調査を行った。

第1回目の調査では、1995（平成7）年に東京支部の同窓会総会に参加した。

第2回目は、1998（平成9）年福岡本部での同窓会総会に参加した。本部組織であり、高校が位置する地域で、なお高校の創立記念日に総会が開かれるため、同窓会のなかでも最も中心である大同窓会である。

第3回目の調査は2000（平成12）年に京都で獅子の会が幹事学年を開催した近畿支部の同窓会総会であった。

第4回目は、2001年に神戸で1970（昭和45）年卒の学年（しのごの会）が幹事学年を務めた近畿支部の同窓会総会において参与観察を行った。また、当日、同窓会総会を主催した幹事学年の人々、及び総会の参加者ついて、半構造化方法で面接調査を実施した。

しのごの会の場合は、近畿支部の同窓会総会が初回だったので、事前調査を行い、しのごの会の構成員のなかで近畿支部同窓会組織の常任理事であり、同窓会総会が開催されるホテルの取締役のA・Nさんを紹介してもらった。そして、本調査の前に、近畿同窓会の幹事学年で総会のコンセプト、テーマ、シナリオを学年の幹事たちと企画、構築し、総会運営に精通していたA・Nさんに調査の目的、および具体的な調査内容を書面で作成して事前に送った。その後、幹事学年の方で検討し承認され、A・Nに適任者を紹介してもらい、総会当日に面接調査を実施した。その後も調査を続けていたが、2022年12月から2024年1月にかけて、近畿支部同窓会会長経験者、当番幹事による同窓会総会で演奏会を担当した同窓生、および福岡本部での同窓会学年幹事経験者、同窓会総会実行委員長、さらに東京支部同窓会の幹事長経験者の人々に調査を行った。

また、東京支部の所属のサッカー部OBのK・S、福岡本部所属のサッカー部OB会長のI・Tにそれぞれ6回、7回の調査を行った。そのなかで本章と関係のある調査は以下の通りである。K・Sには1992年6月、2018年7月、2023年9月に面接調査を行い2024年1月までメールや電話で必要に応じて追加の調査を行った。また、I・Tには、1995年6月、2015年4月、2018年7月に面接調査を行い、同様に2024年1月までメールや電話による追加の調査を行った。両方において、2018年7月は、二人に加え、サッカー部OBのT・H、O・S、U・Kの5人が会合に参加した。I・Tが68歳で定年退職し、福岡に帰省する予定であったので、その前にサッカー部の先輩・後輩に挨拶をしたいと申し出た。その結果、茨城県のつくば市でサッカー部東京支部に所属する同窓生たちが集まった。筆者もその会合に参加した。会合当日、台風が近づいていたが、雨のなかで全員無事帰宅した。OB・OGの帰宅に関して安否を確認するメールが飛び交うなかで、I・Tから彼らに「雨に弱い修猷館サッカー部のジンクスをこれで払拭できたかも」とメールが回ってきた。在学当時の決勝戦で突然の激しい雨で、試合中に足がとられて、実力を発揮することができ

表3-1　調査対象者の属性（最終調査時点）

	年齢	性別	卒業年	職業	調査回数	調査年
Z･T	73	男	1969	会社経営	11	1992, 1993, 1995, 1998, 2000, 2002, 2005, 2006, 2022, 2023, 2024
T･T	73	男	1969	会社経営	11	1992, 1993, 1995, 1998, 2000, 2002, 2005, 2006, 2022, 2023, 2024
T･H	62調査当時	女	1957	主婦	1	2001
I･T	65調査当時	男	1954	—	1	2001
A･N	71	男	1970	管理職、2009年より大学教授	4	2001, 2022, 2023, 2024
O･K	71	男	1970	管理職、2017年定年退職	2	2001, 2023
H･T	85調査当時	男	1935	元ジャーナリスト2005年物故	1	2001
K･S	73	男	1969	管理職、定年退職後会社経営	6	1992, 1995, 1998, 2018, 2023, 2024
I･T	73	男	1969	管理職、定年退職後会社経営	5	1995, 1998, 2015, 2018, 2024
K･M	73	女	1969	定年退職、主婦	2	2023, 2024
T･H	69	男	1968	定年退職	1	2018
O･S	67	男	1970	定年退職	1	2018
U･K	23	女	2011	会社員	1	2018

なかった。結局、彼らは決勝戦で負けて優勝を逃がしたという、苦い記憶と実践の集合的記憶と実践を回顧し、それを今回払拭しようとするキャプテンのメッセージと理解することにした。

調査の方法においては、調査対象者について同窓会総会後の会場など現場での対面調査、および電話、メールによる調査を行った。電話での面接調査の後でもメールによって回答をしてくれた人や、メールのみによる調査項目に回答をしてくれた人、さらには電話とメールで調査した後も、時間をおいて大学の研究室にて対面の面接を行った場合もある。本章での面接調査の対象者は**表3-1**の通りである。

3 記憶と実践の集合的再生装置
――集合的再生装置としての同窓会の組織、制度、運営のシステム

過去の学校に対する記憶の再生を促進する装置はどのようなものであるのか。第一に、同窓会組織、制度、運営のシステムおよび運用である。本節ではこれらをみていこう。

(1) 集合的再生装置としての組織

まず組織についてである。同窓会組織は、学校組織と相互依存の関係である。一方、同窓会にとって学校は、心理的な拠りどころであり、また、在学時代に作り上げた文化を継承していく所である。他方、学校にとって同窓会は、心理的バック・ボーンであり、文化的正統化の根拠である（黄 1998：193）。そこで、同窓会と学校は互いを組み込んだ組織づくりを行っている。新設学校の場合は、学校側が卒業生名簿を作成したり、同窓会を設立する方法を卒業生に教えたりする。学校が同窓会を立ちあげる主役になる。それは近い将来、学校を支援してくれる同窓会が必要になるからである。これに比較して、歴史の長い学校は同窓会組織が確立して安定している場合が多い。学校は同窓会より経済的、文化的援助を受けるが、それと同時に、同窓会を通して、文化の面における象徴的権力をも被る。

では、人々は同窓会組織を通して、どのように過去の学校に関わりその記憶を再生するようになる

のか。多くの学校の同窓会では、各学年が卒業20周年、30周年、40周年、50周年などの節目を迎える際に、学校に援助活動や記念事業をすることが慣習として規範化されている。これは学校側も同窓会側も暗黙の了解として認めている。そこで初めて当番学年は、卒業生の名簿をたよりに同窓会の体制を整備し記念事業の準備作業に取り組む。その段階で卒業生たちは同窓生であることを意識させられ、同窓会活動に組み込まれていく。

同窓会全体の組織は、卒業年度を基準に各学年同窓会組織を下位組織として構成し、同窓会全体の事務局を設置している。そして、各学年同窓会の組織は、代表幹事、学年幹事、学年同窓会事務局をおく。学年によっては、学年同窓会事務局として公式に命名しなくても、学年の代表幹事と幹事たちによって学年同窓会の仕事を行っているため、学年同窓会事務局として暗に承認されている。同窓生たちはそれぞれ各学年同窓会の幹事、代表幹事を選出し、同窓会事務局から学年同窓会大会の案内や、母校の近況など公の連絡を受ける。なお、彼らは学年の同窓生たちの社会的・文化的活動のなかで特筆することがあれば、同窓会事務局に連絡すれば、事務局から同じ学年の同窓生に連絡網を通して一斉送信で知らせる。その結果、学年の同窓生たちはそれぞれ居住地域が異なるとしても、母校や同窓生仲間たちの近況を知ることになる。したがって、彼らは同窓生たちの社会圏、文化圏のなかで行われる活動を自らの日常生活を通してリアルタイムで経験し、共有している。

同窓会の組織のなかで学校的記憶と実践の集合的再生装置をより効果的にするものがある。それは、第一に学年同窓会の愛称であり、第二に部活動OB・OG会の組織強化であり、第三に同窓会構成員への連絡の手段をデジタル化することである。これらは同窓会社会圏のなかで集合的再生装置を強化し、円滑に稼働させ、仲間意識を増大させるものである。たとえば、サッカー部OBの全国大会で同級生対決を取り上げ、学年同窓生たちにSNSを通して情報の提供とレスポンスに関する事例を取り上げてみる。部活動OB・OG会でもサッカー部は在学のときから認知度が高くない部活であった。1895(明治18)年に創部した野球部をはじめ、剣道部、柔道部、陸上部、ラクビー部など歴史と伝統の部に比較して、サッカー部は1967年1月に創部した。1968(昭和43)年卒が当時3年生の時に、創部しS・Mがキャプテンになった。その後4月から1969(昭和44)年卒のI・Tがキャプテンを受け継いだ。部員たちは練習する場所さえ確保することが困難であるなか、自力で学外から非常勤のコーチを呼び、練習や大会参加をすべて生徒たちが自主的に行っていた(黄 1998：184-186)。

彼らは最終的には3年生の時、県大会で準優勝をするまでの結果を得ていた。高校卒業後大学でもサッカー部の活動をした部員がいたが、K・Sは同級生のサッカー部員のK・Mと同様、福岡県の国立K大学のサッカー部、I・Tは東京の私立でサッカー強豪のK大学サッカー部、S・Yは鹿児島県の国立K大学のサッカー部でそれぞれ部活動をしていた(1969(昭和44)年卒業の獅子の会『修猷館卒業50周年記念誌』へのI・Tの寄稿文、2023年2月2日のメール調査)。

2023年、日本サッカー協会が宮崎県で開催するO-70(オーバー70歳)のJFL第17回全日本サッカー大会全国大会で、サッカー部OBの同級生が対決したとのニュースがSNSで配信され学年同窓生たちの間で、大変な話題になった。O-70とは、70歳から79歳までの人々が所属するサッカーチームが全国大会で対戦する部門のことである。彼らは高校を卒業してすでに54年が経過し、73歳になっていた。全国大会の対戦は、当時ゴール・キーパーであったK・Sと、当時サッカー部のキャプテンで、ミッド・フィルダーであったI・Tである。当時のサッカー部の仲間だけでなく、サッカーとは無縁の同級生たちも対戦に興味をもっていた。さらに、2022年愛媛県で開催された同大会の第16回全国大会の優勝は、K・Sが所属している「アスレチッククラブ千葉」のチームであったことにも驚いていた。I・Tが所属しているチームは、彼が68歳の時に帰省して入った「福岡六十雀フットボールクラブ」である。互いに千葉代表、福岡代表チームとして全国大会の予選リーグで対戦したのである。K・Sのチームは2連勝できず敗退しているためこの試合はチームにとってはK・Sのいう、いわゆる「消化試合」として見なされていた。他方I・Tのチームは、初めての全国大会で予選リーグでの対戦であったので絶対勝ちたい試合であった。この対決に、同学年のサッカー部OBであるS・Yが、わざわざ福岡県から宮崎県まで車を運転して応援に行った。S・YはI・Tと同じ中学校のサッカー部で活動し、同じ高校で同じくサッカー部で活動した。

このようなサッカー部OBたちの真剣な態度とは異なり、同級生の女性たちは彼らのサッカー対戦にかけた自尊心対決でどのチームが勝つかにはそれほど興味がなく、果たして73歳の身体で、二人は試合で走れるのだろうかということに興味があり話題になった。また、彼女たちはこれまで観戦してきているサッカー大会の激しい試合を想定し、そのような戦い方ができるかどうかの可能性を考えていた。「走っちょらんだろう。パスばっかたい」と言いながら、女性の同級生たちはこの話題を楽しんでいた（K・MとK・Sの面接調査での逸話、2023年9月23日）。

実際、ほとんどの人々は競技場で、あるいはテレビの中継を通して、プロサッカーの試合やワールドカップなどで試合を観戦したことはあるが、70代の選手たちのサッカー試合はあまり見たことがない。日本サッカー協会のホームページでは、O-70の全国大会での試合の短い映像を見ることができる。したがって、2023年に同級生たちは、K・Sのチームが第16回全国大会の決勝戦で得点し勝利する場面の映像を自由に見ることができるのである。ただ、それ自体の情報を有していないと、70代の人々のサッカー対戦については想像がつかないだろう。同級生対決の試合が終了した後、S・Yが応援に来てくれたことでK・S、I・T、S・Yはともに食事をしながら高校時代の思い出を楽しく語りあったという（K・Sからのメール調査、2023年8月5日）。

対戦の結果はI・Tのチームが2対1で、K・Sのチームに勝利した。試合後対戦した二人の写真、および三人で食事を楽しむ写真も、同学年の同窓生たちにSNSで送られた。K・Sは2024年18回全国大会に千葉県代表で出るように所属チームで頑張ると述べる。再度、同級生対決は行われるだろうか。K・SとI・Tは今後もサッカークラブで活動を継続していきたいと述べている。以上のように、整備された学年同窓会組織、サッカー部OB・OG会、そしてSNSで同窓会会員の投稿を即座に学年の同窓生たちに送り、情報の共有と同窓生たちからのフィードバックを得ているのである。しかも、同窓生からの配信を要望する内容はスポーツだけでなく、政治的な案件に関する新聞へ投稿、同級生の嫁ぎ先の酒蔵が文化財に登録された記事など多種多様であり、非定期的に伝わるのである。彼らは70代前半で定年退職後の時間が仕事をしていた時に比較して余裕があり、これまでの社会生活を通して社会的関係の経験も積んできている。学年同窓会、部活動のOB・OG会の話題に触れることによって過去の集合的記憶と実践を思い出し、同窓生たちの実践や話題を現在の出来事として日常生活のなかに溶け込ませ、楽しむ場合がある。したがって、地域的には離れている同級生、在学時代はそれほど話をしていなかった人であっても、同窓会組織を通してSNSで情報が届き、その話題を他の同級生たちと共有することを長年継続していくことで、彼らと社会的、心理的、地理的距離の短縮が生じ、親密性の距離が近づいてくると思うようになる。その結果、現実の地理的な距離、空間・時間の縮小、および社会的、心理的に距離が短くなるという変化は、学年の同級生たちを単なる同窓生とみる枠組みから、身近な仲間、友達の枠組みへと移行することが可能になってくる。したがって、同級生たちが離れた地域にいる、または、彼らに頻繁に会っていないにもかかわらず、彼らと同じ社会圏、文化圏のなかで、互いに共感していると意識を継続して有していることは、心理的にも近い関係であると思うようになり、現実における孤独、寂しさなどが和ぎ、生活の安定、平穏、活気をもたらす機能を果たすこともある。結論から見ると、彼らにとって過去の集合的記憶と実践の集合的再生装置は、たとえば学年同窓会の組織、部活動の同窓会組織がしっかりして円滑に機能することによって、記憶再生の共同体であると同時に現在生活への見方、緩やかな仲間意識を生成させ、生き方の質を豊かにすることにもなるということである。

(2) 集合的再生装置としての制度

第二に、制度についてみることにする。特に、同窓会は本部と支部組織をもち、それぞれ同窓生の居住地域で独自に運営されている。総会は各学年が幹事になり企画、運営を担当している。すなわち、当番幹事制度である。幹事学年に当たることによって、学年同窓会組織を再度整備し総会のため本格的な準備活動を行う。彼らは1年間定期的な会合をもつが、そこには次年度の幹事代表が見習いで参加する。たとえば、本章の調査対象である福岡県立修猷館高等学校の福岡本部同窓会総会の例をあげてみる。福岡本部の同窓会総会には、毎年約1200名の同窓生が参加する。1998（平成10）年福岡同窓会本部における同窓会総会で当番幹事学年に当たった1969（昭和44）年卒の獅子の会の同窓生たちは、九州地域、特に福岡県居住の同学年の卒業生たちに総動員をかけた。そして彼らは1996年高校3年生時の1組から10組のなかから各クラス幹事を選出し「クラス幹事会」を、さらに各組の人数を増加させ「同窓会実行委員会」を結成させた。そして、1998年の同窓会総会開催までの2年間、母校の同窓会会館に集合して、テーマを企画し、企画書を作成して役割を分担し、企画の実行について、意見をぶつけ合いながら、準備作業を行った。学年同窓会の事務局を担当していたZ・Tはすべての会議の議事内容、出席者、会議の時刻など詳細な議事録を作成した。最終的に、1998年5月30日、①母校の校舎見学会、②総会における「思い出の校舎を語る」講談、母校の吹奏楽部演奏・母校の教員の指揮による「一昼合唱団」の合唱、そして、③懇親会という三つのプログラムを実行した。場所も学校、総会会場、懇親会会場という「三場所セパレード方式」を採択し、参加する同窓生たちの移動に注意を払った。獅子の会による同窓会総会幹事学年の任務が終了してから、当時獅子の会代表で同窓会総会の実行委員長であったT・Tは、同窓会機関誌に当学年による同窓会総会開催に関する報告を記載した（菁莪編集員会 1999：20–21）。当日、校舎の見学会に400名、総会に600名、懇親会に1741名が参加したが、懇親会参加者のうち獅子の会188名という多数の方々が参加してくれたと述べた（同前：20）。当時、彼らの学年は550名であった。1969年に卒業し29年経過した1998年、同窓会総会で幹事学年として働くために同窓会に集合した人数が188名になるとは、卒業生の34・2％にあたる。なお、T・Tは、「三場所セパレート方式」で、「移動は大丈夫やろうか?」という危機意識が高まりまして、かえって獅子の会の結束が固まりました」と語った（同前：20）。

このような当番幹事制は、高校の単なる卒業生から、母校意識、高校時代に社会化する過程で身体化した学校文化、勉学だけでなく部活動、運動会、文化祭同窓会を実践することで体得した彼ら独自の性向、価値観、考え方、自負心や劣等感、生徒のアイデンティティを回顧し、再認識させることになる。在学時代はそれほど強くなかった「同学年への所属意識」、「学年同窓生の団結」が新たに生成され、比例して「他学年への距離化」、「意識の軽減」、同窓会総会幹事として出し物、プログラムを巡る「他学年との競争意識」が生起するようになる。したがって、同窓生たちには新しい社会圏として「学年同窓会」が形成されたのである。その結果、同窓生は、在籍した時代のクラスを中心に構築していた「クラス会」の枠を超えて、それより拡大した別の社会圏にも属することになった。結局、彼らの社会圏の数の増大は、彼らがネットワークを拡大して交流することによって、ブルデューのいうハビトゥス（habitus）、資本の概念である社会的資本（social capital）、文化的資本（cultural capital）、経済的資本（economic capital）を蓄積・増大することが可能になることを意味する（Bourdieu 1977, 1984：53-56, 1986：248-252）。たとえば、同窓生たちが意図した直接的な要因ではなくても、社会圏のなかでの相互作用を通して信頼を得ることで個人のビジネスにも繋がることもあり、結果として経済的資本を蓄積することがある。ただし、逆にそれによって、疎遠になるかもしれない、という心的・社会的なリスクを意識して警戒をする人もいる。

(3) 組織、制度の運用システム

では、組織、制度を運用するシステムについてみることにする。これは同窓生たちに過去の学校に対する記憶の再生を促し、回顧的社会化をさせる装置として非常に重要である。なぜなら、同窓会本部組織や支部組織での同窓会総会を開催する当番幹事制度の運営システムは、彼らが自らを単なる高校の卒業生ではなく、母校の連続として同窓会の社会圏や文化圏に自らを内包する装置であるからである。

① 当番幹事役割と連続性

高校の同窓会総会を開催する当番幹事制度はそれぞれの高校によって運営するシステムに二つの類型がある。第一の類型は、一つの学年が当番幹事になって開催するように運営するシステムである。第二の類型は、2、3の学年が合わせて当番幹事になり一緒に同窓会総会を開催するシステムである。

本章で取り上げる同窓会の当番幹事制度の運営システムは第一の類型に当たる。当番幹事制度の運営における特徴は以下の三つにある。

第一に、同窓生が初めて東京支部で同窓会総会の当番幹事は卒業して30年が経過した時に担当するようになっている。彼らは主に48～49歳の中年世代で、仕事においても中間管理職であり、ライフ・ステージにおいても子育てがほぼ終わり、ある程度余裕ができる時期である。そのため多くの同窓生

たちは社会的、および私的にも安定している段階である。このような中間世代に学年同窓会組織を通して同窓会総会の当番幹事として呼び戻し、同窓会のための幹事の仕事を与えることになる。

第二に、同窓会総会の当番幹事の役割を1回で終わらせないで、本部や支部の同窓会総会を3回担当させるように制度設計し、運営していることが特徴で、重要である。なぜなら、学年同窓生たちは本部および支部同窓会の幹事を3回担当することになり、その期間は5年間である。たとえば、1969（昭和44）年卒業の人々が、卒業29年たってから、1995年に東京支部での同窓会総会の幹事学年になり、その3年後である1998年に福岡本部での同窓会総会、また、その2年後最後に2000年近畿支部での同窓会総会の幹事学年を担当してきた。したがって、彼らは、48～49歳から53～54歳の間に学年同窓会の社会圏、文化圏に内包され、共同体の成員として紐帯を維持していく。しかも、実際当番幹事としての役割は3回であるが、それぞれの総会で当番幹事を実施する前年には先輩の学年の見習いとして仕事をするのである。結果としては、最初の東京の同窓会総会を実施するために、前年度の幹事学年の先輩たちについて本格的に学ぶ、いわゆる「見習い期間」を含めると、現実には6～7年間、同学年の同窓会社会圏、文化圏のなかに包摂され、共同体意識を持ち続けることになる。

さらに、本部と支部同窓会総会での幹事学年は主に居住地域の学年同窓生の人々が主力として働くことになっている。しかし、他の地域に居住する学年同窓生たちは幹事の仕事を手伝うことで応援に行くことになる。例えば、東京支部の同窓会総会の当番幹事学年では、福岡本部、近畿支部、中京支部に所属してる当番幹事学年の人々が応援のために移動して、幹事の仕事を行っている。したがって、学年同窓生たちは、自らの居住地域に関係なく、当番幹事として5年間はずっと当番幹事として多かれ少なかれ働くことになり、たとえ働かなくても常に意識をするようになる。中間世代の5年間が過ぎるとそのまま同窓会の社会圏、文化圏から自らを排除することができず、意識的に、あるいは半ば無意識的に同窓会の社会圏、文化圏に居続けることになる。そして自然とその圏のなかで他の同窓生たちとともに関係を維持しながら高年齢期へと移行することになる。

② K・Mさんの事例

では、1969(昭和44)年卒業の獅子の会の構成員であるK・Mの事例を取り上げることにする。彼女は、高校を卒業し東京のT大学に入学し、卒業後、大手の航空会社に就職した。1970年代はじめ、彼女が大学生の時に、同窓会東京支部の同窓会総会に招待された。同窓会の本部、支部とも、同窓会総会に大学生を招待することが慣例になっている。彼女は好奇心半分で東京修猷会に出席した。しかし、そこで彼女は衝撃をうけることになる。なぜなら、「同窓会には誘われていったんですよ。そしたら、同窓会には皆おじさんばっかりで、とても怖かったです。」「ああ〜、私には無理だな。これからは同窓会にはいかないで、卒業生を見つけて仲良しのグループで付き合っていこう、と思いました。それから卒業して東京に住んでいましたけど、同窓会とはあまりかかわらずに過ごしていました。しかし、獅子の会が1995年に東京修猷会で幹事学年として総会を開催しなければならないので、まず集まろうと連絡がありました。それで初めて同窓会に関わることになりましたね。幹事学年ですので各自がやる仕事をするために役割が与えられるわけですよ。いざ、幹事学年の仕事に関わると、高校のとき運動会をやったときの感覚が呼び覚まされました！　高校3年生の時に、運動会で副ブロック長をやりました。普通、ブロック長は男子、副ブロック長は女子がやります。それで、副ブロック長になって、女子の応援団をまとめて頑張りました。男子の応援団は、各ブロック対決で応援合戦をやります。女子の応援団は、運動会の各競技中に前に出て自分のブロックを応援します。もちろん、応援するときの服装も自分たちでデザインするし、応援の在り方や創作ダンスも考えてやりました。みんなで役割を分担して精一杯やりました。もちろん、陸上部でリレーに出たこともありましたが、最後に走り、一位になりました。その年に、私たちのブロックが優勝しましたよ。」と高校時代を思い出して、誇らしく語っていた。

このように、K・Mは運動会では、陸上部で優勝し嬉しかった経験、副ブロック長としてリーダーとして楽しかった経験をもっている。彼女の身体には、過去の実践、記憶、およびその経験への肯定的な自己評価、皆と一緒に成し遂げた感覚、感性などが身体文化として刻まれていた。

その結果、獅子の会が東京支部での同窓会総会の幹事学年として働くことになったときに、彼女の過去の実践、記憶、身体感覚、評価図式などの身体性が呼び覚まされ、彼女の反省的身体空間のなかで再構築されることになった。幹事学年の経験をした後、彼女は一変し、同窓会東京支部である東京修猷会の活動に熱心に取り組むことになった。同窓生のなかで演者になって毎月木曜日に講演を行う「二木会」の世話役をし、ひいては2005年に、女性初の東京修猷会の幹事長という重要な役員として抜擢された。彼女は東京修猷会でのすべての集まりに仕事として参加し、なお飲み会にも欠席したことがないと述べた。「自分がちゃんとやらないと、次の代で女性が幹事長になれないかもしれない」、次にも女性が幹事長になれるように責任をもってきちんと働きたいと思っていたと述べた。彼女は「女が幹事長になったけんだめだと言われたら、後に続かない。そうなると、次の代に女性が幹事長になれない」と考えていたとする。このように彼女は、自分のせいで次の代に女性が抜擢されないことを回避させたいという他者のための理由と、女性が役員に起用されることが普通になるような組織運用への期待をもっていたのである。さらに、筆者はK・Mがすべての会議だけでなく、会議の後の飲み会の会合に出席したことには、別の要因もあると分析する。それは、男性、女性というジェンダーの行動規範ではなく、会議をし、その後の飲み会と続く一連の行動における、構成員としての「集団規範」に依拠する部分も大きいと考える。幹事長として会議に参加してその後、他の構成員とともに食事をしながらの飲み会では、会議で言えなかった部分や実施するときのリスクなど、会議の延長の話題があることが多いためである。彼女は同窓会組織の実行部門を管理する首長として各部門のすべての会議に参加し、その後の飲み会にもすべて参加してきたのである。結局彼女は副幹事長として1年間、幹事長として4年間、合計5年の間、見事に幹事長を務めあげた。その成果もあって、２０２３年度に第二代目の女性が幹事長に就任しその役割を遂行している。

K・Mにとって、高校時代に部活動で男子部員との社会関係のつくり方、および運動会での行動は、彼女が一生をとおして、今でも、社会生活のなかで自分のなかに続いていると述べた。彼女にとって修猷館高校を卒業したという「横の学歴」の意味は、以下のとおりに説明することができるだろう。「自ら出身高校を名乗ることはないのですが、尋ねられ答えると、私の今がどうかもしらずとも高い評価をしてくださり、信頼を置いていただけます。これぞ長い歴史のなかでは幅広い分野での先輩方の活躍・実績のおかげかと。だからこそ、その看板にはあまえられないと！　何事も責任をもって精一杯やる精神を自然と身につけさせてくれた気がします。修猷館卒業という看板は、自分を高めてくれるものです。」「私自身、修猷の校風のなかで培われたチャレンジ精神と好奇心と、出会った人々が、今日に至るまで様々に活動分野を広げてきました」（メールによる質問紙への回答、2023年8月）、したがって、彼女は高校時代に、当時の社会の集合的規範、表象の影響を受けて学校に規範化されていた学校の文化のなかで社会化をし、さらに同窓会の組織、制度のなかで構築された同窓会文化のなかで再度社会化を行ってきた。さらに、在学時代の身体文化を維持、変容、再構築しながら形成した身体文化から、学歴の意味を考え、さらにまた、同窓会体制へ自らの考え方をもって実行することができたのである。

4　空間・時間の企画による集合的記憶の集積

同窓会総会で幹事学年が主催する同窓会会場の空間と時間の企画そのものが、集合的記憶と実践の集合的再生装置として同窓生たちに働きかける。同窓会総会の幹事学年が当番幹事の仕事を5年間で3回主催することになるが、そのたびに卒業した高校をテーマに企画し、実行するからである。そのテーマは、高校の行事、学校文化、そして現在の同窓生である自分たちの記憶、紐帯などに関するものである。すなわち、当番幹事学年は仕事をするために、まず、自らの母校の文化とその身体化された自分たちの文化の固有性、特徴を回顧して、当時の生徒時代のアイデンティティと現在同窓生としての自らの身体に刻まれている文化の意識化、およびアイデンティティを意識して分析しなければならない。上記の通り、幹事学年の人々が1年間60回に及ぶ会議を開いて企画することになるが、これは同窓会社会圏、文化圏のなかで、共同に集合的記憶と実践を蘇らせ、互いに喚起し、母校の身体化された文化へ回顧的社会化を行う作業なのである。それによって、彼らは新たに再構築されたアイデンティティ、学校的身体文化を共有し、承認することになる。

筆者はこれを、同窓生における「学校文化的アイデンティティ（school cultural identity of alumni）」、「再構築された学校的身体文化（reconstructed school body culture of alumni）」と称することにする。

では、これら同窓会組織、制度の運営システムについての具体的な事例をみていこう。１９７０（昭和45）年卒業の「しのごの会」が２００１年幹事学年として主催した近畿同窓会総会でのテーマは「21世紀、真の豊かさを求めて」であった。生物学者である本川達雄教授を招聘し、「21世紀、真の豊かさを求めて─生命（イノチ）の時間から考える─」の題目で講演会を開いた。また、真の豊かさのテーマに沿って、同窓会総会に参加する人々のために、自然と心の豊かさのコンセプトにふさわしい「ハーブ園」への見学を実行した。さらに、当番幹事のなかの在学時代に吹奏楽部であった二人が中心に文化祭で演奏した木管四重奏の曲を、同窓会の会場で再度演奏をする会を設けた。これは在学時代と同窓会で同じ曲を演奏することと同時に、高校時代に演奏を聴いた自分たちと再度同じ曲を聴く同窓生たちの自分たちが、母校の学校文化的アイデンティティ、身体化された身体文化、クラシック音楽、高校時代の再演からなる「心の豊かさ」のコンセプトを表し、実行したのである。そして同窓会総会に参加した人々が楽しむことに喜び、労いの言葉をもらうと当番幹事として嬉しくなった。このように、しのごの会の同窓生たちは、近畿支部同窓会総会の当番幹事の役割遂行に成功し、準備過程での苦労を忘れ、満足と自負の念を自分たちの間で共有した。さらに彼らは同窓会総会が終了しすべての同窓生たちを見送った後、同じ建物の別の場所で、学年同窓生たちだけで集まり、打ち上げ会を開催した。この打ち上げ会はしのごの会の同窓生たちにとって非常に重要な意味がある。シンボリック相互作用論の観点からみると、幹事学年の行事と成功したしのごの会という集団への祝賀だけでなく、そのために働いた個人が自分と他者への祝賀、互いが役割をきちんと遂行したことへの感謝、近畿支部とは離れて居住している同級生たちがわざわざ参加し当日参加者も当日の仕事をやってくれたことへの労いについて、ともに乾杯をした。彼らは互いの表情、言葉、身振り、行為などからシンボルを解釈し、他者だけでなく、自分自身に対する「自己指示（self-indication）」において解釈と意味付与を行い、自己との相互作用（self-interaction）を通して、意味ある行動として役割を見なし、選択し、遂行してきた（ブルーマー 1995：1-27, 101-115）。実際、彼ら自身の身体の反省的空間のなかでは、在学時代の運動会で自分のブロックのなかで勝利のために必死に役割を遂行して、勝利した時の身体感覚が呼び覚まされる。そして、学年幹事である自分たちの現在の実践と以前とは異なる問題やその解決のための同窓生同士の相互作用が重なり、そのなかから同窓生のアイデンティティ、仲間・集団、役割遂行の身体技法、ノウハウ等から新たに同窓会文化のハビトゥスが再構築される。

(1) 当番幹事学年の同窓会総会開催のための組織結成、テーマ企画による集合的再生装置の事例

① 幹事学年が同窓会総会を開催するための組織づくり

では、次に同窓会支部および本部で同窓会総会を開催するために、当番幹事学年が学年幹事制度を学年同窓会組織がいかに運用して開催をするのかをみることにする。各学年同窓会は同窓会総会の支部や本部の開催のたびにその地域に居住する人々を中心に活動体制を組織、整備し、開催の準備をしていく。そして同窓会総会大会以外の地域に居住している学年同窓会の人々は、遠征をして仕事をすることになる。同窓会総会のテーマ、準備のための集合回数などは各学年によって少し異なることがあるが、システムの運用の様式においては互いに共通する部分があり、互いに類似している。では１９６９（昭和44）年卒業の獅子の会の事例をとりあげて、第一に準備、実行、幹事学年の実行体制の解散、次の学年への引継ぎなどの運用の様式、第二に同窓会総会のテーマ設定、学校文化の身体技法の再現・再構成をみることにする。

第一に、獅子の会が同窓会支部と本部での同窓会総会を開催するために幹事学年制度をどのように運用していたのかをみることにする。獅子の会は、１９９５年東京支部である「東京修猷会」の同窓会総会、その後１９９８年に福岡本部で「同窓会総会」、最後に２０００年近畿支部の「近畿修猷会」の同窓会総会で幹事学年として同窓会を開催した。そのために、『卒業50周年記念・獅子の会同窓会』記念誌のなかの「獅子の会・50年の歩み」という記録をみることにする。これは獅子の会が高校卒業15周年に当たる１９８４年から卒業50周年になる２０１９年まで35年間における学年同窓生たちの会合を記録したものである。学年同窓会で世話役をやっているＺ・Ｔが記録してきたものであり、

2019年に獅子の会の卒業50周年記念誌に掲載されている。本来はより詳細なものであるが、記念誌のために簡潔に要約して一覧表に作成したものである。Z・Tは同窓会組織全体の正式役職は学年幹事であり、同窓生全体の名簿を管轄する名簿委員も引き受けている。また、獅子の会の学年同窓会では代表幹事を歴任しており、現在は世話役をやっている。Z・Tは学年同窓会には事務局という公式の組織がないので、世話役の名称で仕事をしているが、実際、仕事の内容からすれば事務局にあたいするものであるとする。1984年から年度ごとに一つ行事を一行にして、開催日、開催場所、行事名、参加者数、行事内容を詳細に記録したものである。獅子の会の人々は35年間の266回の行事を行い、1年間平均7・6回の会合を開催していることになる。では、具体的に同窓会支部、本部で幹事学年として同窓会総会を開催するために、獅子の会はどのように組織を設置し、実行していたのであろうか。

同窓会総会の幹事学年を担当する場合、同窓会支部と同窓会本部とでは準備の期間および組織化は少し異なっている。同窓会支部での同窓会総会を担当する幹事学年の場合は、開催1年前から同窓会開催の準備をすることが一般的である。しかしながら、学年によっては開催2年前から準備をする場合もある。まずは、一つ上の学年が幹事学年になって準備をする過程で、彼らに会って開催のための実践のノウハウを学ぶ。その後、同窓会総会の場で、前年度幹事学年から次回の幹事学年へ「引継ぎ式」が行われるが、次年度の幹事学年はそれから1年かけて自分たちが開催する同窓会総会の準備を本格的に行う。この場合、幹事学年は2年間の準備過程をへて同窓会総会を開催する。

では、同窓会支部で同窓会総会を開催することは、同窓会本部で総会を開催することとはどのように異なるだろうか。同窓会本部で同窓会総会を開催することは、幹事学年にとって非常に大変な作業になるため、支部で総会を開催することよりも負担が大きい。なぜなら、まず同窓会本部での総会は、母校が位置する地位であり、同窓生の多くが居住している「地元」である。したがって、同窓会本部に参加する同窓生の数が支部の同窓会総会に比較して圧倒的に多い。さらに、なお、同窓会総会は創立記念日に開催されるので、同窓会総会に含まれている記念行事、記念式典など、各種行事自体が同窓会支部の同窓会総会よりはるかに多い。したがって、幹事学年にとって、同窓会本部での同窓会総会幹事学年の組織化と実践は、同窓会支部のそれより多いだけでなく、同窓会総会それ自体が非常に重要である。

では、獅子の会をとりあげ、福岡市における同窓会本部での同窓会総会の幹事学年として彼らの3年間の準備過程をみることにする。毎年創立記念日の5月30日に同窓会本部の同窓会総会を開催する。彼らは1996年5月11日に母校の同窓会会館で最初にクラス幹事会を開き、同年4回の会合を通して1998年の同窓会総会の幹事学年に就任することについて話し合いを行った。1997年には21回に及ぶ会合を通して、クラス幹事会を開催して同窓会の企画を討論し、いよいよ同窓会総会の実行委員会を立ち上げ、実行委員長も選抜した。さらに同年、彼らは1968（昭和43）年卒業の「四三会」が幹事学年を務める同窓会本部の総会にて、引継ぎ式があってから、次年度に自分たちの学年が幹事学年として同窓会総会を開催することを表明した。彼らにとって、上級生が幹事学年を開催することに参加し、同窓会総会を開催する際にどのような実践部会の部員がいかに管理し、同窓会総会全体を円滑に運営するのかを良く観察し、調べ、学ぶようにしている。そして、彼らは次年度に自分たちが開催する際に参考にするため、それぞれの部会のメンバーが、上級生の同じ部会の実践を観察し、そこで得た知見を自分たちの実行委員会の各部会で検討し取り入れるのである。

さらに、彼らは母校の校長（修猷館高校なので校長を館長と称する）と面談を行い、同窓会総会のチラシについて協議を行った。翌年の１９９８年5月30日の同窓会総会までに、獅子の会新年会を始め、10回の実行委員会を開催し、５月23日に最後の実行委員会を開催した。同窓会総会開催におけるさまざまな仕事の実践部会を設け、それをだれが担当するのかの部員を当てた。なお、同窓会当日の行事、時間の流れに沿って、部員全員の仕事の内容、場所などを記入して誰がみてもわかるような一目瞭然の膨大なマニュアルを作成した。さらに、当日東京を始め各地域から福岡に合流する同級生も無理なく仕事をするために、事前に彼らの名前も各実践の部会に記入してマニュアル化しておいた。そのため、マニュアルの冊子を各自が共有し、確認させたので、当日参加した同級生も仕事を行うのに混乱をきたすことなく、各自の仕事の分担をきちんと行ったのである。したがって、彼らは３年間35回の会議を通して組織をたちあげ、実行委員会を通して企画を準備し、各実践部会を通して同窓会総会を成功裏に開催した。以上のようにみてきたが、幹事学年が同窓会本部での総会を成功するためには、次のことが重要である。第一に、３年間の準備期間に多くの会議を開催するが、それに参加し総会を準備していくほどの時間的余裕と意欲がある人々を集めることである。第二に、同窓会総会を準備する過程で、各実践部会にどのような人々が部員として働くのか、両方の間でのマッチングが重要である。第三に、幹事学年として実施する3年前からクラス幹事会、実行委員会を立ち上げて活動をするが、上級生が幹事学年を務める前年度の同窓会総会まで、自分たちの学年の準備状態がどこまでできているのか、のタイムスケールが重要である。Z・Tによれば、前年度の同窓会総会に100名ほどの実践部会のメンバーが入り、上級生の各部会がどのように管理、運営するのかを確認し、学ぶとしている。しかし、当該学年のほうでは、最初のクラス幹事会を20名から始め、その後の実践部会を100名まで集めることが重要であるが、同学年のメンバーたちが各自の仕事で働き盛りの年代であるため、自由な時間がある人を集めて組織化することが重要である。さらに、前年度の同窓会総会に入る部員100名がどれほど管理、運営の在り方を把握し、自らの学年幹事の仕事に応用できるかどうかが重要である。換言すれば、同窓会総会を開催する幹事学年の勝敗は、第一に準備する期間と効率性、第二に仕事の中身と人の適切なマッチング、第三に、前年度総会での現地調査と応用力にあるといえよう（「修猷・獅子の会・50年の歩み」の資料を基に、獅子の会事務局のZ・Tさんへの2024年1月21日の調査による）。

② 幹事学年による同窓会総会の集合的記憶と実践の回顧的再生

では第二に、獅子の会が同窓会支部と本部で同窓会総会を開催した時の同窓会のテーマについてである。筆者は上記のように1969（昭和44）年、獅子の会が幹事学年で開催した、東京支部での「東京修猷会総会」、福岡本部での「同窓会総会」、近畿支部での「近畿修猷会総会」すべてに参加し、参与観察を行った。1995年の東京支部での「東京修猷会総会」では、「修猷館気質今と昔」をテーマに映像を製作して放映していた。この映像は、彼ら自身が在学した当時1960年代後半の映像と、東京修猷会総会の幹事学年として準備していた1990年代前半の母校の映像を編集した。そしてこの二つを比較しながら、「修猷館気質」の変わった部分と変わらなかった部分を提示していた。

また、1998年学校が位置している福岡本部での「同窓会総会」では、同窓生たちに対して在学時代を再び体験させ、同窓生アイデンティティを醸成するイベントを実行した。そのなかの一つは学校への「見学会」であるが、母校の教室に座って当時の元教師を招待し授業を受けさせた。学校をすみずみまで歩きまわって、食堂では当時の給食を思い出させるように食事をしたりした。さらに、同窓生は自発的に当時自分が使っていた机をみつけ椅子に座って過去を回想させたりした。このイベントは、同窓生に過去を回顧する自らの「反省的（自省的）身体空間」のなかで記憶を再構築することとは異なり、まず自らの身体で直接現在の学校空間に入り、同窓生たちとともに認識、感情、評価のリアルな体験を通して、「反省的（自省的）身体空間」での集合的記憶の編集・再構築の作業を行うことになった。

さらにまた、2000年、獅子の会が当番幹事として近畿支部の同窓会総会で、高校の運動会を再演し実施した。筆者はこの近畿支部での同窓会総会での運動会を観察したが、非常に大掛かりな企画であった。獅子の会は、参加者たちを高校時代と同様に、白、青、赤、黄の四つのブロックに分けて、競技種目の対抗戦、応援歌合唱などで対抗戦を行った。同窓会の総会をホテルの会場で行うこともあり、また彼らはすでに在学時代の身体ではないため、高校の運動会のような種目を採択せず、参加者が楽しめるような玉入れ、パン食い競争などの種目、応援歌合唱による応援合戦を行った。特に、応援歌対決では、頭にそれぞれのブロックの色の鉢巻きをして、盛大に歌った。得点で優勝ブロックを決定し、福岡からかけつけた現校長が同窓会の会場で優勝メダルを授与した。特に、高校では応援歌や校歌（同窓生たちは修猷館の館歌と称する）を斉唱するときに彼ら固有の身体技法があった。同窓生たちは、同窓会総会で応援歌、校歌を歌う際に、誰も歌い方について指示をしていないにもかかわらず、無意識的に高校時代と同じように身体を動かした。すなわち、生徒たちが応援歌や校歌を際には、足を広げて立って手を腰に当て、上半身を前後に振りながら、精一杯の大声を出して歌うという独自の身体技法である。同窓生たちはそれらを歌いだした瞬間、無意識に、在学時代と同様の身体技法で歌っていた。しかし、同窓生たちは、高校時代のような機敏な動きができずリズムが少しずれていたりした。また、彼らは普段の生活で大声をだす練習をしていないため、突如大声をだして歌ったため、咳をしたり、咽せたりした。しかしながら同窓生たちは、高校時代に身体化されていた技法で応援歌、校歌を熱唱していた。歌い終わった彼らは、歌い切った喜びに浸っていた。それは、同窓会の運動会で競争し、応援歌、校歌を歌うことで、過去在学時代の3年間、運動会の時期になると無我夢中に練習をし、ブロックのなかで各自に与えれた役割を遂行し、応援歌の練習を行い、自分のブロックの勝利のために必死に頑張っていた自分自身と同級生のことを、同窓会の会場で集合的に回想したのである。競技の各種目で勝った時の喜びだけでなく、運動会の準備に夢中になって取り組んでいたことの充実感、運動会が終わった後の虚無、特に高校3年生の時は、運動会が終わってから大学入試のための準備に熱心に取り組んでいた過去の自分たちが現在に呼び覚まされてしまった。このように彼らの集合的身体空間では、高校時代の運動会の記憶と実践のハビトゥスが再生された。このように、同窓会総会の会場で、参加者全員で運動会を実施したことは、集合的記憶と実践を同窓会会場で参加した全員で再生させる装置として機能していた。

(2) 集合的装置が促進する同窓会文化への再社会化機能

① 同窓会の小規模での相互作用による再社会化

ミシェル・ヴィヴィオルカ（Michel Wieviorka）は、「記憶とアイデンティティの関係は単一のモデルに対応するものではない。両者の関係は、互いに依存しあう特定要因だけでなく、その外部にある要因、つまりより一般的な社会的変化にもとづいているだけに、いっそう複雑となる」と述べている（ヴィヴィオルガ 2017：221）。同窓会総会のなかで学校の記憶と実践を全体で再生することが同窓生たちに再社会化をもたらし、彼らにはどのような意味をもたらせるのか。次の三つが考えられる。

第一に、同窓生たちは彼らが高校時代の運動会の準備段階で、集団のなかで仲間たちとの社会的関係、協力と競争、勝利と敗退、優越と自戒、集団と個人、創造性と想像力など記憶と実践を再構築し、再び身体化させる。第二に、在学時代の運動会に取り組むことは、学校文化のなかでまさに真剣そのものであり、それとして身体に刻まれていた。しかし、同窓会総会では愉快で楽しい経験として行われ、会場の人々と共有をした。この経験は、彼らが運動会の記憶と実践を回想・再構築する際に真剣さとは異なる視点から再生作業を行う新しい枠組みを獲得したことになる。したがって、今回新しく再構築された過去の記憶と実践は、未来に再び再構築の作業が行われる際には、すでに構成物として存在し、回想・回顧される対象になる。さらに今回の再構築作業は、記憶と実践への新しく生成された「まなざし」、「枠組み」として、未来の再構築の際に影響を及ぼすことになる。第三に、同窓会総会で参加した全員が「記憶と実践の再生共同体」として行った作業は、同窓生としてのアイデンティティを形成させ、同窓会社会圏への所属意識、集団への社会的・心理的・文化的距離を近づける機能を果たすことになる。

ここでより重要なことは、同窓会の社会圏のなかで再社会化の過程で再構築された身体文化が、無意識的に子育てにも影響を及ぼしていることである。

先述したK・Mの場合を事例として取り上げてみる。彼女は自分の学校生活で自主性、リーダシップの身体文化を体得し、同窓会でもそれを評価する文化のなかで再社会化を通してその文化が当然であるという自負心をもっていた。彼女にとってそれは文化的に自然であり、子育てにおいても無意識的に影響を及ぼしていた。「子どもに勉強しろ、勉強しろ、と言ったことがないです。勉強を含めて日常生活について子どもが自分で計画を立ててやることを大事にし、自主的にやるようにしました。もちろん、子どもの話はいつも良く聞いてあげるようにしましたが、子どもが自分で考えて、自分でやるようにしていました。M音楽大学付属の中高一貫の女子校を出ましたが、その学校を選ぶときも、どの学校に行くかを最終的には自分で決めてもらいました。入学前にいくつかの学校説明会に子どもを連れて行くと、この学校はあまり好きではないとか、この学校がいいとかと話しをしました。それで最終的に子どもが行きたい学校に進学しました。学校生活で部活動を選ぶこともそうでした。子どもは運動会でブロック長をやっていましたね」と述べた。先述したように、K・Mは高校の運動会で高校3年生のときに副ブロック長をやっていた。ブロック長は男子生徒が選ばれていて、女子は副ブロック長になるのが当時の暗黙的に規範化された学校文化であった。2000年度に入って、女子が50%を超え、社会の構造もジェンダー意識が強調されてから、学校のなかでも女子生徒がブロック長になれるようになった。彼女はブロック長になったことが単に地位としてではなく、責任をもってブロック長の役割を遂行することがいかに大変であり、その役割を担うことが重要であるかということを、在学時に彼女自身が副ブロック長をやっていたために良く覚えていたのである。子どもがブロック長になったことは、彼女にとって嬉しいことであるが、子ども自身が責任の重さを背負うことであるという感覚を子どもと共有している。彼女は子どもが自主性、リーダシップをもつようになったことを振り返って、家族のなかで自身が無意識的に影響を及ぼしていることを自覚するようになるだろう。このように、同窓会の再生装置のなかで意識的、無意識的に再社会化を行い、身体文化を再構築し、維持することの意味は、大学進学のための手段的要素だけでなく、生涯を通して記憶と実践を再構築し、再社会化を通して家族にも影響を及ぼすことの意味が見いだされるのである。

他方、高校を卒業し、一般の社会が集団よりも個人重視、個人化へ変動するなか、在学時代の運動会がブロックの勝利のために働くことを強調した集団主義とみなし、自分に身体化されている記憶と実践に距離をおいていた人々もいる。彼らも同窓生としてのアイデンティティ、同級生への仲間意識、母校への愛着もあり、集団意識が身体化されていることも意識している。そのなかで同窓会での運動会をみんなで楽しんでいた。後に、学校的記憶と実践を回顧し、それを再構築する際に、同窓会での運動会ですでに再構築したそれは、自らに完全に喜ぶものとしてだけでなく、社会の個人化に遅れていくのではないか、という別のまなざしと枠組みで、解釈し意味付与を行う場合もある。彼らは自らの学校的記憶と実践へのまなざしと枠組みを再生産する方向への再構築を喜ぶだけではいられないという、両義的なアイデンティティをもつことになる場合もある。同窓会に参加した人の全体としてみるとこのように考える人の比率は比較的に少ないし、個人主義に慣れ親しんでいる比較的に若い世代に生じている可能性が高い。時代の変化のなかで、社会的、文化的構造の変動が記憶と実践の再構築に影響を及ぼすことになる。このような人々は、集まる人々の規模が大きく公的な要素が強い同窓会総会などのような集会にはあまり出席せず、学年同窓会、クラス会、部活動の仲間、および気の合う友人グループなど少人数の集まりを好み、そのなかで楽しむ場合が多い。また、彼らのなかには、学年同窓会までにはよく出席するが、同窓会総会のような大規模の集まりでは本来の目的ではない人脈をつくるために参加している人もいると考えている。そして、自分はそのようなことはしたくないし、そのように見なされるのも好まないと思う人もいる。したがって、彼らのなかには、定年退職をしてから同窓会総会に出席する人もいる。自分自身は旧友に会って同窓会で昔を懐かしむという本来の意図以外の邪心をもっている人ではない、ということを自分自身だけでなく、他者にも認識してほしいと考えているのである。

② 幹事学年よる同窓会支部、本部での総会開催を通しての再社会化

ここまで見てきたように、彼らは在学時代に身体化していた文化をすでに有していた。たとえば、同窓会での組織づくりも、すでに在学時代に類似した経験を有していた。例えば、運動会で各ブロックでは、さまざまな競技種目で戦うために、競技に最適化されている人々を選出して集め選手として試合に出していた。そのために、さまざまな種目の競技では、試合で勝利するために各ブロックでは組織化を行っていた。たとえば、獅子の会のK・Sは3年生の時に、黄のブロックでタンブリング部門の長をやっていた。そして、副部門長2名を選出し、試合で対戦するための選手たちを選んだ。彼

は7段ピラミットの競技に勝つために、ブロックのなかで適合していると思う人々を28名選出した。その後、2名の副部門長たちと協議をし、他のブロックの様子やその他の情報を入手し、戦略を練っていた。彼らは7段ピラミットを立てることに成功し、優勝することを願っていた。そして、28名の選手たちとともに、さまざまな試みを考えていた。そのなかで、次の二つを思いだした。すなわち、一つは、普通に四つんばいになって7段のピラミットを構築することである。もう一つは、7段のピラミットをつくり、立って移動をすることであった。しかし、彼らは施行錯誤をして、第一案で合意をし、7段ピラミットを成功させるために猛烈に練習を行った。その後、試合に際して、始めて7段ピラミットを完璧に演出することができた。彼らは練習では成功していなかったが、試合で始めて成功したのである。これまでの同窓会では6段まで成功していたので、7段を成功した人が優勝することが期待されていた。彼らは見事に成功し、優勝した。もちろん、タンブリングの競技だけでなく、生徒たちは運動会でさまざまな競技で対戦するまでに準備する過程で、類似のハビトゥスを無意識に構築し、グループの内部では組織化と協力が行われ、グループの外部にいる相手には対戦を通して機能することになる。

このように、彼らはブロックのなかで競技のために、適合した人々を選出し、協力し、練習を通して実力をつけていった。そして、それは成功体験として組織づくりと練習を通して成功に至ったことで、彼らの記憶と実践は共有された。K・Sは、それを回顧してみた時も、喜び、満足、自負の念を覚えていた。彼は7段ピラミットの成功について語る際に、選手を選出し、組織化し、戦略を立て、努力したことが素晴らしい結果をもたらして嬉しかったし、誇りになっていたとする。しかも、練習の過程では一度も成功できなかったのに、運動会本番で7段ピラミットが成功したことを思い出した。その記憶と実践は彼が思い出すたびに、運動会でタンブリングの試合に選抜した仲間、および副部門長たちとの戦いの過去が喜びのなかで喚起されていたと思われる（2023年9月23日の面接調査）。

しかし、在学時代の運動会で身体化した組織づくりは選択肢が少ないという限定的な枠組みのなかで行われていた。もちろん、他のブロックの人々も、タンブリングの競技に出た各グループはそれぞれ自分たちのそれに相応しい方法で組織化を行っている。彼らのなかには、人々を組織化し、ともに競技で戦うという目標を達成するための身体形成が無意識的に行われていたのである。

しかし、卒業後、同窓会の幹事学年になり同窓会総会を実行する場合は、組織化する規模、役割が高校時代のそれとは格段に広がる。そして、組織化する現象を巡って在学時代の無意識に形成された身体は、類似した環境のなかで、再社会化を行うことになる。同窓会本部での同窓会総会の幹事学年による組織化と実践は3年間の間に継続していて、戦いではなく、協力を通して、同窓会で母校の見学会、総会での講談、懇親会での音楽活動という形で再構築されていた。したがって、在学時代に形成した身体文化は記憶と実践として、同窓会での類似の社会的環境に適応し再社会化の過程を通して、無意識的に再構築されるのである。

5　集合的再生装置としての同窓会総会の儀礼、儀式

では、次に同窓会総会の儀礼、儀式についてみることにする。同窓会総会は過去の学校を集団で強制的に再生する装置である。同窓会総会の場は同窓生が世代を超えて過去の学校を喚起する舞台である。ときには、同窓生が記憶を喚起するだけでなく、過去の生徒そのものになりきる舞台でもある。その舞台には、過去の学校でともに学んでいた同窓生だけでなく、当時の教師、先輩・後輩も出席している。そこは過去が突如顕れ構成した「疑似学校的空間」である。その空間のなかで彼らには過去の教師生徒関係、先輩後輩関係、青春の恋愛感情などが蘇る。同窓会の会場で、元教師を囲んでの元生徒たちとの間には「この子たち」「先生、先生」ということばが使われている。また、「一度の先輩は永遠の先輩、先輩には頭が上がらない」「学生時代のマドンナに今もみんな群がっている」「憧れの先輩がまだ来ていない」という表現が使用される。彼らは同窓会総会の場のなかで、自らの身体に刻まれてきた過去の学校的関係性によって相互行為を行っていることがうかがえる。

さらに、同窓会総会での儀式も彼らを学校的過去へ導かせる。総会では「校歌斉唱」、「応援歌斉唱」、「物故者慰霊黙禱」、「校長挨拶」などの儀式が行われる。特に、校歌や応援歌は彼らが在学時代学校の行事があるたびに団体で歌ったものであり、卒業してから個人の日常生活のなかでは決して歌うことがないものである。それを、同窓会で歌うことによって、彼らのなかには過去の学校の空間が蘇ってくる。しかも、年代の差を超えて同じ歌を会場にいる人たちと歌うことで、その場にいる人がすべ

て同じ学校的空間にいると意識させられる。共同体意識、一体感が形成され、再認識されるのである。そこで、彼らは会場に参加した同窓生が同じ学校文化を有していると互いに認め合うのである。しかしながら、彼らが有する学校文化は、時代とともに変容する部分と、再生産する部分から構築されるため、厳密にはそれぞれの時代によって内容が異なる。にもかかわらず、彼らは全員が同じ学校文化を有する共同体という認識に到達し、一体感と親密感の感情状態が形成される。そこには、同窓会の学校的文化圏のなかにおいて、広い意味で「同じとみなす」という機能が作用するのである。それを「同一化原理」と称する。校歌や応援歌を斉唱する儀式は、同窓生に同一化原理を機能させ、学校的記憶共同体を形成させるのである。

では、同窓会総会の儀式による過去の学校への時間軸はどのように現在と繋がるのか。「物故者慰霊黙禱」、「校長挨拶」は同窓生たちに過去と現在を結びつける空間を作り出すのである。しかも、物故者慰霊黙禱の儀式は、自らが在学していた過去だけでなく、それ以前の過去までを彼らのなかに作り出す。そして、校長挨拶では、現在の学校の実績、文化が説明される。同窓生向けの説明であるため、現在の学校は、常に過去の連続として語られる。現在の生徒たちが伝統を受け継ぎながら、がんばっているという趣旨になってくる。同窓生たちはその説明を聞き、自分たちが過去の作り上げた痕跡としての文化が、さらには、その文化を作った自分たちが学校のなかに残り、生き続けているとみなす。

ここでより重要なのは、校長挨拶の内容がどのようなものであれ、それよりもむしろ、挨拶を儀式として設定しているということである。その儀式自体が、彼らの過去の学校、ひいては彼ら自身が、過ぎ去ったものではなく、現在までも続き、実存しているということを集団で確認する装置として機能する。そして、自らの過去の学校は未来にも持続するだろうと想像し、信じるのである。それを「持続化原理」と称する。物故者慰霊黙祷、校長挨拶の儀式は、同窓生に持続化原理を機能させ、学校的時間の永続という記憶共同体を形成させるのである。

以上のような儀礼、儀式は同窓会総会でルーティンになっている。当番幹事学年が変わっても同窓会総会では常に行われる。主に、開会の辞、校歌斉唱、物故者黙祷、会長挨拶、来賓紹介、来賓挨拶（同窓会本部代表挨拶、校長挨拶）、当該年度活動報告、会計報告、役員改選、閉会の辞の順である。また、続いて懇親会でも閉会の辞の後、最後は必ず応援歌大合唱、万歳三唱またはエールが行われる。そして、同窓会総会全体が終了するのである。２００１年の近畿同窓会総会でもこの順で行われた。このように儀礼、儀式が毎年ルーティンで行われることは、同窓生たちが当時繰り返し校歌を歌い、運動会では応援団長が行うエールの儀式の後全員で応援歌を歌った、という身体化された技法や文化を無意識のうちに蘇らせ喚起するのである。これら儀礼、儀式のルーティンは、過去の高校時代への回顧的社会化を促す機能を果たすのである。

さらに、同窓会総会の会場では、同窓会組織としての各種クラブ活動の展示がある。一例をあげると、アートクラブで活動している人々の作品が展示されていた。そこで１９５４（昭和29）年卒業のI・Tも自分の作品のなかで選定したものを展示していた。彼は高校在学中には美術部であったが、同窓会ではアートクラブに所属して活動をしている。この度は似顔絵を展示していたが、それらは彼が高校在学中に先生たちを描いたもの、そして卒業して同窓会アートクラブの人々やその他の先輩・後輩など同窓生たちの似顔絵であった。

筆　者：なぜ同窓会の会場で当時の先生の似顔絵を展示したのですか。

I・T：先生はとにかく落語みたいな面白い授業をしていましたね。私はその先生からずっと習っておりましたが、今年（2001年）の7月に先生が亡くなられたんですよ。先生のあだ名ですが、親しみを込めて生徒たちから「カラス」と呼ばれていましたね。今、同窓会の会場に私が描いた似顔を展示しているなか、「カラス」の絵があるんですよ。ちょうど1953（昭和28）年ごろ、3年生の時にこっそり先生を描いたんですね、似顔絵を。それを同窓会の会場のコーナーに載せてあるんですけどもね。

みなさんに見ていただこうと思ってね。私より上の学年の人たちとか、下の学年の人たちもそうですけど、一番親しみやすい先生なんですよね。40、50年前に私がこっそり描いたやつを、みんなに見せてあげたいです。

それをまたコピーしておいてあるから、似顔絵が欲しい人はそれを持って行って、昔を偲んで欲しいです。僕が似顔絵を展示しているのはそういう意図がありますね。

同窓会総会の会場でI・Tが描いた先生や同窓生の似顔絵の作品を鑑賞したり、そのコピーを手にとったりする同窓生たちにとっては、同窓会会場が、単なる展示する場所だけでなく、それを超えて、高校を思い出させる空間として機能しているのである。

引用・参考文献

ブルーマー、H著、後藤将之訳（1995）『シンボリック相互作用論』勁草書房

Bourdieu, P.（1977）*Outline of the Theory of Practice*, Cambridge University Press.

Bourdieu, P.（1984）*Distinction: A Social Critique of the Judgement of Taste*, Harvard University Press.

Bourdieu, P.（1986）"The Forms of Capital", in *Handbook of Theory and Research for the Sociology and Education*, Greenwood Press.

アルヴァックス、M著、小関藤一郎訳（1989）『集合的記憶』行路社

菁莪編集員会（1999）『菁莪』祥文社

修猷館二百年史編集委員会（1985）『修猷館二百年史』

ジンメル、G著、居安正訳（1969）『社会分化論（現代社会学大系　第1巻）』青木書店

ジンメル、G著、居安正訳（1994）『ジンメル社会学　下巻』白水社

黄順姫（1998）『日本のエリート高校―学校文化と同窓会の社会史』世界思想社

ヴィヴィオルカ、M著、宮島喬・森千香子訳（2017）『差異―アイデンティティと文化の政治学』法政大学出版局

第4章　母校の記憶と実践の再構築と再社会化機能《2》
――再構築と再社会化メカニズムの事例研究

1　はじめに

第3章では母校の記憶と実践の再構築と再社会化機能において、そのための集合的再生装置と回顧的社会化について考察してきた。本章では、続いて、同窓会社会圏における母校の記憶と実践に関する再構築と再社会化メカニズムの事例研究を分析することにする。

当事者たちは長い人生をかけて、ライフステージごとに幹事学年、卒業何周年記念同窓会を経験しながら、学校および同窓会で身体文化を変容させるだけでなく、その身体文化への知覚、評価を通して、学校・同窓会を統括する社会圏における学校社会圏に関する自己アイデンティティを形成することになる。結果、当該学校を卒業したという「横の学歴」について、学歴とはなにかへの本質的意味を付与することになる。以上のことについて、再構築と再社会化のメカニズムの事例研究を通してみることにする。調査対象の属性は、第3章の**表3-1**の通りである。

2 単なる卒業生を同窓生の学校的文化圏・社会圏へ呼び戻す

第3章でみてきたように、当番幹事制による運営、動員の呼びかけと準備作業は同窓生にとって大きな意味がある。学年同窓会はこれまで同窓会と社会的距離がある人を追跡し同窓生としての自覚、同窓会への奉仕、役割を認識させる。いやおうなく、過去の学校の構成員に引き戻されるのである。現在の同窓会の仕事は、現在のなかで過去の生徒としての自分を呼び戻しその自分に出会うのである。そして、また過去の友人、仲間に出会うのである。彼らは過去、運動会や文化祭を行ったときの結束、燃え尽きた情熱を思い起こし再度吟味する。また、在学時代に抱いた優越感、劣等感、不仲の感情も蘇って、感情の関係性を新たに構築することに困難を覚える。そして、1年間幹事学年の仕事を通して再び熱中し、結束が強くなる。幹事として総会を成功させた後には、彼らの幹も強くなる。彼らはもはや過去の学校の構成員から抜け出すことができなくなる。この当番幹事制は彼らのなかに学校的過去を再生させ、現在に再構築する強い装置である。

では、当番幹事制度を通して、卒業生を母校の学校的社会圏・文化圏の構成員に呼び戻し、他の構成員たちとの相互作用を通して回顧的社会化を行う事例を取り上げてみる。1957(昭和32)年卒業のT・Hの回答である。

筆　者：いつからこういう同窓会の活動に出るようになりましたか。

T・H：最初は通知いただいたんですね。近畿修猷会ができて、同級生もあんまりいませんし、敬遠して、ほとんど行ってなかったんですね。50歳のときにみんな同窓会総会の幹事をしないといけないというので、集合がかかったんですよ。電話がかかってきて、今年はもう幹事学年だから、みんな集まって幹事をしないといけないからということで、20人くらい集まりました。それからみんなで苦労して同窓会幹事の仕事をして、それでまたぐっとみんなが親しくなって。来年も再来年も、みんなで行こうという感じで、いろんな会にも出かけたり、グループで会ったり、ちょっと旅行しようかという雰囲気で。それからですね、それまではそんなにお会いもしませんでしたのに。

このように、T・Hは1957年に高校を卒業してから50歳になるまで、同窓の人々とあまり交流がなかった。彼女は母校が位置している福岡県を離れて関西地域に居住していた。彼女の母校の同窓会の組織も、福岡県を中心とした九州地域、次に東京を中心としている関東地域では比較的同窓生も多く、同窓会も活発に活動していた。しかし、彼女が生活している関西地域は九州や関東に比較して、同窓生や同窓会の活動も活発ではなかった。さらに、近畿の同窓会である近畿修猷会という同窓会支部組織ができても、知り合いがいないことなどの理由で参加しなかった。結果、彼女は母校の卒業生や同窓生としての意識を特にもたずに生活していたのである。

しかしながら、近畿同窓会大会を行うために彼女たちの学年が当番幹事学年の仕事を受け持つことになった。そこで、学年同窓会から連絡を受け、同窓会大会のために働くことが要求されたのである。したがって、彼女は同学年の同窓生たちに会うことになり、それから母校への集合的記憶や身体化されていた学校的実践を、彼らとともに喚起し、認識することになった。

換言すれば、彼女は近畿地域の同窓会総会の大会のために、幹事学年の仕事を準備する過程で、母校という共通項目を共有している学校的社会圏、文化圏に呼び戻され、他の構成員たちと母校の身体文化を自分たちで共有していることに気づき、回顧的社会化を通して自分たちのアイデンティティや文化的同質性を確認し、互いに親しみを感じるようになった。それは彼らの間で楽しみになり、学年全体の行事が終了し、会う理由がなくなったにもかかわらず、少人数のグループでさまざまな会や、旅行に出かけたりすることになっていった。彼女が回答しているとおり、それからはさまざまな同窓会活動にも活発に参加することになった。さらに、彼女は近畿の同窓会に組織されてあるいくつかのクラブ活動にも参加している。また、彼女は２００１年の秋、１９７０年卒の「しのごの会」が当番幹事学年として２００１年開催した近畿同窓会総会にも出席していた。実際、近畿当番幹事学年のリーダーであるＡ・Ｎは彼女が「すべての同好会に参加し、積極的に会の活動を行っておられる」と筆者にメール（２００１年10月５日）を通して紹介をしてくれた。

３　回顧的社会化による再構築された学校的アイデンティティ、身体文化と自己信頼

Ａ・Ｎ　１９７０（昭和45）年卒業の事例

筆者：２００１年の近畿の同窓会総会を当番幹事として同学年の皆さんが企画、実行しましたが、

大盛況でしたね。同窓会で高校の文化祭を再現し、参加した方々が大変満足された様子でした。また、同窓会のクラブ活動について書くクラブが活動報告発表会をしたのも皆さんに知ってもらうことで意味があったと思います。

特に、同学年の人々で近畿以外、例えば東京、中京、福岡などに住んでいる同級生の方々は、応援にかけつけ、神戸での同窓会総会の当日にできる仕事をしていたとのことですが、当番幹事学年の皆さんができることを力合わせて主催したことも驚きでした。近畿支部地域にいる同級生たちは、同窓会総会を開催するために、各自が仕事の傍ら、1年で数十回ほど集まって会議し総会の準備をしていたと聞きました。

そして同窓会総会に参加された方々が大変喜んでいたので、見事に成功したわけですね。このような同窓会総会の幹事学年として、総会当日までの1年間大変だったと思われます。それに注いだ皆さんの意気込み、企画・分担・実行する力、担当者に任せられる信頼する力、さらに当番幹事の各担当領域のリーダーの役割、責任感などが必要だったのではないかと思います。当番幹事を成し遂げた根幹にあるものは、一体どこからくるものでしょうか。

A・N：在学中、一つのものに対して、みんなで非常に力合わせて、集中してやることです。こういうことは修猷館のときにやっぱり身につけたなと思います。

一つのものというのが、運動会ですね。これ秋にやるんですけれども、準備は文化祭が終わってからやりますね。もうほんとに夏休みは全部潰れます。あんまり積極的に参加してない人もいますし。

運動会っていうのは、四つのチームに分かれて、そのリーダーになるというのは非常に名誉なことなんですね。学年５００人中、４人しか選ばれませんから。

修猷館の場合は、応援合戦だとか、単なる競争とか、そういう運動以外のものが非常に大きいです。それから大きな、応援席の後ろのパネルですね。これにどんな絵を描くかと。こういうのは美術部とかそういう人たちがやるから、単に運動会というより、文化的なものも合わさったような大イベントなわけですね。

ですから、往々にしてあるのは、そのリーダーに選ばれるのは非常に成績もよくて、運動もできているという。間違いなく、超一流大学へ何もしなくても受かるような人が、運動会のために一年浪人したのも結構多い話です。それでもその名誉にかけるといったものですね。だから修猷館で学んだのは、勉強もそうですけども、運動会のような一つのものをみんなで集中してやることです。

これが近畿の同窓会総会の年度幹事の場合もそうなんですけどね。一年間、それこそ総会の前だったら、しょっちゅう会ってやります。昨日も23時、24時までやってました。これが修猷館の時代に培ったってことですね。また、仕事とかそういったものにも活きていると思いますし。しかもそれを楽しんでいるというところがありますね。

4　同窓生の集合的表象における学校的社会圏・文化圏の通時的・歴史的拡大：旧制中学への広がり

(1) H・T　1935（昭和10）年卒業の事例：ベルリン・オリンピック200メートル平泳ぎ金メダリスト

旧制中学卒業のH・Tは、1936年旧制中学校を卒業し、ベルリン・オリンピックの200メートル平泳ぎで優勝し金メダルを獲得した。2001年近畿支部の同窓会総会において、当時、幹事学年であった1970（昭和45）年卒業であるしのごの会がH・Tを招待し、スピーチをお願いした。同窓会会場では、I・TによるH・Tの似顔絵がすでにおかれてあった。B4サイズで、真ん中に大きくH・Tの微笑んでいる似顔絵が書かれてあった。下段には実物の写真もあり、また、ベルリン・オリンピックのメダルの中身が描かれていた。

筆者は、当日会場でH・Tのスピーチも聞き、また、H・Tの学校への入学動機、学校生活、当時の学校文化、運動部での水泳の練習、先輩・後輩関係、同窓会での社会的資本などについて半構造的な面接調査を行った。要約すれば以下のとおりである。

H・Tの場合、父親と兄が同学校出身である。学校への入学は、父親から「自由でのびのびしているので入ってみたらと勧めてくれた」とする。学校の文化を高く評価し入学したことがわかる。入学してから、勉強や部活動においてのんびりしているなかでも、自主性が重んじられていたことがH・

T自身にはとても良かった。旧制高等学校への進学率も良く、H・Tも旧制高等学校に進学した。水泳では環境が良く、自主性にまかせられていたが、先輩が助言、指導をしてくれた。学校では運動会、文化祭も活発であった。運動会では生徒は四つに分けられていたが、6月頃から休み時間も応援合戦の練習をしていた。

同窓会では、ゴルフクラブ、釣りクラブ、アートクラブ、ウォーキングクラブに入って活動している。ゴルフでは、ライバル校の「福岡中学・高等学校同窓会」と対抗戦を行っている。対抗戦ではやはりお互いに勝つために頑張ってやる。同窓会では心をゆるして安心するので良い。老後は友人が多いほうがいいので、クラブ活動や、同窓会に行くと楽しいし、気分転換になる。

では、次にH・Tが同窓会会場で行ったスピーチの内容を見ることにする。

「僕らが2年の時の5年生のキャプテンは平泳ぎで、九州で1位の人だった。僕が2年の時、その人に勝ってしまったわけですよ。それから3年になった時に、その先輩は1年浪人をして、僕につきっきりのコーチをしてくれた。(中略)だから僕はその中学3年のときのマンツーマン指導で自分のフォームができた。今だったらタイムは悪いですけど、当時、僕は体力に比較したら記録がものすごく良かった。それは、泳法が世界で一番「美しい」と、いうふうにいわれたのですね。無駄のない泳ぎです。先輩がマンツーマンの指導をしてね。」

「やっぱり同窓会に行くと、喜んでくれるし、一緒に写真とってね、同級生で金メダルやーと言われる。それで行ったんですよね。この頃はちょっと腰の手術なんかしたもんですから。それでも今年も行きましたし。

僕のコーチがまだ生きているんですよ。もうだいぶ耄碌してんだけど。僕の2年生の時のキャプテンですしね。行ったらまた喜んでくれますんで。（中略）同窓生に優勝した話を言ってくれるんで、やっぱそれには応えないといけないと思っている程度なんですよ。」

以上のスピーチを通して、当時の学校文化、同窓会でのネットワークに関わることが見て取れる。また、学校の文化における自主性、先輩と後輩関係は、現在の学校文化のなかでも繋がっている要素である。なお、旧制中学同窓生への「想像の共同体」イメージが「現実共同体」へ変容していく。

(2) H・Tの事例からみる同窓会社会圏・文化圏の拡大の構造と機能

同窓会の総会で、旧制中学校を卒業をした著名な同窓生が招待されスピーチをする場合がある。たとえば、80歳、90歳以上の方々である。しかもそのような同窓生は、年齢より若く見え、姿勢も綺麗で、紳士のような身だしなみ、杖もつかず、スピーチも明確で話し方も上品である場合がある。そして、旧制中学校時代の学校の文化を垣間見るような内容を話す。同窓会の総会に参加して、スピーチを聞く人々は畏敬の念を抱きながらひたすら驚く場合がある。そこで次の二つの構造的理由を考察していく。旧制中学校の学校的身体文化のなかで、現代に継承され今も共有・分有されていることがあるのか、を明らかにする。

第一に、同窓会の学校的社会圏はどのような構造の特徴を有しているだろうか。第二に、同窓生たちは、同窓会・同窓会総会参加者について、過去に遡って通時的・歴史的にどこまでの範囲で考えているだろうか。

では第一に、学校的社会圏の構造的特徴について考えてみる。G・ジンメルは、社会圏について、同心円的な構造を有する圏に所属している場合、個人が一つの圏へ溶け込むすることで、多数の圏へ参加することが可能であるとする（ジンメル 1994：27）。還元すれば、個人が狭小な圏に所属したとしても、同心円的な構造のため、形式の面で、広大な圏が狭小な圏を包括することができ、また、狭小な圏のままにおいておくことも可能である。よりシンプルな構造であると考えられる。「諸圏の同心円的な構造は体系的な構造であり、しばしばまた諸圏が並存しながら同一の人物においてたがいに遭遇するにいたるまでの歴史的な「中間段階」でもある」とみなす（ジンメル 1994：27）。

さらに、ジンメルは、社会圏のなかでも個性化の可能性や「個性化的な組み合わせの測りしれない可能性があらわれるのは、個人が多種多様な圏に所属し、それらの圏において競争と結束の関係が大いに変化するということによってである」とする（ジンメル 1994：31-32）。

したがって、同窓会の社会圏は、学校的身体文化を再構築し保持、共有する文化圏でもあり、同心円的な構造をなしていることが了解される。

第二に、同窓生たちは、同窓会・同窓会参加者について、過去に遡って通時的・歴史的にどこまでの範囲で考えているだろうか。当時は、現在の意味での同窓会を「卒業生の会」としていたが、1892（明治25）年に「修猷館館友会」という名称で組織され、8月7日に第一回総集会が開催された（修猷館二百年史編集委員会 1985：705）。

では、このような記録としての同窓会の歴史的表象ではなく、実際同窓会総会に参加する人が通常抱く「同窓会の通時的範疇」の集合的表象は、どこまでだろうか。また、それは彼らに半ば無意識的に生成されているだろうか。同窓生たちが同窓会の名称を「修猷館高校同窓会」、「修猷館同窓会」と考える人々が多いが、正式には「修猷館中学・高校同窓会」である。したがって、修猷館の旧制中学校の卒業生と修猷館高等学校の卒業生を合わせて表記する同窓会の名称である。それにもかかわらず、同窓生たちは旧制高等学校卒業の同窓生のスピーチに自然体でいられず、畏敬の念と、驚き、タイムスリップのような感情をいだく。

このように高等学校卒業の同窓生が、半ば無意識的に抱く通時的な同窓生範疇が、旧制中学校卒業の同窓生までは容易に届かないだろうか。それは同窓生の「当事者性」、「通時的な社会的視線の範疇」の要因である。第一に、当事者性は、同窓生自身の年齢、同窓会組織での経験、在学時の男女比率・役割、在学時学校を取り巻く一般社会のジェンダー意識などの属性である。第二に、同窓生は、「通時的な社会的視線の範疇」の視点からみると、在学時代に先輩・後輩として慣れ親しんだ学年を、主に同窓生とみなすことになりやすい。というのは、彼らが在学時代に運動会、文化祭、部活動で交流をしてきた学年、さらに個人的に接点がなかった場合でも認識していた学年は、主に、上級生・下級生合わせて3学年である。そして、学校を卒業して、同窓生・同窓会という集合的表象における通時的な社会的視線の範疇も、半ば無意識的に形成されてきた3学年が通常になってくる。しかしながら、同窓会総会の幹事学年で総会全体を企画、実行するようになると、卒業したすべての学年を意識し、学校的社会圏、文化圏を認識することになる。したがって、同窓生は同窓会の組織、運用システムなど学校的社会圏、文化圏のなかで、与えられた役割を遂行しながら、再び母校の学校的社会で再度社会化を行った結果、彼らが抱く同窓生・同窓会の集合的表象における「通時的な社会的視線の範疇」は過去へと広がっていく。同窓生は日常生活において、「旧制中学校」、「戦前の教育及び教育制度」という言葉にはあまり接する機会がないが、上述のように当事者性における加齢、一般社会・学校・同窓会でのジェンダー意識の変化などを含め、同窓会の社会圏・文化圏のなかでの再社会化を通して、同窓生・同窓会が旧制中学校・高等学校の卒業生からなることを、半ば無意識的に抱くようになる。

しかしながら、同窓生が「通時的な社会的範疇」を拡大し、意味において半ば無意識な身体化までには、加齢にともなう長い時間が必要である。そして、同窓会の社会圏・文化圏での再社会化は、その圏のなかでの教え込みの力、圏のなかで同窓生自身の同化力に影響をうける。そのため、同一の同窓会社会圏・文化圏のなかでも、同窓生個人における差異が存在し、多様性が見いだされる。

しかし、同窓生は、同窓会総会で、著名な旧制中学卒業生の特別なゲストスピーチを聞くと、彼らはそのスピーチの内容に集中し、当時の学校生活や実践と、自分の在学時に自らが学校生活の経験を通して身体化した学校文化との共通項を探そうとする。旧制中学校と新制高等学校の間で変容してきた学校文化のなかで、ある一部であっても共通の文化的要素を見つけると、旧制中学を卒業した彼らを同窓生として意識するようになる。結果、旧制中学の同窓生について、畏怖、驚きを感じていたものが、共通の文化を有することを感じた際に、安心、親しみ、喜びを感じるようになる。結果、第一に、同窓生は旧制中学校の卒業の同窓生に共通の学校文化を有する誇らしい大先輩としてみなすことになる。先輩への自負の念は、同じ文化を有するということで、同窓生は自らも誇らしいと思い、自負の念を抱きやすくなる。第二に、同窓生は先輩が旧制中学校の時代に身体化した文化のなかで自分と共通する要素をもち、彼の人生を通して貫いたことを悟ることである。誇らしい先輩、および同じ文化を有する自分も少しは誇らしいし、自分も人生を通して先輩のように生きてみたいという、自分自身への承認、自負、憧れが生じたことを知覚する。結果、同窓生は同窓会社会圏・文化圏という「共同体」に象徴的権威と承認を与えることになる。したがって、同窓生は自分自身が同窓会社会圏・文化圏のなかで再社会化をしていくことに、自ら当為性と承認を与えることになる。結果、旧制中学から繋がる学校文化のある要素を共有する同窓会社会圏・文化圏は、同窓生に再社会化機能を促すが、他方、その圏のなかにいる同窓生も圏のなかで自らが行為、実践の準拠枠を見つけ、自らが進んで再社会化を行っていく。

5　苦い記憶と未熟な実践からの反転・再構築

(1) 回想するたび「恥ずかしく才能のない過去の自分たち」

O・K　1970（昭和45）年卒業の事例

筆　者：いつからホルンを吹きましたか。

O・K：吹奏楽に馴染んだのは中学からです。今やってるホルンという楽器は高校の一年からです。また吹奏楽部関係で言いますと、修猷館に入ってショックだったのは、すごいうまいやつが、たくさんいるという（笑）。今日一緒にやる山本君もそうですけども、館歌（校歌）を編曲してくれた三村君も同じ45年卒なんですけども、どちらもフルートの名手でして、私も実は中学時代フルート吹いとったんです。それで、入部して最初フルート吹いてたんですけど、名手が二人いるしホルンがいないから、君ホルンに変わらない？っていう感じで（笑）。要するに首を切られたわけなんですけどもね（笑）。結果としてそのホルンを30年もまだ吹いてるということでね。何が幸いするかわからないですけれどもね。ピアノに関してはやはり小学校の高学年から中学校にかけて、嫌になった時期ありますね。当時、男の子でピアノ弾いてるのは非常に少なかったんですね。男のくせにピアノなんか弾きやがってということで。一時、もう辞めようと思ったことがありましたけどもね。

筆　者：フルートやホルンは大丈夫なんですか？　その点で。

O・K：吹奏楽器はあんまり誰も文句言わなかったですね（笑）。

筆　者：じゃあ、男がやるっていう……そうですか（笑）。

O・K：それも偏見ですよねぇ。ロッシーニの木管四重奏というのをやるんですけども。なかなか吹奏楽でできる、小編成の楽曲というのは少なくて、モーツァルト等の書いてるやつって難しいので、手軽で伝統的に先輩から受け継がれた、代々各学年で一回はチャレンジするという風な曲になってました。主には6月の文化祭ですけども、今日一緒にやる山本君とは2年生の文化祭でやりました。ただ文化祭の運営委員とかをやってる合間での練習で、実際運営委員って結構ハードなんですね。三日間徹夜とか、そんな状態で会場準備とかしなきゃいけないんですけども。みんな完全にもう寝不足でフラフラな状態（笑）でやりまして。テープ残ってるんですけども、もう涙ぐんできますね、聞いてて。もう疲れ切ってるひどい演奏。もう一瞬音が全然なくなるとか。今回、当番幹事ということもありましてね、是非とも一曲ということになって、山本君とメールでやり取りし、あれしかないよね（笑）っていうことになりまして。じゃあリターンマッチやろうかということで。

筆者：当時やったテープを今でも聞いたりしていますか。

O・K：ええ、聞いてますねぇ。ええ、時々。懐かしいですね。

筆者：それを聞いたら、何を思い出すんですか。

O・K：やはりそのときの、部員の付き合いですね、先輩の顔であるとか、誰が棒振ったかとか、そういうの思い出しますから。指揮者やったやつがあそこで振り間違えたなとか、というのを音と一緒に覚えてますね。それと録音が大講堂での録音ですので、間に館内放送とかいっぱい紛れ込んで録音されてるわけですね（笑）。あの辺も学校の雰囲気が一緒に伝わって、楽しいです。同じ講堂でコンクールの練習をしてる録音なんかもあるんですけども、横で卓球部が練習してますんで、カコンカコンカコンカコン（笑）、一緒に入ってますんでね、そういうサウンドスケープっていうんですかね、その音の風景みたいなやつが一緒に蘇りますね。

【近畿同窓会総会会場で演奏会前のO・Kの司会】

O・K：私と山本君は17歳の夏、文化祭で、えー、この曲をやりました。え、まあテープを聴くと、涙なしには聞けないひどい演奏でした。

えー、今日、この神戸の文化祭で、同じ曲を演奏します。見事リベンジになるか、手に汗握る演奏を聴いていただきたいと思います。

【近畿同窓会会場でロッシーニの木管四重奏の演奏】

(2)「恥かしい自分ではなく、音楽の萌芽と成長の途中であった自分」に再構築

O・Kにとっては三十年前の過去が非常につらい思い出であった。神戸での同窓会総会の会場を高校の文化祭だとし、そこでの演奏を過去へのリベンジだと定義づけた。会場での演奏は上手く、同窓生たちは彼らに拍手を送った。O・K、Y・Tをはじめ4人の演奏者たちは成功の喜びを感じていた。

同窓会総会会場での面接調査の後、O・Kは筆者にメールを送ってくれた。そのメールによると、総会が終わった学年の二次会においても同じ曲を演奏した。仲間のA・Nさんからは「30年を超えた世紀のリベンジだ」と言われたとした。1971年に卒業したので30年が経過し、すでに2001年になったため、世紀を超えたリベンジだといわれたのである。

彼は再び過去を再構築していた。同窓会総会での演奏で同学年の仲間たちからリベンジに成功したと定義づけられ、一緒に演奏した山本君もそう思っていたし、彼自身も成功したと思っていた。その後、彼は再び高校の文化祭での演奏を聞いていた。以前はいつものように涙なくして聞けないはずだったテープの演奏が、今度はイケてるものとして捉えられるようになった。

「テクニックの未熟さはあったものの、音楽の萌芽を感じています。どのレベルでも人に訴える力を持っていたように思えています」。彼のこの文章は、彼自身が過去の実践と記憶を反転し、再構築したことを見事に表している証となる。

　では、同窓会総会で彼らの過去の文化祭を呼び戻した「反省的時空間」において、過去実践の場と記憶の場の「関与の論理」が機能したことになるのか。過去の学校的「実践の場」は演奏のテクニック、音の調和がないパフォーマンスである。また、過去の「記憶の場」ではその演奏が大変未熟で、疲れ切った涙なしには聞けないものであると認知されていた。

　しかし、彼は過去の未熟であったパフォーマンスを同窓会総会会場で再度演奏するとし、過去の実践を呼び戻し少しずつ練習をしてきた。他方、過去の演奏への記憶は当時の演奏については悲惨で屈辱的なものであったが、リベンジをすることで、記憶を回想するたびに同じく再構築したことを一旦留保することにした。そして、過去のテープを聞きながら、身体化されていた演奏の実践をもう一度磨き、同窓会総会会場での文化祭で演奏のリベンジに成功をした。

　リベンジが成功したことで、身体の反省的空間のなかで、過去の実践の未熟さはなくなった。そして、過去の実践について、テクニックは多少未熟であったと記憶を反転した。また、過去の記憶についても、涙なしには聞けない酷い演奏ではなく、音楽の萌芽を感じる演奏であったと定義づけ記憶を再構築したのである。結果、同窓会総会での演奏が過去の実践の場と記憶の場にリベンジを成功させたという枠組と、二つの場を独自の論理と相互に交差し関与して編集する論理で、高校時代を反復、強化する再構築の様式・回路は完全に崩壊された。したがって、恥ずかしい自分から、音楽の萌芽、才能がある自分へと見直され、自尊感情が芽生えてきた。

　過去の学校的実践と記憶を反転する再構築に重要な条件は、第一に、同窓会総会における学年同窓生という過去の仲間たちがいること、第二に、同窓会での演奏を高校の文化祭とたとえ、そこで演奏することは擬似的高校文化祭で演奏をすることだという集合的表象が存在することである。第三に、同窓会の懇親会会場という高校の疑似文化祭での素晴らしい演奏をリベンジへの成功と定義づけ、彼だけでなく学年同窓生たちも認め、共有したことが重要である。以上の条件によって、恥ずかしい過去が解放され、自尊へと再構築されていたのである。

したがって、彼のなかでは高校時代という過去の文化祭で失敗したと思う演奏を、再び過去の仲間と一緒に同窓会の会場という現在の文化祭での演奏に成功し、回想するたびに否定的、恥、涙を連想する再構築の様式までも変化した。リベンジに成功したということは、彼の反省的身体空間のなかでは、過去の実践と記憶について異なる観点から冷静に見直す様式が取り入れられた。さらに成功したことで過去の演奏について今度は感情的な余裕をもって解釈することになり、未熟な演奏のなかでもなにか音楽の才能があるのかどうかを見出そうとするように再構築の様式が変化していた。

したがって、高校時代の演奏について実践と記憶に関する反省的空間での場の独自性、関与の論理は同一様式で類似の結果を再構築してきたが、同窓会での演奏の成功により、反転の結果を再構築したことが了解されよう。恥、やるせなさという同一の様式、類似の再構築を反復してきた彼の過去は、見事に変わり、演奏は未熟だったが音楽の萌芽を感じる過去として再構築されたのである。

(3) 同窓会の演奏後に反転・再構築した新しい記憶の維持

では、同窓会での疑似文化祭で演奏に成功したことで、高校時代の演奏の実践と記憶が新しく再構築された後、彼はその後の人生で、高校時代の演奏をどのように回想し、再構築していくだろうか。

彼は一人で、または同窓会で演奏していた仲間で再び高校時代の文化祭での演奏を回想する場合、反省的身体空間では、同窓会以後の様式、それと類似の方向で過去の実践と記憶を再構築するだろうか。すなわち、一度反転によって反省的身体空間において異なる様式や意味付与で再構築された過去の記憶は、回想するたびに類似のものを再構築していくだろうか。

では、O・Kは2001年同窓会会場での文化祭で仲間とともに高校時代の演奏にリベンジが成功した後に、過去のものと反転した新しく再構築した記憶を、その後の人生でもそのまま維持しているのだろうか。理論の面で考えると、再構築されたものはそのまま維持されていく傾向が強いと考えられる。なぜなら、ブルデューのいうハビトゥスの性向と構造は、無意識、半ば無意識に形成されることで、回顧によってハビトゥスを意識し自省・反省を加えること以外ではハビトゥスを修正することは困難であるからである。一度、記憶を構築する様式が形成されると、同様に反省的身体空間のなかで、場の独自の論理や関与の論理が互いに機能し、同じ様式で再構築されることになる。記憶の再構築に特別な反転の尺度や様式が生成しない限り、半ば無意識のうちに、同様の方向性、様式で再構築されるからである。したがって、O・Kの事例においても、2001年の同窓会での演奏の成功によって反転・再構築された様式は、その後、特別の自省・反省による変容がないかぎり、大いに、再構築されたものと同様なもので再構築されるであろう。

では、実際はどうであろうか。O・Kの事例を取り上げて分析を行うことにする。

筆者は2023年1月にO・Kに調査を行った。コロナ禍であるため、対面ではなくメールによる調査であった。２００１年同窓会でＯ・Ｋに面接を行ってから22年が過ぎた２０２３年に再び、彼が高校時代の文化祭についての演奏をどのように回想しているのかを調べた。まずは、Ｏ・Ｋの現況についてである。彼は会社で管理職の仕事をしていたが、70代になっている現在も音楽活動を継続している。

Ｏ・Ｋ：当番幹事年の近畿修猷会ではお世話になりました。6年前に65歳で会社を辞め、年金のみの収入でつつましく暮らしております。家内がバイオリン弾きで、私と家内は宇治のアマチュアオーケストラで今でも活動しています。なので肩書は「ほるんの」です。

では、次に２００１年同窓会会場での演奏のリベンジに成功し、過去高校在学時の演奏について記憶を反転し再構築した後のことについてみることにする。以下は筆者がこの点について聞いたことについてのＯ・Ｋの回答である。

筆　者：２００１年の後、高校の文化祭を思い出したときに、その実践と評価についてどのように考えていますか。２００１年同窓会の後メールでくださった内容のような考え方はその後も維持されていますか。個人的は２００１年同窓会総会前の考え方の段階には戻らず、同窓会後の新しい考え方を維持しているのではないかと思いますが、いかがでしょうか。

Ｏ・Ｋ：同窓会で、２００１年なりの力量（技術・感性）で演奏できたことは今でも良い思い出です。

高校時代の同曲の演奏を聴きたくもないということは全くなく、たまに聴くと「技術は本当に未熟だが、それなりに何かを訴えてたなぁ」とかんじます。

２００１年以降も仕事に翻弄されつつも音楽は続けていて、年齢とともに押し寄せる「老化」に何とかして改善策を模索しつつ、新たに学んだことも多いです。音楽に限らず老化は年々、様々な課題を突き付けてきます。

まとめるなら、「２００１年以前の考え方に戻ることは無く、新しいステージに入っており、現在も徐々に変化を続けている」と思っています。

以上の回答をみると、Ｏ・Ｋは２００１年の同窓会での演奏で過去とは反転し新しく再構築していた様式で、その後の人生でも同じように記憶を再構築していることが示されている。彼は、２００１年同窓会の後、筆者に送ったメールで、高校在学時の文化祭の演奏を再度聞いたとした。「テクニックの未熟さはあるものの、結構、イケてるんですよ。音楽の萌芽を感じます」と、新たな意味付与をしていた。そして２０２３年、右記のように、第一に、高校時代の演奏を聴きたくないことはまったくない、さらに、たまに聴く、ということである。在学時の演奏を聴くことへの心理的距離がなくなり、むしろたまに聴いているほど、過去の演奏への否定的な解釈が完全になくなっていることを意味している。

第二に、高校時代の演奏について、現在も、演奏の実践について技術は未熟であるとし、しかし演奏が何かを訴えていたと評価している。したがって、２００１年同窓会での成功の後に再構築したものが類似の様式で維持されていることが理解できる。

したがって、彼の記憶の様式、意味付与は、2001年以前に戻ることはなく、それ以降に再構築したものが維持されていることが明らかになった。今後も彼は在学時代の演奏を回想するたびに、2001年後の様式で同一、または類似のものが再構築されていくと思われる。

6 結論

第3章と本章では、同窓生が母校の身体化された学校文化に基づく拡張された学校的社会圏、文化圏において、再社会化を分析したものである。それは、同窓生たちが、彼らに固有の社会圏・文化圏のなかで、在学時代の学校文化の体得とその過程を共有し、記憶の再生作業を通して、学校的アイデンティティを専有していることを互いに確認し、さらに強化し、変容していくことである。同窓生たちは、卒業してからの長い人生の歩みのなかで、つまり加齢に伴うライフ・サイクル、ライフ・ステージの変化のなかで、そして彼らの社会圏、文化圏のなかで、互いに回顧しながら再度社会化を行っていく。これを筆者は、学歴の「回顧的社会化」を通した「再社会化機能」と称することにした。そのために、同窓会は「記憶の共同体」であり、「記憶再生の共同体」でもある。本章の調査は、1995年から2023年まで実施してきた。幹事学年同窓会が同窓会総会を主催する、東京支部、福岡本部、近畿支部での同窓会総会で参与観察を行った。また、1935（昭和10）年卒業の同窓生から

1970（昭和45）年卒業生まで、1992年から2023年まで幅広く面接調査を行った。また、同窓生たちは主に学年同窓会の卒業20周年、卒業40周年、入学50周年記念文集を同窓生たちに寄稿してもらい出版する。どの学年もほとんど共通しているが、1948年学制改革後男女共学の最初の世代である1952（昭和27）年卒業の記念文集も目を通して文献研究を行った。

以上のことによって、同窓生たちが回顧的社会化によって再社会化を、生涯を通して行うことになる構造と装置を見つけることができた。

装置とは、同窓会組織、制度とその運用システムである。また、同窓会総会のなかでの疑似運動会、疑似文化祭、部活動を思わせる正規のクラブ活動の発表・展示の場を設けることで、疑似学校的空間を作ることである。それによって、母校への記憶、身体化された実践の身体技法を呼び戻し、当時の運動会・文化祭での取り組み、集団重視、忍耐、競争、勝利と失敗、自負心、恥などからなる「学校的世界」に同窓生たちを呼び覚まさせ、同窓生アイデンティティを形成して再社会化をとげた。

学年同窓会は、毎年同窓会を開催するが、90歳にもなると、学年同窓会を閉鎖することにする場合がある。同窓生のなかに物故者が多くなることや、高齢により集まることができなくなったことで、同窓会をこれ以上開催できなくなるからである。彼ら自身はここまでともに生きてきたことで、同窓会を「運命共同体」ともみなすことになる。2023年東京同窓会総会で、戦後初めて男女共学として高校に入学した1952（昭和27）年卒業の学年同窓会会長は、今年度をもって同窓会を閉鎖すると宣言した。学歴の機能においては、在学時代の社会化を行うが、卒業して長い人生の道のりにおいて、同窓生の社会圏、文化圏のなかで、回顧的社会化を通して、再社会化を行い、「記憶再生の共同体」から生涯にわたる、「運命共同体」となっていく。学歴の機能は、学校を卒業したのちも「再社会化機能」を通して、彼らの現在、未来の学校的社会圏・文化圏を形成し、人生を享有させていくのである。

引用・参考文献

アルヴァックス、M著、小関藤一郎訳（1989）『集合的記憶』行路社
アンダーソン、B著、白石隆・白石さや訳『想像の共同体―ナショナリズムの起源と流行―』リブロポート、1987年、15-19頁
菁莪編集員会（1999）『菁莪』祥文社
修猷館二百年史編集委員会（1985）『修猷館二百年史』
ジンメル、G著、居安正訳（1994）『ジンメル社会学　下巻』白水社
黄順姫（1998）『日本のエリート高校―学校文化と同窓会の社会史』世界思想社

第5章　戦時期の学校における身体文化の多重性と両義性
——軍事教育と旧制中学校のエリート文化

1　戦時期学校体育の場の特殊性と普遍性

(1) 研究者の偏った視角とリアリティ

毎年8月15日が近づくと多くの人々は、新聞、テレビなどのメディアを通して第二次世界大戦当時の生活像を目のあたりにする。メディアのなかでは現在の平和で安定した社会生活の大切さを主張するために、戦時期の生と死のせめぎ合い、不安定な社会生活を強調するポリティクスが機能する。また、メディアは「物語提供機構」として「現実以上に現実的」な架空の世界を人々に経験させる（井上 1998a）。戦争を経験していない世代はすでにテキストとして構築された「メディア知」を受け、戦時期の世界像を編集・再構築し、維持するのである。

また、中学・高校の社会科では第二次世界大戦について授業が行われている。しかし、指導される内容は大学の入学試験ではあまり出題されないという「経験知」の言説のため、教師と生徒は当時の生活の実態を把握しようとしない場合がある。そのため、彼らは当時の生徒たちの学校生活、身体文化について各自の獲得した「社会知」によって、さまざまなイメージを構成していく。軍事教練、勤労動員、暴力を余儀なくされ、主体性をもてなかった「かわいそうな時代の犠牲者」としてイメージを抱く場合が多い。軍服姿の色褪せた当時の写真を目にするたびこのイメージは正当化されるのである。

しかし、戦時期の学校生活における身体文化のリアリティはどうであったのか。学校体育の場に注目するのは重要である。というのは、より直接的に生徒の身体そのものに教育を施したからである。学校体育・スポーツに関する歴史的研究では果たしてこのリアリティが描写され、分析されたのか。これについてのカルチュラル・スタディーズおよび歴史主義的アプローチにはスポーツ文化のヘゲモニー論による多層的な諸相の記述、スポーツ文化の近代化における暴力の抑圧、伝統の発明と翻訳の研究が主流を占めてきた（菊 1999）。また、井上俊も文化の問題に「政治過程や権力作用の文脈から切り離して考えることの危うさ」（井上 1998a：20）を指摘し、広い意味での権力作用を研究者が見落とさないことを喚起している。確かにそれは重要である。

しかしながら、研究者が学校体育・スポーツについてヘゲモニー論からのアプローチだけにとらわれてしまうことによって、リアリティの多様性を無意識に見逃してしまう危うさがあるのではないだろうか。ヘゲモニー論に依拠するだけでは、学校体育・スポーツに参加する教師、生徒の対抗勢力は浮き彫りになるが、ヘゲモニーをそれとして強く感じることなく、あるいは反権力として呈示することなく、いきいきと生を営む彼らの行為のあり方を把握することはできない。だとすれば、ヘゲモニー論を視野に入れたまま、それと「戦略的に距離」をとる必要がある。この「方法的戦略主義」によって戦時期学校体育における身体文化の多重性、両義性を豊かにとらえることができるであろう。

本章では、戦時期の学校体育の場で施された「学校的知」の意識的構造と、学校に規範化されている無意識的構造のせめぎ合いのなかで、教師と生徒の相互作用の過程および結果のドラマを描き、身体文化の多重性、両義性を分析することにする。

(2) 学校体育の場の変動における表舞台と舞台裏

では、学校体育の場はどのようなものであるのか。場（champ）とはさまざまな位置、あるいは地位の構造化された空間として現れる、とP・ブルデューはいう。そして、場が動くためには、「賭け金の存在、ならびにゲームをわきまえた者、つまりゲームの内在法則と賭け金とを見分け、なおかつそれを承認するハビトゥスを身につけた人たちが必要」である（ブルデュー 1991：144）。場の構造は、その場の制約の内側でのみ価値をもつ特定の資本の配分状態である。個人はそのなかでゲームの「実践知」を通して獲得した、無意識的な性向体系のハビトゥスによって闘争を繰り広げるのである。特定資本を独占している者は保守の戦略へ、最も少なくしかもたない者は転覆の戦略、異端の戦略へと傾く。しかし、資本の少ない者がこれらの戦略を駆使し部分革命を起こそうとしても、結局参与している場のゲームそのものを破壊する全体革命には到達できないのである。

ブルデューの場の概念を使い戦時期の学校体育の場を考えると、ブルデューの場の理論とは異なる部分がある。第一に、ブルデューは場を再生産論の観点から論じている。しかし、戦時期の学校体育の場は再生産ではなく変動として現れる。第二に、ブルデューの場の理論では、場を統合された一つの総体として考えているが、学校体育の場はE・ゴッフマンのいう表舞台（Front Stage）と舞台裏（Back Stage）（ゴッフマン 1974：124-163）が存在し、それが互いに機能し合いながら全体を構築している。第三に、ブルデューは場を独立した論理をもつものと考えているが、学校体育の場は外のシステムとの連関性のなかでその影響を受けながら自己論理で動いている。

では、戦時期の学校体育の場はどのように変動、構造変換しているのか。ここでいう戦時期とは、狭義で1941年から45年の第二次世界大戦中の期間を称している。しかし、学校体育では1937年から軍事色が徐々に強くなっていったため、この期間も射程に入れることにする。

学校体育の場は1926年から36年まで「遊戯、スポーツ中心の時代」であった（今村 1951：293-340）。体操においても美的、表現的、律動的なものを重視する新体操が行われ、自由主義、民主主義思想を背景としてスポーツが発展してきた。しかし、36年6月の第二次改正学校体操教授要目の発布を境に終戦までの「軍事教練の時代」へと変動した（今村 1951：341-350）。特に第二次世界大戦の勃発とともに、学校体育の場で超国家主義、軍国主義教育を徹底するため、遊戯、スポーツを排撃した。このような変動のなか、遊戯は遊戯としてではなく、運動の基本能力として組み込まれ、練成されるものとなった（竹之下・岸野 1983：216-217）。

次の**図5-1**は、旧制中学校の学校体育の場がどのように変動したのかを表すものである。この図からわかるように、「遊戯、スポーツ中心の時代」では、スポーツ（自由・教養主義の身体）、教練（軍隊的身体）、運動会（大衆的身体）が学校の表舞台でその活動を繰り広げた。しかし、「軍事教練の時代」

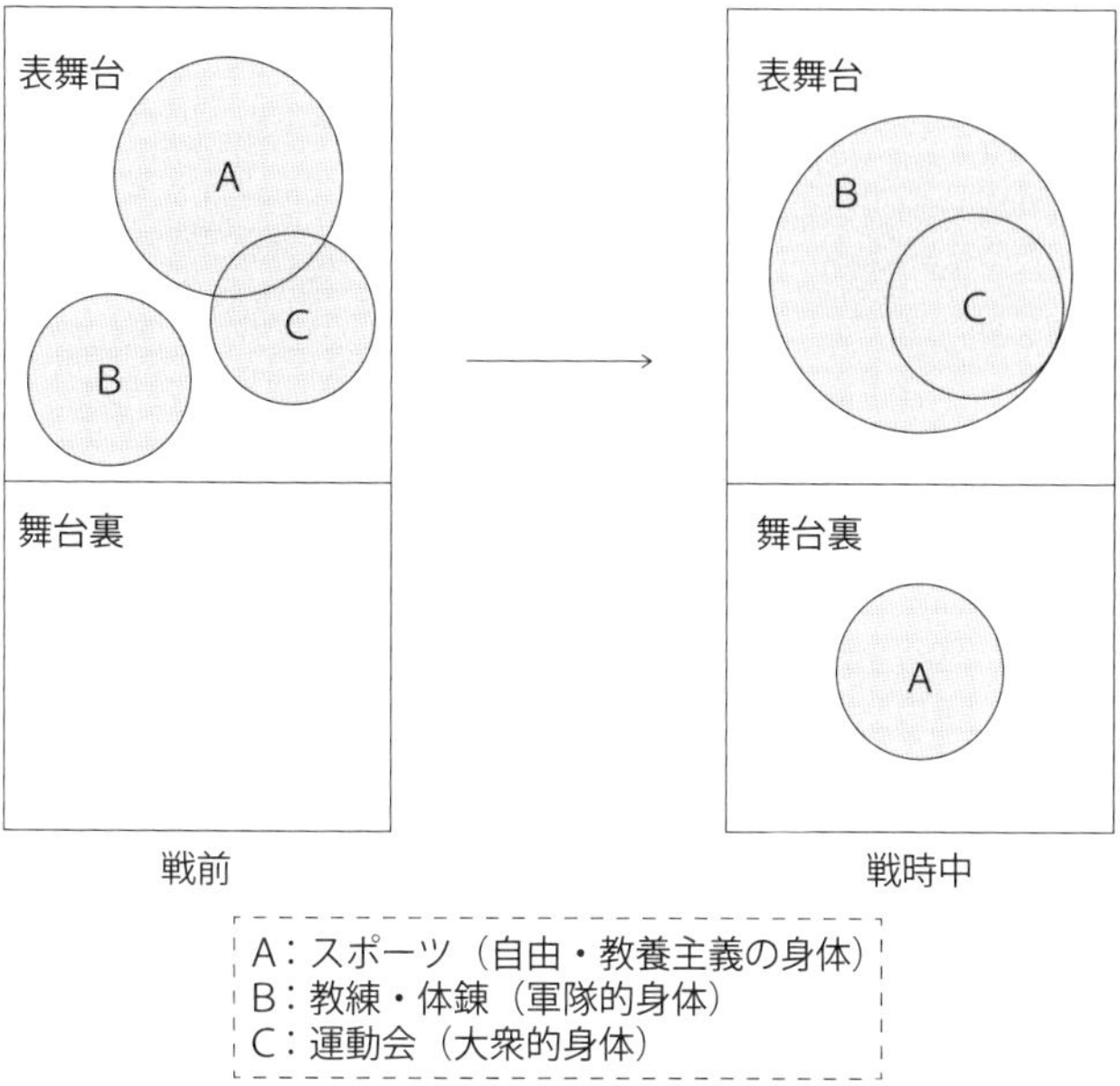

図5-1　旧制中学校における学校体育の場の変動

特に戦時期では、表舞台では体錬（軍隊的身体）のみが存在した。運動会はその内容が国防競技に替えられ体錬的軍隊的身体に吸収されるが最後には禁じられた。たとえば、１９４１年茨城県の「土浦中学校」では運動会は体育練成大会に名称が変更された。また、個人競技種目はほとんどなく、集団的・練成的な種目、すなわち軍艦遊戯、手榴弾投擲、戦闘教練、大日本青年体操、大日本国民体操などが組み込まれていた（茨城県立土浦第一高等学校創立百周年記念誌編纂委員会編 1997（以下『進修百年』：98）。

　また、福岡県の「福岡県中学修猷《しゅうゆう》館《かん》」でも、１９４０年までは運動会の名称で行われたが、41年は報国団体育大会、42年は報国団練成大会になり、これが最後の大会となった（修猷館二百年史編集委員会編 1985（以下『修猷館二百年史』）：759-766）。同様に、茨城県の「水戸中学校」でも国防競技種目を加えたが、「国防国家建設を標榜する時代の波に呑まれ、遊び半分のものとされ」廃止されたのである（水戸一高百年史編集委員会編 1978（以下『水戸一高百年史』）：434）。

戦時期においてスポーツは自由主義、個人主義、民主主義思想の象徴であるとみなされ、学校体育の表舞台から禁じられ追い出された。しかし、学校体育の舞台裏では物資不足で道具がなくなるまで生徒たちの間で行われていた。

(3) 学校体育の場における象徴的地位の移動

戦時期スポーツは生き延びるため「スポーツの武道化」の戦略をとった。スポーツに浸透している自由主義、個人主義、享楽的思想を駆逐し、日本的精神の注入、日本スポーツ道を鍛練するとのことであった（井上 1998b：233-235）。

しかしながら、「スポーツの武道化」に成功できなかったスポーツは、旧制中学校の部活動から排除された。野球、庭球（テニス）などがそれである。各学校は1941年8月に文部省が発した全校組織の報国隊（団）編成の訓令に従い、従来の学友会を戦時体制に即して改組した（文部省編 1972：215）。剣道・柔道・蹴球・野球・庭球部などは鍛練第二本部に、銃剣道・滑空・射撃部などは国防訓練本部に編成された。「軍部と関係を持たぬ野球・庭球に対する圧迫が強くなり、六大学リーグに対しても解散令」（『修猷館二百年史』：429）が発せられ、また旧制中学校でも、報国隊（団）の編成・再編成の際に除外された。「福岡県中学修猷館」の野球部の場合も１９４２年報国団再編成の際に廃止され、１９４１年度には９５０円に策定された予算もなくなった（修猷館振興報国団文藝部編（以下『修猷』）1943：40–52)。「水戸中学校」では１９４３年７月野球バックネットが取りはずされ献納された（『水戸一校百年史』：860)。

同様に「水戸中学校」の庭球部も解体された。１９３９年に「水戸中学校」に入学したＧ・Ｔは面接調査で「僕は庭球部でしたが、部が解体されても卒業するまでテニスの練習をしていた」と述べている。また、同級生のＥ・Ｙは「家族がテニスをやり学校でそれをやろうと楽しみにしていたが、結局庭球部が解体され辛かった。その後銃剣道の先生に見込まれそっちに入って一生懸命にやった」と述べている。これらの部に所属した生徒たちは、体育的場の象徴的地位を余儀なく下向移動させられた。部が解体され公式の対抗試合など活動はできなかったが運動場でほそぼそと練習を行った者、他の部活動に移った者もいたのである。

これと対照的に、ラグビー部は戦時期に生き残った。野球や庭球部などと同様に蹴球部として鍛練第二本部に編成されたが、部活動は終戦まで継続された。身体の激しいぶつかり合いが戦闘的で軍隊的身体に適合しているとみなされたからである。43年には名称が闘球に改められた。この部に対する「福岡県中学修猷館」での支出予算は、１９４１年度４５０円、42年度４００円で、射撃部の１５０円、３５０円よりも高かった（『修猷』：40–47)。彼らは部の生き残り戦略によって象徴的地位を保持することができた。１９４３年５月の最後の公式戦の後も、「いつの日かゲームがやれると、あわい期待をかけながら、ラグビーの練習に打ち込んだ」（『修猷館二百年史』：447）という。敗戦後、ラグビー部は他の部を抜いて学校で最初に復活し、45年11月には試合が行われた。これは、柔道・剣道と異なり、ラグビー競技が外来のスポーツとして自由主義、民主主義思想に適合するものとみなされたからである。戦時期、敗戦直後に至る社会構造の変動のなかで、ラグビーはスポーツの「武道化」の戦略から、「再スポーツ化」の戦略によって、どの時代においても学校内での象徴的地位を維持することができたのである。

しかし戦時期では学校内でさらに高い象徴的地位には、銃剣道、剣道、柔道、滑空訓練部が位置づけられていた。予算も多く執行され活動も活発であった。これらの部は学校の発行する文集に軍国思想を前面に打ち出しながら部の活躍ぶりを掲載した。1941年度の部の支出予算をみると、銃剣道部は1368円、剣道・柔道部は800円と高い。42年には滑空訓練部が820円、剣道750円、柔道730円の順位であった(『修猷』: 40-47)。この時期の部活動史を比較してみると、野球部は「不振の時代」、庭球部は「低迷と逆境の時代」とみなしている反面、柔道部は「黄金時代の再来」、剣道部は「大正黄金時代よ再び」「昭和期の活躍」とみなしている(『修猷館二百年史』: 409-434)。

また、配属将校である教練の教師は象徴的地位が急上昇した。1937年以前の教練は厳しい他の授業から解放される時間であったが、実戦即応の軍人に作り上げる時間に変わってくるにつれ、一教員であった教練の教官は校長と同等の地位に移動した。さらに、教練の査閲のときには校長に指揮監督権がなく、陸軍大臣に繋がる縦の支配体制であったため権限は校長を上回った。このように戦時期の学校体育の場は、場そのものが表・裏の舞台へと構造変換しながら、賭け金の持ち主たちの象徴的地位も転位されたのである。

2　象徴的権力の交差と生成される身体文化

(1) 学校外システムの象徴的統制と身体文化の水路づけ

戦時期の学校体育における身体文化を考えるときには、大きく二つの軸でとらえることができる。第一の軸は、学校体育の場の外側にいながら学校体育の身体文化形成に影響を及ぼすシステムである。一つ目は行政、軍部などシステム間の次元であり、二つ目はこれらシステムと学校間次元である。前者は主に文部省、軍部の政策決定過程とその結果による。文部省は体育教育に直接関わり細目にわたる方針を打ち出した。また、軍部特に陸軍は学校に現役の将校を教師として配属させ、陸軍の体操、軍人精神、教練の教育を行い、査閲の評価を下すことによって象徴的地位と権力を誇示するなど学校体育に深く関わった。さらに、学校体育行政を巡って文部省と厚生省は常に競争、葛藤、協調する関係であった。文部省は学校内部の体育に関して、厚生省は学校外で行われる体育関連行事および国民の体育行政に関して、主導権を掌握する過程で常に省間の摩擦が繰り返された（竹之下・岸野 1983：196；平沼 1941：64–66)。したがって、自省内の部局の再編、省の方策の決定、方策の内容は他省との政治的過程の産物であった。学校体育の場はシステム間の身体統制への「管理的権力」の下に置かれ、その産物としての教育方針が与えられたのである。

後者は学校外のシステムと学校間の関係性の次元である。戦時期の社会変動にともない、学校に対する各県の対応が変化した。たとえば、茨城県は１９３９年９月「茨城県教育要領」を制定し県下各学校に通達し、「水戸学の精神的影響もあって全国的に珍しいほど臣民教育の基本的考え方」を進んで教育させた（『進修百年』：90）。そして、県は1943年5月に尊皇思想の先駆者、水戸学の中心人物である藤田東湖《ふじたとうこ》の銅像を土浦中学校に支給、学校の中庭に建立させた。さらに、大政翼賛会土浦支部は皇国思想の普及者である佐久良東雄《さくらあずまお》の歌碑を同校に建てることを要請し、1944年12月には除幕式を行った（『進修百年』：120-121）。

戦時期の旧制中学生の進学先としては、陸軍士官学校、海軍兵学校その他の軍学校および訓練機関が急増した。たとえば「水戸中学校」の場合、上級学校進学者数のなかで軍関係への進学率は41年10・8％から、以後増加傾向を示し、43年28・2％、44年27・5％に至っていた。戦前は旧制高校への進学率が旧制中学校間の象徴的地位を決める一つの尺度であった。しかし、この時期には社会変動によって評価の新しい尺度が持ち込まれた。陸軍士官学校、海軍兵学校への進学者数で学校を評価する傾向ができ、各学校はその地位を巡って競争した。メディアも後押しをし、進学率の高さに関して、見出しをつけて記事化したり、軍国中学と賛美したりした（『水戸一校百年史』：472、屋口 1987：115-117）。

さらに、軍部は軍関係の進学率を増加させるため学校と直接的、間接的に関わった。陸軍は水戸中学校に対して陸軍諸学校進学者および陸軍特別幹部候補生を多く出したと称賛した。そして、宇都宮師団長は学校に表彰状を授与した（『水戸一校百年史』：472-473）。また、土浦中学校の場合は、43年度土浦海軍航空隊の予科練入隊者が30数名にのぼったが、他の中学校と比較し少なかったことで校長が責められたらしい、と記述している（『進修百年』：117）。その後、44年3月3日毎日新聞は軍の大将・

中将を輩出する「軍国中学の誇りを伝承して同校生徒たちは大先輩に続け」との記事を掲載している。

このようなことは学校体育の場に影響を及ぼした。特に査閲の場合、軍部が教練の成果を直接確認し評価する。評価の高・低が軍関係の学校への進学に影響を及ぼすのである。そのため配属将校の教練授業は厳しさを増し、学校全体が神経質なほど真剣に取り組んだのである（『進修百年』：80）。

(2) 生成する身体・メタ身体

戦時期の学校体育における身体文化を考えるときの第二の軸は、体育の場のなかでどのような身体がいかに作られたかという文化形成の過程である。一つ目は生理的身体であり、二つ目はメタ身体である。身体文化は、身体についての価値観、思考様式、審美観、行動様式の総体である。また、ここでは生理的身体とメタ身体との有機的結合関係を総合的にとらえることができる。メタ身体とは生理的身体に対する意味・解読としての身体、すなわち、生理的身体をさらに分析対象とする身体と定義づける。メタ身体は社会的身体、象徴的身体を含むものである。M・ダグラスは『象徴としての身体』のなかで、生理的身体と社会的身体との関係性について述べている。社会的身体は生理的身体を知覚するその方法を制約する。また、生理的身体の経験は社会的身体を構築する。これら二種類の身体経験の間には絶えず意味の交流が行われ、互いを制約、補強するのである（ダグラス 1994：129–157）。

戦時期の学校体育の場はどのような生理的身体およびメタ身体を生成しようとしたのか。文部省は41（昭和16）年3月国民学校令を発布し、体操科を、武道、体操の二科目からなる体錬科に改正した。さらに中学校に関しては、その基本政策のうえに43（昭和18）年1月中等学校令を発布し43年3月に中学校教科教授指導要目、4月に女子なぎなた教授要項、44年3月に体錬科教授要目を制定し生徒の身体を生成していった。そして、体育の実践を通して習慣化され血肉化された無意識的なハビトゥスを形成しようとした。さらに、体練科とはまた別に、軍事訓練を行う教練科があった。戦時期の水戸中学校では、1941年太田方面鍛錬行軍（60キロ）を始め、1942年鍛錬行軍（取手方面82キロ）など、戦争のための身体作りの学校行事が終戦まで行われた（『水戸一高百年史』: 859-861）。

まず、生理的身体についてみると、①「軍人的身体」、②「集団的身体」、③「敵愾的身体」、④「脱官能的身体」に区分することができる。

①「軍人的身体」では実戦即応する身体を生成しようとした。すべての身体表現を軍人的身体のための基本能力に分類し、体操による基礎的訓練、剣道、柔道などによる国防体力の訓練、銃剣道、戦場運動などによる戦技的訓練を行い、その総合として軍人的身体の完成を目指した。したがって、生徒たちは自己の意思によって強く鍛えられた機械的で、筋肉質の身体を形成することが要求された。しかも、彼らは残暑のなか木銃を担いでの耐熱行軍、寒気厳しい早朝の寒稽古、夜間行軍、野外教練などを強制されるなか、痛み、苦痛をそれとして感じることなくかつそれを克服する無機質の身体を作り上げなければならなかった。

②「集団的身体」では、集団の全体性のため生徒自らに対する厳格な規律が要求された。体錬科目標は個人の技量を互いに競争するのではなく、与えられた目標を集団で達成することにある。それは決戦に出陣した際に有効な身体を必要としたからである。個人運動でさえ、団体戦の形式に編成された。武道は実戦的練成のため肉迫攻撃の戦技になり、内容・形式が変容した。生徒たちは、野外で多

数対多数が対戦する「野試合」で紅白両軍ともに旗を立て攻軍と守軍となり、ラッパの音で一斉に対戦する。「うっかり敵の強者が大勢いる所にでくわすと竹刀で袋だたきに遭い、鼻血を流す」のである（『水戸一校百年史』：454-455）。また、あらゆる形での集団的体育行事、行軍が重視された。生徒個人の能力不足に対しては集団で罰せられた。行軍の際、虚弱な身体の生徒のなかには集団への「強制された自主性」のため行軍終了後死亡する者も出た。生徒たちは自らの弱さを隠すか、それとも厳格な規律の鍛練によって改造しなければならなかった。しかし、規律の極限のなかで、その裏返しとして激しい暴力が発生するのである。

③「敵愾的身体」では、みたことのない仮想の敵に対して敵愾心を抱かせ、ハビトゥス化することが要請された。教練の時間には精神訓話と戦史戦訓の講話を行い、過去の戦争で受けた被害、仕打ちを忘れてはならないと教育する。たとえば、土浦中学校での教練の教官は、１９２０（大正９）年、日本人特に茨城県人が極寒のシベリアで受けた「尼港《にこう》事件」の仕打ちを詳細に説明し、忘れないことを強調する。さらに、校庭に敵に見たてた藁束を立て、その上にＷ・チャーチル、Ｆ・Ｄ・ルーズベルト、「支那」軍兵士の似顔絵をつける。それを目がけて敵愾心を燃やさせ、力一杯木銃で突きまくらせる。また、教練の勅諭読解の時間に「豺狼《さいろう》」の説明を行い、英米畜生の意味をわからせる（屋口1987：67-72）。このように、教育を通して生徒の感情さえも敵愾心のハビトゥスを構築する身体に作りかえたのである。

④「脱官能的身体」では、生徒たちの身体から女性、男性としてのセクシュアルな部分を剥奪した。戦時期身体の性的な美的表現が究極に排除された。ダンスが禁じられたのも、リズムや美的表現が戦

時的訓練に適合していないからであった。戦前は学校体育の場において「女らしさ」は重視されていた（今村 1951：200）。しかし、戦局が急迫し、42年からの教育では「女らしさ」が排除された。「国民体力法」および「体力章検定」が女子に初めて実施され、43年には女子になぎなたの訓練が課され、44年にはなぎなたの外に、弓道も課された。さらに、44年には女子にも行軍が加わり、厳しい訓練が増してきた。男子も女子も自らの身体を性的な存在、官能的な存在として認識したり、表現したりすることが禁じられた。ひたすら戦争に向けて筋肉を鍛え上げ、体力をつける身体に作りかえられたのである。

では、戦時期の学校体育の場でどのようなメタ身体が作り出されたのか。それは、①「皇国民の身体」、②「国防的代替身体」に区分することができる。①「皇国民の身体」は、生理的身体を皇国の国民とみなすことである。単なる国民でなく、日本国の国民、天皇の国民である。体錬科の訓練を通して生徒の身体は、皇国民として恥じることのない日本精神の具現化であるとみなされた。この日本主義は軍国主義と神道的武道的精神の合体を意味していた。そのため、「葉隠」の精神が尊重され武士道は大和魂の極致とされた。また、この時期の体育組織の名称にも、国民、大日本という用語をつけるようになった。たとえば、「明治神宮国民体育大会」「国民体力審議会」「大日本体育会」「大日本学徒体育振興会」「大日本武徳会」などがその例である。このようなメタファーとして皇国民の身体は、生徒だけでなく国民全体にも適用され、イデオロギー装置として作用した。

②「国防的代替身体」は、生理的身体を国防の道具として軍人の予備軍とみなすことである。教育システムは軍隊システムと連関しながらそれ相応の国防教育を実施した。体錬科で徹底した戦技訓練

を施された生徒たちの身体は、即座に軍隊に投入できる戦争の道具であった。学校の体育教育を軍事訓練の場にし、学徒を軍人の代替身体にした。特に旧制中学生の身体を、部下を統率、指揮する近い将来の将校に見たてた。このように、生徒たちの身体は、個人の身体ではなく国防的代替身体として新たな地位と厳しい訓練が与えられた。

戦時期の学校体育の場では、生徒たちの生理的身体をメタ身体に照らして解釈させ、彼らの生理的身体を生成した。また、その生理的身体によってメタ身体は正当化される。このように、生理的身体とメタ身体は互いに制限しながら機能的に統合し、生徒たちへの身体統制を強化していったのである。

3　体錬的身体文化の多重性と両義性

(1) 身体文化の多重性と両義性の無意識的基盤

学校体育の場を巡って身体文化の多重性、両義性の存在する文化的基盤はどこにあるのか。生徒を戦争に投入させるために、実戦即応の新たな心・身のハビトゥスを生成しようとしていた。しかしながら、彼らのハビトゥスは生成された画一的なものでなく、多様で両義性を有していた。

そこには旧制中学校のなかにすでに規範化されている学校文化の無意識的なハビトゥスが存在していたからである。この身体文化は自由主義、個人主義、デモクラシーの要素をもつものであり、新たな生理的身体、メタ身体が意図する軍国主義、集団主義、皇国主義に対立するものであった。学校体育の場の表舞台から除外されたものの舞台裏に存続し、教師および生徒たちの感性、認識、思考、実践に意味を付与した。校長および教師のなかには、戦時期の新たな教育を実施する以前から学校の身体文化をハビトゥス化し、共有、体現していた者もいた。また、41年入学生から制服は軍服に変わったため、それ以前に入学した上級生は自らの身体にあわせて作った制服、制帽、靴を、軍服に身体をあわせた下級生に対して優越感をもち、身体文化のシンボルとして誇らしげに呈示したのである。

G・ジンメルは、生、文化、社会の三項関係において文化を論じた。主観的精神とその産物としての客観的形式が合流するところに文化が成立するとする。生と自我の相互作用およびその統合が精神的な創造物である文化を創ったのである。しかし、生によって創られた文化は自己論理によって発展し、生と対立する。一方、生もまた、文化を再主観化しながら内的論理によって変化し、新たな文化を創っていく。しかしながら、生はすでに産出した文化を統制することができず、またその文化諸内容と絶縁することもできない。ここに文化の真の悲劇があるとした（ジンメル 1994a：253-287）。

戦時期の旧制中学校において、学校体育の場は文化の悲劇がより深化した形態で存在していた。戦前のそれは生徒たちに血肉化されたがために絶縁することができず、また、戦時中のそれは強制によって血肉化せざるを得なかった。また、実際の学校生活で過去のそれを準拠枠にした意味的相互作用の実践を公的な場で行うことは困難であったが、特定の私的な場では逆に容易であった。生徒は学校生活から充実と虚無、戦死と生還、愛情と憎悪の両義的な意味を読み取り、解釈するなかで葛藤していた。そして彼らはそれぞれ生と自我の相互作用によって自らの文化のあり方を創出しなければならなかった。このように学校には多様な身体文化が共存し、文化の構造および生徒の実践において両義

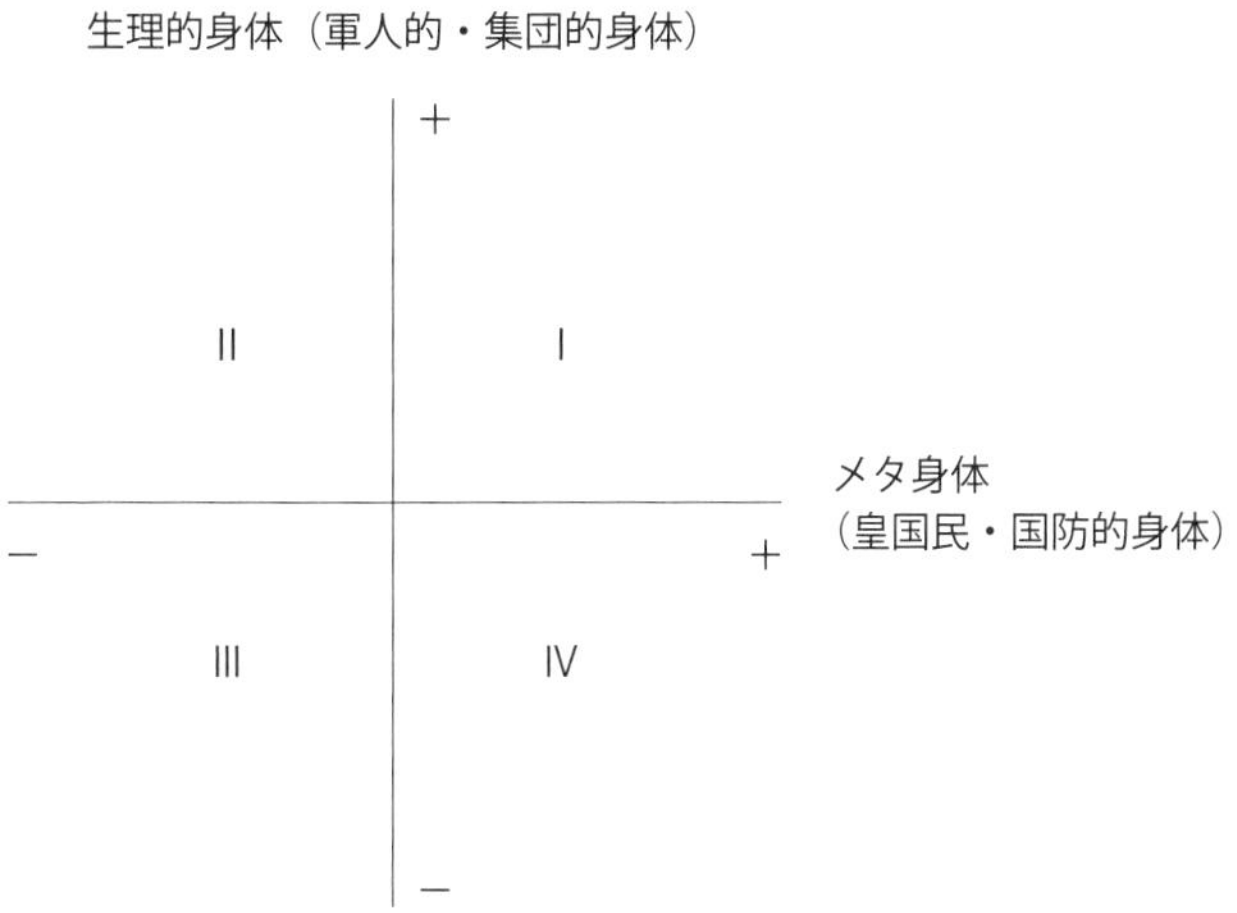

図5-2　学校体育の場における身体文化の類型

性をもつものであった。

(2) 身体文化の多重性と生の営み

学校体育の場において身体文化にはどのような類型が存在したであろうか。次の**図5-2**はそのパターンを表している。

図5-2では、横の軸をメタ身体、縦の軸を生理的身体に設定した。Ⅰの類型は生理的身体を軍人的・集団的身体に形成し、なおそれを皇国民・国防的身体とみなす度合いが高いタイプである。いわゆる軍国少年・青年のそれである。Ⅱのタイプは生理的身体を軍人的・集団的に作り上げたが、それを皇国民・国防的身体とみなす度合いが低いタイプである。Ⅲのタイプは生理的身体においてもメタ身体においてもⅠのタイプの対極にいるタイプである。いわゆる非国民のそれである。Ⅳのタイプは皇国民・国防的身体とみなしてはいるものの、生理的身体を軍人的・集団的身体に作り上げる度合いの低いタイ

プである。

戦時期の研究において研究者はⅠのタイプとⅢのタイプに注目する場合が多い。Ⅰのタイプは学校の教育をそのまま受け取り身体化したものとして、また、Ⅲのタイプは学校の教育に抵抗するものとして描きやすいのである。しかしながら、学校の身体文化のなかにはⅡ、Ⅳのタイプも存在した。これらの生徒たちは、厳しい体錬科の訓練に与えられた教育の意図とは異なる楽しみを進んで見つけ出し学校生活を送ったのである。たとえば、校内で最も厳しい配属将校を「ポンタ」「オトッチ」などあだ名で呼んだりする。また、体操の時間の初めから終わりまで続ける徒手体操を「殺人体操」という別名をつけながらひたすら耐える。さらに、次のような事例もある。柔道および剣道の寒稽古は生徒たちが多数で交じり合い誰とでも対戦する実戦即応の野試合であった。柔道部のK・Nは毎日の同じ稽古に飽きがきたうえ、野試合では相手が特定できないということに気づき、他人に知られず剣道の寒稽古に出てみたくなる。「周りの友人と相談したところたまたま剣道の方にもそんな気持ちの人がいたので、早速柔道と剣道を入れ替えることにした」。これらのタイプの生徒は寒稽古を通して皇国民の精神を涵養し、身体を鍛練する学校の教育を真剣に受け止めない。強制される寒稽古のなか、寒さと厳しい訓練を忍ぶため、積極的に楽しみを求めたのである（践修会編 1989：34, 47, 59）。体錬科教育による身体生成に服従、あるいは抵抗するのではなく、自らの方法でそれと妥協、調整するのである。

Ⅱのタイプに属する水戸中学校のE・Yは配属将校に見込まれ銃剣道部で訓練し5年生のときには「水府橋」での訓練で指揮官を務めた。しかし、彼は皇国民・国防主義のメタ身体でなく、声が大きく体力があったため身体は小さくても大きい生徒や大勢の生徒を統率できて嬉しかったという。また、

Ⅳのタイプに属するG・Tは文学好きで運動嫌いであった。教練を「兵隊ごっこ」とみなしたり、辛い夜間の行軍では各地の同窓生、父兄会からの励ましの言葉や豚汁、味噌汁などの接待を楽しんだりして学校の厳しい体錬科の訓練を乗り越えたのである。水戸中学校では教練の教官が上級生を講堂に集合させ、予行演習はともかく査閲のときだけはしっかりやってくれ、そうでなければ学校が困る、と懐柔策を打ち出した（『水戸一高百年史』: 459）。軍国主義のためでなく、時代状況ではやむを得ないが、いつの時代でもエリート校の地位を維持するため査閲に協力する、という生徒たちのハビトゥスを知っていたための対処戦略であった。

身体文化のどの類型に分類されるとしても、生徒たちは戦時期の体育教育の変容のなかで生の営みを行った。彼らの身体文化は、戦時期の身体教育のなかで絶えず限界に直面しながら、それぞれの様式で超越しようとする生の連続的過程であり、その統合でもあった。ジンメルは「生の本質、つまりその過程を、「より以上の生」であって、「生より以上のもの」であることに見いだす」と述べている（ジンメル 1994b : 41）。これからの研究が学校体育の場におけるヘゲモニーの側面だけに注目せず、文化的な無意識の部分をも射程に入れた文化の社会学を方法的戦略にするとき、生徒および教師たちの生の営みがよりリアルに見えてくるであろう。

引用・参考文献

ブルデュー、P著、田原音和監訳（1991）『社会学の社会学』藤原書店
ダグラス、M著、江河徹・塚本利明・木下卓訳（1994）『象徴としての身体』紀伊國屋書店

ギデンズ、A著、松尾精文・小幡正敏訳（1999）『国民国家と暴力』而立書房
ゴッフマン、E著、石黒毅訳（1974）『行為と演技』誠信書房
平沼良（1941）『国家・国民の體育』目黒書店
茨城県立土浦第一高等学校創立百周年記念誌編纂委員会編（1997）『進修百年』
今村嘉雄（1951）『日本体育史』金子書房
井上俊（1998a）「現代文化のとらえ方」井上俊編『新版現代文化を学ぶ人のために』世界思想社
井上俊（1998b）「近代日本におけるスポーツと武道」日本スポーツ社会学会編『変容する現代社会とスポーツ』世界思想社
菊幸一（1999）「理論的アプローチ」井上俊・亀山佳明編『スポーツ文化を学ぶ人のために』世界思想社
水戸一高百年史編集委員会編（1978）『水戸一高百年史』精興社
文部省編（1972）『学制百年史　資料編』帝国地方行政学会
文部省編（1992）『学制百二十年史』ぎょうせい
践修会編（1989）『戦闘帽と青春』葦書房
修猷館二百年史編集委員会編（1985）『修猷館二百年史』西日本新聞社開発局出版部
修猷館振興報国団文藝部編（1943）『修猷』82号
ジンメル、G著、円子修平・大久保健治訳（1994a）『文化の哲学（ジンメル著作集7）』白水社
ジンメル、G著、茅野良男訳（1994b）『生の哲学（ジンメル著作集9）』白水社
竹之下休蔵・岸野雄三（1983）『近代日本学校体育史』日本図書センター
屋口正一（1987）『桜水物語』せらびい社

第6章　戦時期の学校的身体文化についての意味付与
——名門高等女学校同窓会の身体文化

1　はじめに

いわゆる「老人」に付きまとう否定的なステレオタイプのイメージがある。弱者、時代遅れ、頑固、地味などがそれである。しかしながら、これらのイメージを覆すような出来事があった。２００１年5月29日、日立市で「日立芳友会」という茨城県立水戸高等女学校日立支部同窓会が開かれた。１９４４年水戸高等女学校に入学、49年に卒業した者の学年同窓会であった。同窓会では5年間彼女たちの担任をしていた古典文学の元教師が招かれていた。彼女たちの平均年齢は当時70歳であり、元教師は83歳であった。同窓会を終えたばかりの彼女たちは明るく、元気で、生き生きしていた。丁寧な言葉使い、おしゃれな姿、自然に振る舞っていて身体にしみついているような礼儀正しさは、初めて出会う人を驚かせる。多感な少女時代に戦争を体験したとは思えない「老人」たちであった。

彼女たちは元教師に、先生、先生と親しく話しかけ、元教師は彼女たちが今なお生徒であるかのように優しく答える。それは単なる70歳と83歳の個人の集まりではなく、女学校の教師と生徒にタイム・スリップした集まりの空間であった。ともに過去の記憶を喚起し、意味を確認していく。現在にいながら、生徒と教師に戻って、それぞれの役割を果たしていた。生徒が過去や現在のことについて話をすると、教師はそれをまとめたり、意味の方向性を与えたりする。

同窓会の空間は現在と過去が交差する象徴的空間である。そこは単なる現在の身体空間でも、過去の身体空間でもない。彼女たちの身体は現在にいながら、過去を喚起、再生し、その想像のなかで反省・熟考する空間に置かれているのである。彼女たちが自らの記憶の再構築作業を共同で行う空間なのである。その文化的、象徴的空間を「反省的空間（reflexive space）」と称する。

元教師は、70歳の彼女たちを指して「この子たち」という。「この子たちは今でもほんとうに私に良くしてくれるんです」と語る。元教師、元生徒の彼女らと一緒に座談会に出席し、参与観察を行う筆者にはとても違和感を感じる表現であった。70歳の「老人」に「この子たち」とは、とても奇妙であった。それでも「この子たち」はそれを当然のように受け入れ、喜んで元教師との世界にとどまった。

また、彼女たちは次のように述べる。「女学校時代に礼儀作法や、丁寧な言葉使いなどの教育は厳しかったですよ。戦後はそんな教育もなくてそれきりでした。でも、そのときに身についたものが、いまでも離れないで自然に出てくるんです」「今の若い人のなかには敬語を使えない者が多くて、自分に「お」ばかりつけるんですね。でも私たちはいくら乱暴に話しても、ちゃんと敬語を使えるんです。女学校時代の教育が身に染みてるんですよ」。さらにまた、彼女たちは、「今でも女学校時代の古典文学の先生と有志が集まって勉強会を開き、先生に教えてもらっているんです。万葉集を読んだりしています」という。

女学校を卒業して50年以上経過した今日も同窓生が集まり、元教師を招待し、同窓会を開くことは何を意味しているのか。反省的空間のなかでは、女学校時代の社会的関係を持続し、過去を再構築する。そのなかで彼女たちは共通の身体文化を分有していることを認め合う。このような現象は、単に水戸高等女学校だけに限ったことではない。多くの女学校はそれぞれの学校同窓会、学年同窓会を開いている。これは一つの社会現象である。

そこで、本章では、次の三つのことを考察し、分析を行うことにする。第一に、同窓会の機能は何であるのか。第二に、学校的実践と記憶の再構築メカニズムはいかなるものであるのか。第三に、同窓会の身体文化はどのように形成されるのかである。この三点の解明が本章の目的である。

これらの研究を通して、卒業後、50年以上経過したにもかかわらず、同窓生の身体のなかに学校教育は維持、変容、再構築され、文化として生かされていることが了解されるだろう。学校教育は、より深い意味での身体教育であることが見出されることになる。本研究の目的を達成することによって、学校教育とは何か、という問いへの一つの答えが、意図せざる結果として浮かび上がる。そこに、本研究の隠れた意義があるように思われる。

2　調査の方法と手続き

(1) 調査の対象

高等女学校同窓会の身体文化を把握するために調査を行った。ここでは、茨城県立水戸高等女学校、なかでも戦時期に学校生活を過ごした同窓生を対象にした。

それは次の二つの理由によるものである。第一は、同窓生の身体のなかで、戦時期という特殊な時代の学校文化がいかに機能しているのか、をみるのに適切であったからである。戦時期の高等女学校の教育は、戦前および戦後の学校教育との連続性、不連続性の両面を有している。そのなかでも、戦時期の学校生活においてはイデオロギー、情緒・感情、身体規律の面で、特殊で固有な文化が存在する。そのような学校文化を身体化した彼女たちは、敗戦直後、軍国主義から民主主義へのイデオロギーの急激な変化にともなって自らの身体化された学校教育の文化は否定された。また、情緒・感情、身体規律においても彼女たちが受けた学校教育の身体性は激変する社会に適応していくため、変容の危機にさらされたのである。彼女たちはその後の生き方のなかで、学校的実践と記憶における激しさを経験したという点で、現在の身体のなかにその痕跡、軌道が鮮明に現れる。他の時代の同窓生より学校的身体文化の多くの部分が否定されるなかで、それはいかに維持、変容されてきたのか、そのプロセスとシステムを把握することが重要である。

第二は、同窓生の身体文化を把握するうえで、学校を卒業してから50年以上の年月が過ぎたことである。第二次世界大戦の期間中に高等女学校で学校生活を送った人々は、1941年以前にすでに入学していた生徒から、1945年に入学した生徒まで、年齢の幅は広い。この調査当時（2023年現在からはすでに20年前となるが）、彼女たちは70歳近くか、それ以上になっていた。1942年4月卒業者の場合は、卒業してすでに59年が経過していた。それでもなお彼女たちは同窓会を開いて過去を回顧する。命のある限り同窓会に出席したいと述べる人もいた。このように卒業して長い期間の間、過去の学校生活を想起して再構築する作業を続けてきた人々を対象にするのは、彼女たちがライフ・ステージの各段階で、過去をどのように再生したかの部分を考察することができるからである。また、長い年月を通して記憶の反復作業を行うことで、記憶の再構築はどのように収斂していくのか、その過程をみることができるからである。

そして、調査の対象校を茨城県立水戸高等女学校（以下、水戸高女と称する）に選定した。それは、第一に、この学校は県立の名門女学校であり、入学試験の難易度、競争率の高い学校であった。1940年度からは、入試競争の激化、および知育偏重の筆記試験制度が見直され、内申書、人物考査、身体検査の総合によるものとする制度改正が行われた。水戸高女では五日間にわたり口頭試験、身体検査、運動能力測定の選抜試験を実施した。しかしながら、入試志願者はさらに増加し、1943年度には定員250名に対して、その数が600名に達していた。水戸市内の小学校（国民学校）では、在学の成績が10番以内、また地方からは1～2番の生徒が受験し、その半数以上が不合格になるほどの競争であった（茨城県立水戸第二高等学校百年史編纂委員会編 2000（以下、『水戸二高百年史』）：212–213）。そのため入学者は高い学力を有しているという共通点がある。

さらに、水戸高女は、水戸およびその周辺地域で、家族の社会的、文化的地位の階梯で比較的に高い層の生徒が入学していた（『水戸二高百年史』：191）。生徒たちは、入学以前から家族のなかで華道、茶道のお稽古や読書などの文化的活動を習慣化していて、互いに類似した教養、文化的性向をもっていた。さらに、学校側は生徒たちに「良妻賢母」を目的に、その完成教育をめざしていた。生徒の文化的階層における類似性、同質性の文化が存在していたのである。

また、第二に、この学校は県立校であるため、戦時期文部省の教育政策が積極的に実施された。しかも、「水戸学」の発祥の地である水戸に所在するため、学校自らが戦時中の国体思想、天皇思想教育を積極的に行っていた。水戸学は、水戸藩に生起した学問全体を指すが、18世紀末期から「国体」観念と尊王攘夷思想を基軸とした国家主義思想体系を成立させた。そして水戸学は、近代日本の天皇制国家主義思想の主要な基盤をなし、教育や政策に大きな影響を及ぼした（国史大辞典編纂委員会編 1993：383-384）。このような水戸の地域的環境は、戦時期において女学校だけでなく、水戸中学校、土浦中学校などの旧制中学校においても、学校自らが進んでこれらの思想教育を強化する要因となったのである（黄 2001：62-80）。

第三に、同窓生にとっての「母校」が現在も同じ場所に存在することである。敗戦後、1947年2月文部省の新学制実施発表により、水戸高女は4月1日から5年制になった。そして、1948年4月1日新制高等学校発足により、3年制の茨城県立水戸第二高等学校（以下、水戸二高と称する）となった（『水戸二高百年史』：784-785）。現在は、男女共学制をとっているが、女子生徒のみが在学している。学校は同窓生にとって学校的記憶の証左としての物理的空間であり、また、反省的空間へ導く手がかりである。しかも、彼女たちは学校を、母校という言説で表現することによって、自らの同窓生アイデンティティを学校に強く結びつける。さらに、現在も実質女子校であるということが、母校との文化的連続性を期待する、象徴的な意味での「場所愛」(topophilia)を強化する要因になっている。

(2) 調査の方法および手続き

調査は対象者への面接と、戦時期の学校生活に関する文献収集によって行った。面接調査の方法は、調査対象者に過去の学校的実践と記憶を喚起させ、すでに身体化し、なかば無意識になっているそれを、意識化させ熟考する回顧法を使用した。

面接調査の手続きは次の通りである。まず、面接調査は水戸二高の国語教師に研究の趣旨を説明し、被面接者を紹介してもらった。彼女は、同校の卒業生であり、『水戸二高百年史』の編纂委員として執筆に関わったため、調査の意図をよく理解し、面接対象者を紹介してくれた。面接対象者は17名であり、その内訳は次の通りである。

①1940年入学~1944年3月卒業、その後1年間学校の専攻科に在籍した者、1名。

②1942年入学~1946年卒業、その後1947年~1989年3月まで水戸二高で社会科の教師を務めた者、1名。彼女は歴史を担当しながら、百年史編纂委員として学校史の執筆に関わった。

③1944年水戸高女に入学し、1949年3月に水戸二高を卒業した者、13名。

④1944年5月に水戸高女の国語の教師として赴任し、1961年3月まで水戸二高に勤めた者、1名。彼女は、③の人々を卒業させるまでの5年間、古典文学を教えながら担任を務めた。

⑤1958年入学〜1961年3月に卒業し、国語の教師として1989年〜2001年現在まで勤めている者、1名。彼女は、戦後の水戸二高の入学者であるが、④の教え子でありかつ百年史編纂委員であったため、戦時期および現在の学校文化について精通している。そこで学校文化を通時的に比較するため、彼女を調査の対象者とした。

以上、17名に対して、調査を実施した。

調査の日程は、①と②の場合、2001年6月1日に、水戸二高の会議室で3時間をかけて面接を行った。そして、③、④、⑤の場合は、2001年5月29日、水戸高女の日立支部学年同窓会である、「日立芳友会」が終了した直後に行った。そこでは座談会の形式で3時間をかけて調査を行った。調査には、二回ともカセット・テープによる録音と、ビデオ・テープによる録画によって資料を収集した。そして、面接内容全部を文書化したのち、分析の資料として使用した。

調査の内容は、入学以前および女学生時代の文化的教養、戦時期の学校生活、校外の勤労奉仕・工場動員、戦後における学校的実践と記憶の喚起に関するものであった。そして、個々のライフ・ステージの各段階で過去をどのように喚起し、意味付与してきたのかを回顧してもらった。

3　実践と記憶の関与における脱埋め込み・再埋め込み

(1) 反省的空間における同窓生の身体文化

戦時期の同窓生たちが同窓会で集まり、過去の学校的実践を喚起、再生することは何を意味するのか。集まりは時間、空間、記憶内容によって構成される反省的身体空間のなかでどのような機能を果たしているのか。第一に、同窓生は過去の学校的実践体験の共同体である。集合的体験は学校文化の同質性のなかで多様性を有している。さらに、彼女たちは現在さまざまな異なる集団、たとえば、家族、地域社会、職場などの集団の観点から過去を回顧するため、彼女たちの記憶の再生のあり方も多様である。同窓会は、個人的および集合的記憶の喚起作業を通して、新しい同窓生文化を構築し、それを分有する。したがって同窓会は、学校的身体文化を構築・再構築する機能を果たしている。

第二に、同窓会の集まりは反省的空間での共同作業を通して、彼女たちを取り巻く現在の社会的・文化的構造と自らの身体文化との調節機能を果たしている。彼女たちは戦時期の社会、学校の実践を通してその文化を身体化していた。そのハビトゥスのなかには大幅な修正や変容をなしたものもあれば、持続、強化されたものもある。たとえば、節約の態度、もったいないと思うハビトゥスは、戦後も彼女たちの身体のなかに持続する場合が多い。しかし、社会が豊かになり、規範化された消費の様式も変容してきた。そこで、彼女たちのハビトゥスは子ども、孫のそれとの間に、「文化的境界（cultural border）」の隔たりが形成されてしまう。しかしながら、同窓会は同質のハビトゥスを共有するため、たとえ子ども、孫に理解してもらえなくても、互いに安心し、安住するという「居場所としての機能」を果たす。また、彼女たちは同窓会を通して反省的空間のなかで自らの身体を知覚・認識し、子ども、孫のそれと乖離することなく、調和するように自分たちの身体を作りなおす。同窓会は自分たちのハビトゥスに固執し、暴走するのではなく、互いを準拠枠として調和させる「調節機能」を果たしている。彼女たちが「頑固にならないように」「子どもや孫たちに自分たちの文化を押しつけないように」と互いに助言し話し合うことがこれを物語っている。

では、現在における戦時期同窓生の学校的身体文化の特徴はどのようなものであるのか。第一に、学校教育のイデオロギーにおいて平和への信念が強く、自主的な判断能力のない子どもに極端な思想教育を行うことへの懸念が強い。第二に、戦時下の学校生活で、勤労動員、物資不足、授業時間・年限短縮のために断絶された知、教養への渇望が強い。また、その断絶への反動のため、学ぶこと、学歴取得への意志が強い。第三に、「皇国女性」として銃後の生活を守る妻、母を養成する学校の徹底した礼儀作法、節約態度、集団主義教育で身体化したハビトゥスが、現在の身体性のなかに存在する。ただし、皇国民養成のためという教育の目的・精神は切り取られ、実践のハビトゥスだけが維持されている。第四に、彼女たちは戦時期女学生に課された耐寒訓練、鍛練遠足、武道などの教育を通して身体が鍛えられた。さらに戦中に防空壕をほり、空襲時に避難し、汽車やバスの不通の時に長時間歩くなどの過酷な現実に耐え、敗戦にいたるまでの戦争を生き抜いた。その実践と記憶のハビトゥスが戦後の社会生活のなかで無意識の内に維持されてきた。「戦禍をくぐりぬけてきたので、どんな所、どんな時にでも生きられる」「歩くだけは得意中の得意」「体に無理するまでがんばってしまう」「体が先に動いてしまう」などの表現がこれを物語る。

(2) 知的教養、感性のハビトゥスの脱埋め込み・再埋め込み

戦時期の学校生活は、生徒たちの知的教養を高めたり、感性を磨いたりすることが困難であった。戦時期のなかでも特に1943年、44年になるにつれて、より困難になっていった。そのため、生徒たちのなかでも入学した年度によって学校生活の体験に少なからず差異がみられる。調査でも、40年入学のY・K、42年入学のE・Bの場合は、他の44年入学の被調査者13名より情操豊かな学校生活の経験をもっている。

戦時期も女子の教養・情操教育のための学校行事は行われた。雛祭り、音楽会、講演会、農人形祭などがそれである。しかしながら、これらの行事はその内容において軍国教育を教え込むものであった。たとえば、1944年3月3日、例年通り雛祭りが開かれたが、午後の講話は「南方戦線」であった。講演会も「南方発展と婦人の力」、「シンガポール陥落」、「南方の皇軍の奮闘」、「撃ちてし止まむ」など、戦時下で銃後を守る女子養成のための心性教育であった(『水戸二高百年史』: 201-203)。

生徒たちは女学校に入学する以前から家族のなかで読書、お稽古の文化的活動を身体化して入学した者も多い。また、学校の図書館にも蔵書が多く、充実していた。しかしながら、戦時下の銃後援護の学校生活は知的教養をより一層高める機会を与えなかったのである。そして、多くの生徒たちが上級学校への進学を断念せざるを得なかった。このような戦時期の学校的実践と記憶は、その後の人生のなかでどのように変容してきたのか。

①記憶の喚起による学校的実践の修復

同窓生たちは過去を回顧する反省的空間において、戦時期の知的教養の断絶を「空白」、「穴があいた」、「知的飢え」などと意味付与を行う。そして、現在の活発な知的実践によって、過去の空白、穴を埋めようと考えている。すなわち、過去の実践の一部を切り取り、それに修正を加え、再び埋め込もうとするのである。その実践を行うのは現在の身体である。したがって、知的教養の場における過去の実践は、記憶の喚起のなかで修復・改善され、豊かな「文化的資本（cultural capital）」として現在の実践のなかに顕在化する。

次の事例にこの現象が現れている。

「うちは勤め人でした。親戚は外交官でした。どちらかというと戦前から海外の情報がよく入った方なんですよ。外国に対しては小学生の頃は敵愾心なんていうのは全然持ってないし、むしろ親しみを持ってたんですよね。ヨーロッパの方に憧れていてね。西洋人形や洋服も送ってもらったりしました。あの、青い目のお人形、顔が三つくらい四つくらいにカタカタまわるのね。戦争が始まってからは父は戦争に行かなかったんですけど、町で訓練の指導者になり、みんなに呼びかけているような状態だったんですね。私も自然に国の方針に素直に従い、愛国少女になりましたよ。憧れていた外国に対しても、敵だ敵だと言われると、自然にそうかなっていう感じになりました。

本はだいたい親の本を読んでましたね。夏目漱石とかそれから国木田独歩とか。特別に買うことはないから、家にある本を読んでたんですね。たまに病気で寝ているときに少女クラブなんていうのを買ってきてくれたけどね。小学校の頃から親の本を読み始めましたからね。読めない漢字はこう抜かすんですね。前後の関係で自然に読んでしまうんですね。父が日本文学全集をとってたでしょう、森鷗外の『山椒太夫』を。森鷗外のね、四年生の頃から読んで。あれかわいそうで読んだのよ、随分。あと、石川啄木の『一握の砂』とか、島崎藤村とか、読んだんですよ、自然にね。ああ、いいなって思って。小学校5年生の頃にね、『坊ちゃん』なんか読んでね、それでね、ハハハハって笑ってたのよね。そういうところしかわからないから。裏なんてわからないからね。

水戸高女には、母も、姉も、私も、戦後娘も行きましたね。母が一番栄光の水戸高女でしたね。戦争中の学校生活はなかなか大変でしたから、本も読めなかったんですよ。敗戦後、女学校時代は知識や本に飢えてましたから、本当に本をたくさん読みました。本を書き写ししてまでして読んで。哲学の本やら歴史の本やら随分たくさん読んで、それでお友達にも啓蒙されながら勉強していってね。女学校の在学中は、日本は神の国と教えられましたからね。歴史をキチンと勉強しなければと思いましたね。大学に進学して歴史の教師になりました。教師になってからは、自分が勤務した図書館の本、特に歴史関係の本は全部読んでやろうと思ったのね。だから、どこに何が書いてあるって、どこにあの本があるってわかったくらいにね。

たまに政治家が歴史について変なこと言うでしょ。私からすれば勉強不足ですよ。浅薄です。最近の新しい歴史教科書問題も。侵略した国々を刺激しなくてもいいと思いますが。だって、軍閥の派闘争いで罪もない国民全部を戦争に巻き込んで犠牲にし、他国まで侵略しました。だから私は、今でも政治家に簡単に任せないで選挙には必ず行きます。

女学校卒業後は猛烈に勉強しましたよ。歴史を勉強し、生徒たちをきちんと育てなければと思って。

学校で教える教材の本、文学書、自分の考え方なんかにたいする本、というふうに三本立てで読みました。定年退職した今でも本を読んだり、史跡巡りをしたり、日本画を描いたりしています」（1942年入学、E・N）。

②記憶の喚起による学校的実践の削除

戦時下において学校は生徒、家族、地域社会、軍部との関係を緊密にし、戦時教育を遂行するため、学校体制の再編を行った。1941年は報国団と報国隊への組織改変を行った。1942年は、生徒に「学校誓詞」を毎朝始業前に斉誦させ、また、義烈両公、藤田東湖などの詩文を編集した小冊子「水戸の余光」を発行し、水戸学精神の徹底高揚を図った。さらに、学校は従来の母の会が雛祭りに講演を行うだけの形式的なものを改めて、新規にそれを設置した。戦時下の学校施設の充実、出征軍人遺族への後援などを通して、家族までを学校に取り込むことができた（茨城県水戸第二高等学校編 1970（以下、『水戸二高七十年史』）：150-165）。

さらにまた、1942年に保健婦の養成所設置、国民学校初等科訓導養成講習、43年に看護婦養成の県立女子厚生学院を設置することによって、戦争遂行のための職業教育を徹底した。国の人口政策樹立要綱による結婚相談所も42年に校内に設置し、結婚による「皇国の大使命達成」教育、早期結婚を奨励した（茨城県水戸高等女学校編 1942：24）。これによって、学校は、生徒たちに銃後援護、集団的、戦時職業的、脱官能的女性の身体文化を体得させようとした。そして、彼女たちの身体のメタファーは、「母性」「皇国女性」に帰結するのであった。

では、同窓生がこのような戦時下の学校的実践、特に、皇国・軍国思想および、それへ抵抗してはならないと思う性向、鬼畜米英教育による米・英国民への表象などについてどのように回顧するのか。次の事例はその実践に対する記憶のあり方、実践の削除の困難さを表したものである。

「私は素直な生徒でしたね。水戸高女に入るために小学校4年生から一所懸命に受験勉強をしましたね。学校の先生が放課後に熱心に教えてくれました。地方では、学校のなかの一番、二番の生徒しか入学できないから。私は港町出身で父は組合の仕事をしてましたね。物資不足で少し品薄になる頃、私が小学校5年生の頃、母はすでに私を水戸高女に入れるつもりで、学校の冬のオーバーの布を買っておきましたね。入るかどうかもわからないときにね。おてんば娘にならないようにと、お茶やお花のお稽古もさせましたね。優等生だけど、港の女の子は元気がいいからね。入学試験のとき運動場で並んで待っていた時、他の子と喧嘩をして、学校の先生に注意されましたね。もう、落ちたと泣きながら帰りましたよ。そしたら、合格、本当に嬉しかったですね。

学校の教育を素直に受けて愛国少女になりました。学校では日誌を書かせて、毎日10人ほどのそれを集めて先生に出します。すると、先生が読んで、判を押したり、閲と書いてくれたりします。そして批評を書いてくれるときもあります。それで、先生は生徒の考えや、家庭状態なんかをよくわかってるわけですよ。1943年11月に、満州開拓義勇軍の訓練所長加藤完治さんが「農人形祭」という題目で講演をしましたね。農業がいかに大事であるかを話してくれました。そのころ勤労奉仕で水村の共同炊事をしてました。乙女心から純粋に感動しましたよ。秋山先生に日誌を読まれた時に、軍国少女ですね、って言われました。当時の日誌は全部持っているので、今でも読んだり、もう一度読み直したりしてます。

本科を卒業して、専攻科に入り、国民学校（教師）の資格を得て、すぐ教えましたね。それで敗戦まで、空襲のときには子どもたちを連れて、防空壕に逃げ回ってましたね。それから敗戦ですよ。今までと違う民主主義を教えるんですからね。昨日まで子どもたちに忠君愛国とか、そのためにがんばりなさいとか言ってましたでしょ。それが生徒の前に立った時、何て言っていいか、ほんとうにわからなくなりましたね。

そして私もまだ若かったから、考えも深く及ばなかったけど。その時に、新しい傾向はこういう風だよといって、学校のなかで、新しい民主主義の話をよくしてくださった先生がいるんですよ。その先生のお話を聞いて、いつもそういうグループ活動をしていたわけね。だんだんわかってきてましたね。皇国・軍国教育で戦争をし、国民を犠牲にするのはいけないと思いましたね。そして、本当に薄皮が剥がれるように剥がれていきましたね。1年、2年かかりましたよ。でも、昔の勉強のしがらみが時々出ましたね。

それから、ずっと定年まで小学校の教師をしました。戦争は絶対いけませんよ。政治家たちのなかでたまに変な発言をする人がいますけど。軍国教育は受けたけど敗戦で戦争に行かなかった人とか、その次の世代の人のなかに、そんな発言をする人が多くいますね。知らない人たちがいろいろ言うのは本当に危ないです。軍国・皇国教育で人を死なせる戦争は絶対だめです。

また、戦時期には鬼畜米英の考え方だったでしょう。そんな教育をさせたし。そして、進駐軍は日本人の女性をさらうから、アメリカ兵が来たら逃げなさいって言われてました。お嫁さんになる人が着物なんか着てたら、危ないよ、進駐軍が来るから、うちのなかに隠れてなさい、と言われましたね。だから、最初、私はアメリカ兵はああ言ってるけど、疑ってましたね。自分の心のなかでは、危ない、恐い、嫌だな、という感じでしたよ。自分だけじゃなく、親、親戚もそう言うでしょう。彼らの意識も変わらないから、そう簡単にはいきませんでしたね。タブーなものだから、もっとね。それで、私の場合は鬼畜米英の考え方から普通になるまでにかなり時間がかかりました。でも、生活の経験を通して自然になくなりましたね。

昔の教育を思い出すと、まだ、子どもたちが自分で判断ができないときに、極端に右とか、左とか、敵愾心とかの教育をさせてはいけないと思いますね。私たちはそんな辛い経験をして生きてきてますからね。私たちは74歳前後ですけど、同窓会には1学年250人中60人は集まります。専攻科は1クラス37人だったけど、23人程度集まりますね。同窓生が集まるとそんなことを確認しますね」（1940年入学、K・K）。

③ 時間軸における実践と記憶の創出と再生産

同窓生たちが過去の学校的実践と記憶を生起する際、各々のライフ・ステージによって、記憶が再生される部分、規模、内容が異なってくる場合がある。喚起の時点において自らの個人的枠が、過去の記憶を選別、整理、統合し、新しい意味付与をするのである。しかしながら、彼女たちのライフ・ステージが変化しても、記憶の再生の内容、あり方、意味付与の仕方が変わらず、再生産する場合もある。ここでは彼女たちが、敗戦直後、子育てをしている30、40代と、夫婦だけあるいは独身の生活をしている60、70代とを比較することにする。

では、どのように実践と記憶が個人の時間軸にともない過去を新しく創出するのか。また、どのような事柄は再生産されるのか。次の１９４４年入学者たちの事例はその変化を表している。

「最初卒業して何年間は、誰もが共通した戦争体験だからことさら目新しいことじゃなくて、なんとなく記憶のなかにふわふわしてたような気がするんですよね。それから、だんだん年を重ねていくにつれて、そういう記憶や体験を所有してない世代がどんどんできてくると、その記憶はさらに強調されて、鮮烈に呼び起こされることがあります。そして、子どもが大学受験の頃うろうろしていたとしたら、自分は戦争で勉強ができなかったのに、という思いを強烈に呼び覚まされましたね」（A・K）。「家のなかで、自分の体験を常に中心において子どもを育てる年代を過ごしてるので、自分は変わらないような気がするのね」（N・K）。「ただ時代が変わって、「もう、おばあちゃん考え方古いよ」とか、食べ物がない話をして、もったいないと言うと、「そんなこと経験してないからわからないよ」と言い返されたり。子どもや孫たちに、私たちの時代の考え方や価値観を押しつけるつもりはないんですけどね。自分では変わらないけれども、世の中変わってますよね」（O・J）。「でも、自分が時代においていかれてるのかと思うと、そうでもないような気がするんですね。どっかで自分の過去と妥協しているのか、それより、過去を自分流に解釈したりしているんでしょうね」（N・K）。

以上の事例は、卒業後、社会と自分の変化のなかで、記憶を再生する内容が変容していくことを表している。

しかしながら、彼女たちが記憶を喚起する作業を通して、新しい実践を生成する場合がある。彼女たちは同窓会に集まった際、戦争中の学校的実践と記憶を記録に残したいと考え、1980年に文集『あかい三角形』を発行した。まえがきには次のように記してある。「あこがれの水戸高女の門をくぐり、米英撃滅を誓い、将来の軍国の母としての勉学を決意しつつ、その一歩を踏み出しました。(省略)敗戦のなかを生き抜いて行った姿勢のようなものを子ども達に伝えたい、その混乱の中でさえも失われなかった師弟の情や友情のすばらしさを理解してほしい、そして更に沢山の犠牲の中から得た平和の尊さを知ってほしい。そういう念願もありました」(2-3頁)。ここで過去の回顧を通して彼女たちのなかに、四つの新しいハビトゥスが創出されたのである。すなわち、過去の学校的実践と記憶が大切であると評価すること、記録にして次の世代に残したいと思う性向、出版を実行したこと、出版された文集を読み直す過程で同窓生アイデンティティを強化したことである。

しかし、学校的実践と記憶のハビトゥスは時間の経過にも変化しない場合がある。卒業後何十年もたった現在でもそれは変わらないのである。しかしながら、その実践と記憶のハビトゥスは単に持続しているだけではなく、過去の回顧を通して同じ性向体系を再構築しているのである。すなわち、彼女たちが記憶を喚起するたびに、再構築される記憶の内容は同様の様式で解釈、意味付与され、再生産されるからである。次の事例がそれを表している。

「変わらないです。平和に関しての考え方は絶対変わらないです。敗戦直前に学校が空爆を受けて、それを自分たちの手で片づけ、兵舎で勉強したでしょう。平和がいかに大事か。その時も今も変わらないです。これは死ぬまでいつ振り返ってみたとしても変わらないと思います。たとえどういう時代になっても、平和にならなくてはならないということに関しては、私たちはきっとみんな変わらないです」(N・K、A・K、A・S、S・M)。「私たちが一緒に体験したということは変わらないです。戦争で苦しく貧しい体験をしたことも同じです。だから、絶対戦争をしてはいけない。そんな考え方はぜったい変わらないです」(I・M、O・G、M・Y、Y・K)。

「私の70年の人生のなかで、学校時代が最も不幸な時代でした。戦争で父を亡くし、寝たきりの母を抱えて学校に通うっていうことだけが私の日課でした。悔しいと思ったことは、勉強できないこと、そして、着たい・見たい・食べたい、それ以前のその貧しさでした。その時、いつか自分が結婚して女の子を生むとしたら、絶対稼ぐ力を付けてやりたいと思いました。そして母と一緒に自分の娘にそれを伝え、育てました。娘は今41歳を過ぎましたけど、そう育てて良かったと思います。女学校時代に、そう考えていたこと、今でも間違ってなかったと思います」(F・J)。

4 再構築された学校的身体文化による日常の再解釈

女学校の同窓生たちは戦時期の学校的実践と記憶を、その後50年以上にわたって回顧する作業を続けてきた。過去の身体を反省的身体空間に呼び起こし、その実践の内容や記憶の一部を当時の文脈から切り取り、現在の文脈のなかでそれを熟考、調整し、再び実践と記憶のなかに埋め込むのである。彼女たちは一方で社会における集合的な枠を取り入れ、また他方で、ライフ・ヒストリーに基づく個人的な枠を採用して、同窓生とともに学校的実践と記憶を再構築する。そして、この学校的実践と記憶の再構築メカニズムにおける作業を通して、過去の記憶にたいするハビトゥスの質的、量的変容が生起するのである。

さらに、過去の実践と記憶を再生する際、民主主義、平和のイデオロギーなど、社会における集合的意識の枠が強い場合は、彼女たちの記憶の再構築の仕方にあまり多様性がみられない。しかし、感性、知的教養、美的センス・おしゃれ、身体管理など社会における集合的意識の枠が緩やかで、個人の自律、責任にゆだねられる場合は、記憶の再構築の仕方に多様性がみられる。このような再生過程を通して再構築された彼女たちの学校的身体文化は、互いに共有する同質的なものであるが、そのなかには、個々人の多様性が存在する。

また、同窓生たちは現実に直面し、過去の学校的実践と記憶から新しいそれを質的、量的に豊かな変容をとげた、生きた歴史としての身体を築いていく。その反面、身体に刻まれ再構築されたそれによって、彼女たちは現在の日常生活を理解し、解釈・再解釈していくのである。

では、再構築された学校的身体文化による日常の再解釈過程をみることにする。同窓生たちはその集まりのなかで、過去の写真、日誌、校章などを持ち込み、教師を招待して過去を回顧する。それらは、過去の学校的実践と記憶が凝縮したものであり、またそれによって過去が思い出される、生きた歴史のシンボルである。すなわち、C・レヴィ-ストロースのいうチューリンガである（黄 1998：191）。そして、彼女たちは記憶の喚起作業を通し、身体化された新しいハビトゥス、および文集など客体化されたハビトゥスを創り出す。すなわち、新しいチューリンガを制作していくのである。このようにして、結局、同窓生たちが創出した新しいハビトゥスは身体に刻まれ、生きた歴史としてのそれを築いていく。この生きた歴史としての身体そのものがチューリンガになっていくのである。

彼女たちの学校的身体のハビトゥスは、集合的記憶の共同作業を通して、より豊かに派生し、また質的に大きく変容しながら蓄積していく。ジンメルは「生の本質、つまりその過程を「より以上の生」であって、「生より以上のもの」であることに見いだす」と述べている（ジンメル 1994：41）。

次の記述のなかに、記憶の再生からより多く派生したハビトゥスによる彼女たちの生の豊かさがみられる。「女学校時代に経験したこと、一生の糧になっています」（S・A）、「その時代を精一杯生きたということが財産になっています。これからの糧にして生きていきたいと思います」（S・E）、「現在この年でこういう会にも出られるような幸せな生活をしています。それはほんとうに戦争中に体験した辛いこと、耐えること、がんばることがあったから、現在があるんだと思います」（M・Y）、「兄も出征し戦死しました。戦争の体験はしたけど、ほんの少し遅く生まれて、死ないですんだことは、本当に幸せだったと思います。母たちはどんなに辛かっただろうと、今になってよくわかります。今、ありがたい時代です」（K・Y）。

そして、次の記述のなかで、記憶の再生を通して新しく再構築されたハビトゥスによる日常の解釈・再解釈がみられる。その際、彼女たちは互いの意見を準拠枠として自分のなかに取り入れる。

「私たちが戦争中あるいは戦争の前、戦争の後を生きてきたそのいろいろな生活習慣を身につけているけど、無駄なものはひとつも無かったんじゃないかな、と思ってるんです。さらに、みんな何かの意味を持ってて、私もそれによって今をみなおし、今を生きてます。文化とかそういう生活習慣っていうものはそういうものじゃないですか」（元教師のS・T）。

「70を迎えて人生のいろんなことが全部終わったような環境にいるんです。昔は戦争で人生を損したと思いましたが、ここにきてもう一度考えてみると、さっきおっしゃったように無駄なことはなかったっていうのは本当にそうだなと思います。ただ無駄でないということだけでなく、自分はあの時代に身についたことで、今の自分としては非常にプラスであると考えています。そしてその時の価値観というのは時代が変わっても、私が生きてる限り、我が家のなかに生きていて、それがまた、次の代に何か伝わって残していくと思います。人間の本質そのものはそう変わらないでしょう。千年も前の昔の人間の生き方が歴史に刻まれ、その流れのなかを私たちも通過し、残していくのだから」（N・K）。

そして、彼女たちは同窓生としてのアイデンティティ、社会の構成員として生きる喜び、幸福感を自分たちで創出していく。同窓生にとって過去の学校は身体教育の場であり、歴史としての身体を形成していく基盤を提供してくれた場でもある。その学校的身体文化は、卒業してからも、彼女たちの生の営みが行われる限り、同窓生の反省的空間のなかで創り続けられ、豊かに変容をとげていくのである。

引用・参考文献

茨城県水戸高等女学校編（1942）『学校だより』
茨城県水戸第二高等学校編（1970）『水戸二高七十年史』
茨城県立水戸第二高等学校百年史編纂委員会編（2000）『水戸二高百年史』

Halwachs, M. (1925) Les Cadres sociaux de la mémoire, Alcan. = 1992, Coser, L.A., tr., The Social frameworks of Memory, in: Halwachs, pp. 39-40.
アルヴァックス、M著、小関藤一郎訳（1989）『集合的記憶』行路社
浜日出夫（2000）「「歴史社会学」の可能性」『情況』２０００年８月号、情況出版、１８５-２００頁
国史大辞典編纂委員会編（1993）『国史大辞典』吉川弘文館
ジンメル、G著、茅野良男訳（1994）『ジンメル著作集９　生の哲学（新装復刊）』白水社
黄順姫（1998）『日本のエリート高校』世界思想社
黄順姫（2000）「日本的『集団主義』における新たな信頼問題――グローバルとローカルの接点に生きる身体」駒井洋編『日本的社会知の死と再生』ミネルヴァ書房、１４７-１９２頁
黄順姫（2001）「学校体育における身体文化の多重性と両義性―捏造される戦時期の身体・メタ身体の狭間」杉本厚夫編『体育教育を学ぶ人のために』世界思想社、62-80頁

第7章　社会圏を形成する学歴資本の理論枠
——「信頼資本」「社会的資本」の蓄積と還元

1　はじめに

本章では、続く8章以降を読みとくうえでの理論枠を提示したい。

2002年12月14日、今から約20年以上前の話になるが、新聞メディアでは「小5〜中3文部科学省学力調査」の見出しで、「算数・数学低下」、「算数・数学、英語全学年で想定以下」、「勉強大切だけど…「嫌い」」、「中2「勉強嫌い」76%」と大きく報じた（朝日新聞社編 2002）。文部科学省は2002年、全国の小学5年〜中学3年の児童・生徒約45万人を対象に5教科の学力調査を実施し、その結果を公表した。そして、93年度から95年度にかけて行われた前回の調査と結果を比較した。算数・数学の正答率は前回より全学年で平均3・4ポイント低下した。また、社会も全学年で平均1・96ポイント低下した。さらに、理科の場合は、小学校6年と中学校の3年でそれぞれ1・3、1・1ポイント上昇したが、他の学年で平均2・0ポイント低下した。

しかし、国語と英語の場合は、学年によるばらつきがあった。国語は小学校6年で0・7ポイント低下した以外、他の学年では平均1・45ポイント上昇した。英語の場合は、学年によってばらつきがあり、中学1年が3・7ポイント低下したが、2年と3年ではそれぞれ2・2、2・8ポイント上昇した。

このような現状を受けて、新聞は「算数・数学低下」と一面トップで大きく特筆している。そして、文部科学省はこの結果について「すべての問題を含めた評価は、事前に想定した正答率を基準に用いて、児童生徒が学習指導要領の内容を身につけている度合いを「おおむね良好」」と評価した（朝日新聞社編 2002：1）。

これに対し教育学研究の専門家たちの意見は次の二つに集約される（朝日新聞社編 2002：30）。第一に、「学力低下論」を主張してきた研究者たちであり、第二に、「学力低下批判論」を主張してきた研究者たちである。第一の観点からは調査の結果をうけて、学力低下論を強化し、その原因が文部科学省の教育改革にあることを強調する。たとえば、次のように述べる。「低下は明確だ。それを直視しない文部科学省は教育現場の信頼を失うだろう」、「文部科学省がこの10年強調してきた新学力観が浸透した影響ではないか」、「「知識・理解」の軽視を招いた」、「現指導要領はその路線を強めたもので、週5日制も含めて、改革全体の再検討はさけられまい」。

さらに、学力低下の原因について、「90年代から加速した「ゆとり教育」路線で、単純な反復学習などを軽視する傾向が強まったことだろう」と主張する。そして、「新学習指導要領では学習内容が減ったが、学力を高めるには早く変える必要がある」、「学習内容を増やし、詳しく解説をした教科書に改めることが望まれる。このままでは低下に歯止めをかけられない恐れがある」と厳しい批判と懸念を露わにした。

これまでの主張を整理すると、文部科学省のゆとり教育への教育改革が原因で児童生徒の学力は低下しているので、政策を変更し、学習内容を増やすことによって、学力低下を防ぐ必要がある、とのことである。

第二の観点にたつ研究者は、調査の結果について次のように述べている。すなわち、「国語、理科は必ずしも深刻に心配する必要はないようだ」。「特に、国語は昔から読み書きを中心に教師達が力を注いでおり、今回の成績にもそれが反映されている」、「心配なのは算数・数学と社会」、「両教科とも思考力の部分が十分に育っていない」。「それにしても児童生徒の学力が低下したのではないし、心配するほどの問題でもない」、と主張する。また、調査の結果と学力の問題を直接結び付けることを批判する意見もある。「算数などの正答率が低下したことで、「学力が低下した」と言うのはおかしい」「過去との比較を主眼にした調査ではなく、比較できる問題は三分の一程度と少なすぎる。一部だけをみて、全体のこととは論じられない」。そして、点数にとらわれない学力を主張している。すなわち、「点数の上下だけにとらわれた議論はやめ、子どもにどんな学力が必要なのかといった本質的な議論に転換していくべきだ」と述べる。

さらに、学力低下論者たちが低下を文部科学省の改革に起因すると述べることに対して、「「低下」論者は新しい学習指導要領批判をしてきたが、今回の結果からそれはできない。旧指導要領だった昨年度中の調査だからだ」と批判している。

学力低下批判の観点にたつ研究者たちの主張を整理すると、学力は必ずしも低下していない、調査の結果と学力低下を結びつけて考えることはできない、文部科学省の改革による結果だともいえない、とのことである。

それでも、新聞では、「文部科学省は現実直視を」「「ゆとり」路線に原因」「思考力育っていない」「点数の議論終わりに」などと意見を集約している。まさに、「学力低下問題」は学校教育の最も重要な問題として取り上げられている。また、研究者たちも、学力低下論、あるいは、学力低下批判論の観点にたち、「学力問題」を学校教育の最重要問題として熱く議論を交わし戦っている。このように学力高低如何を学校教育のすべての成否のように扱うメディアや研究者たちの言説が、教育研究の落とし穴であることを我々は今一度認識する必要がある。

2 学校教育における「問題化」の問題

⑴ 学校教育における「問題化」のプロセス

戦後日本の学校教育問題を考えると、どの時代においても常に「問題視」される問題が発見され、「問題化」へと発展し、深刻な「社会問題」に拡大していく。しかし、問題化された問題が、実際に学校に存在する「事実としての問題」と必ずしも一致するわけではない。学校に内在する多くの「問題的事実」のなかから、特定の問題が問題として取り上げられ、問題として認知、公表されるため、それが問題化されていくのである。それゆえ、メディアや教育研究者たちが問題化している問題が、学校での日常生活を行っている学校の構成員、すなわち、生徒や教師に、「生活者」「当事者」の問題として認識され、共有される問題であるとは限らないのである。さらに、それらの問題化された問題にたいして彼ら自身が感じる問題意識、感覚、認知度は異なるのである。

「観察者」としての研究者と、「生活者」「当事者」としての学校構成員とでは、何を問題にし、何を問題にしないのか、という視点が異なるのである。逆に、学校生活では重要であっても、研究者の視点が欠如しているがために、問題視してこなかった「事実としての問題」がより重要な問題である。

新堀通也は「ヒドゥン」(hidden) 問題が重要であることについて次のように述べている。「「見る目」がないため「問題視」されない問題もあるし、故意に「かくされた」問題もある。前者は「かくれた」問題であり、後者は「かくされた」問題であって、ヒドン「問題」にはこうした2種類の問題」がある。そして、「重要なのは、意識されず、忘れ去られ、気付かれず、「問題視」されざる、こうしたヒドン「問題」である」と記述する(新堀 1996：6)。しかし、ヒドゥン問題にはこの二種類の問題だけではない。もう一つ加えるべき種類の問題がある。すなわち、問題と見なし認知されていく過程のなかで、「大した問題でない」「取るに足りない問題」「つまらない問題」とみなしたがために、問題視されなかった問題である。これは「誰が何をいかに問題視するか」に関わる問題である。「放棄された問題」なのである。教育研究者、評論家、メディアなどが地味で、些細な問題としてのラベルを貼るがために問題視されない問題である。これは問題視、問題化の過程に政治的、象徴的権力が複雑に関わるものである。結局、「かくれた問題」「かくされた問題」「放棄された問題」は、問題が問題視されないこと自体が問題なのである。

では、どのような問題が問題視されやすい問題であるのか。また、戦後どのような問題が学校問題として社会問題化され世間をにぎわせたのか。まず、どのような問題が問題視されやすいものなのかをみることにする。第一に、広範な人々の利害に直接関係し、その人たちの関心を呼び起こすために社会問題になる現象である。たとえば、学力、入試制度、教育費、公立学校などのようなものである（新堀 1996：7）。第二に、広範な人々の耳目を集め、ショッキング、センセーショナルな事件に触発され社会問題になる現象である。たとえば、いじめ、学校内暴力、不登校などである（新堀 1996：6）。第三に、最も華やかな社会問題を取り上げる研究者、評論家、メディアが世間の注目を集め、脚光を浴びやすいため、多くの人々が取り組み、言説が増幅され、社会が問題として再生産する現象である。彼らは脚光を浴びる専門家、コメンテーターとして注目されやすい。そのため、彼らは常に、「日の当たるテーマ」として社会問題となっている問題や、社会問題化されやすい問題を次々と素早く選別し、取り組むのである。メディアはまたそれを大きく取り上げる。結果的に、問題化された問題には言説が増幅され、社会問題として拡大再生産されていくのである。

(2) 学校教育における「問題化された問題」の変遷

では、戦後の学校教育においてどのような問題が社会問題として注目されてきたのか。教育問題の変遷を時代別に辿ってみることにする。教育問題は発生の場所として、１９６０年代を境に、学校の外から学校のなかに移り、70年代半ば頃から80年代には完全に学校のなかに移行した。しかし、90年

表7-1　学校教育における問題行動の変遷

	敗戦〜50年代	60年代	70〜80年代	90年代
発生場所	学校外	学校内外の境界	学校内	学校内外、「心」
性質	貧困、生存競争	疎外	受験戦争、反抗	教育拒否、人間関係、秩序解体「心」
原因	社会	社会と学校の接続	学校	学校、「心」
解決策	経済、福祉	学校教育	学校教育	「心」、関係再編

（出所）伊藤（1996）p. 23

代には、学校の内外のどちらにおいても問題が発生するだけでなく、人々の「心」のなかに内向し発生するようになってきた（伊藤 1996：22f）。

表7-1は学校教育における問題行動の変遷を表したものである（伊藤 1996：23）。この表でわかるように、伊藤茂樹は90年代の学校教育の問題の性質が教育の拒否、人間関係や秩序の解体、「心」の問題であると述べている。また、藤田英典は、80年代半ばには学校教育の拒否という形態で問題化が進んでいったとみなす。「80年代以降次々と問題化しクローズアップされた校内暴力、いじめ、不登校といった問題行動は、進学率が飽和し、学校化が極限まで行き着いた後に、学校教育の正統性が低下し、危機に瀕していること」の現れであると述べている（伊藤 1996：22）。

また、問題行動の発生場所の年代別の移動にともない、その内容、意味、解釈も変動してきた。問題行動が境界内外の領域に明確に区分された一義的なものから、境界線が曖昧で多義的なものへと移行するとともに、その意味、解釈も、犯罪・非行性のコンセンサスが高いものから低いものへ、また、日常生活とは一線を画したものから、日常の延長線上のものへと変わっていった。そして、問題行動とみなす判断基準、前提も単一で、自明で、誰にも共通するものではなくなり、特定の解釈を選びとった尺度から問題視する度合いが高くなった。さらに、問題行動は特別な生徒が起こすものとみなすことから、普通の生徒のだれでもが起こす可能性があるものとみなすようになってきた。

そして、問題行動がたとえ学校内外の物理的な場所で起きたとしても、その場所にこだわらず、それを心の問題として解釈するようになった。たとえば、生徒間のいじめ問題が街角、あるいは、学校内部のどちらで起きたとしても、それは、場所の問題でなく、心の問題と解釈されるということである。そして、いじめ問題は特定の生徒だけに限らず、どの生徒にも起こりうる問題であると解釈されるのである。また、不登校、校内暴力の問題なども同様の意味付与、解釈がなされている。

そして、児童生徒の心のなかで起こっている何らかの問題こそが問題であるとみなされるようになった。そこには、生徒の心だけでなく、彼らの行動を問題視していく側に立つ大人の心をも、問題の射程内に入れるようになった。このような心の問題の解決策は、病んでいる心を治療すること、人々の関係を修復し、再構築することであるとされている。

このような今日の問題を解決するためには、人間関係のあり方、対人間の信頼の問題に焦点を当てなければならない。しかしながら、これまで学校教育における構成員の関係性のあり方、信頼の問題、社会的資本の問題は、ヒドゥン問題として残されたままである。生徒および教師が人間関係を維持、修復、再構築していく際に、他者との信頼の構築、人間関係に適切に対処するコツの学習、社会的関係の資本を蓄積する問題は非常に重要である。にもかかわらず、このような問題が、隠れ、隠され、放棄された問題だったのである。そこで、本章ではこのヒドゥン問題から新たな問題発見を行うその理論枠組を検討し、続く次章（第8章）にてそれが学校のなかでどのように行われているのか、そして、学校類型によってどのような差異化が図られているのかを検討していくことにする。

3　ヒドゥン問題（hidden problem）からの問題発見のための理論枠組み

(1) 新たな問題発見による学校内外の変革・変容

上述の問題設定を検討していくうえで必要なのは、第一に、人間関係の問題を生徒、教師のような学校で日常生活を行う構成員の観点および解釈を取り入れ研究を進めることである。研究者が学校の外から学校に焦点を合わせ見えてくる事実を問題視し、外部者の観点からそれを分析するのではない。むしろ、学校の日常の生活者である生徒や教師の視点に立って問題を発見し、外部者の視点からなるそれと重ね合わせることで、視点の再検討を行う。それによって、研究に重層的、多元的視点を持ち込むことが可能になる。またそれは、量的統計調査によって得られたデータ、およびスクール・エスノグラフィーで彼らと個別的、具体的に関わって得られたデータを、外部者である研究者が予め用意しておいた物語、ストーリー構成に沿って解釈するのではない。

むしろ、学校それ自体の社会的、文化的構造のなかで生徒や教師の考え方、感じ方、価値観によって行う意味付与、解釈を取り入れ、彼らの構築した学校現場のリアリティを総合的に分析することである。それによって、ヒドゥン問題から発見された問題が問題化への妥当性、信頼性を確立していくことができ、現場が抱えた問題に即した「現場に根ざした研究」（志水 1996：64）になる。さらに、現場と研究者のチェーン・リアクションによって問題のリアリティをより科学的に研究することができる。さらに、研究成果を「現場への提言」（志水 1996：65）の段階にとどめず、生徒や教師が新たに問題視された問題の重要性を認識し、彼ら自らがその問題に取り組む「学校現場の変革・変容」にまで発展させることが可能になる。そしてまた、研究者側においても、ヒドゥン問題から新たに発見した問題を学校問題における重要な研究テーマとして新たな視点を切り開き、新しい研究領域の基盤を構築することが可能になる。研究者、評論家、メディアも問題の重要性を認識する。それによってはじめて「学校内外の変革・変容」が行われるのである。

(2) 学校教育における「信頼資本」、「社会的資本」

次に、問題設定を検討していくうえで必要なのは、「信頼」という概念を分析の道具にすることである。90年代の学校教育の問題行動が人間関係における「心の問題」として語られたことは上述した通りである。そして、個々人の内面の心を修復することで解決できると考えられた。それによって、教育における「心理主義」が蔓延し、肥大化したという。また、学校教育における指導の必要性が見失われ、指導者として教員の積極的な役割が弱められ、援助者としての役割が強化され、教員のカウンセラー化をもたらした。さらに、心理主義の肥大化は、学校や教員批判の高まりを招くようになったのである（市川 2002：15f）。ここで、人間関係における心の問題にアプローチするうえで、研究における心理主義、または心理学のアプローチに陥ることなく、問題の核心に取り組む方法はないだろうか、と考える。それにたいして、N・ルーマンのいう「信頼」の概念を道具として使用することは有効である。

ルーマンは信頼を「固有の法則性を伴った社会的関係」(Luhmann 1973＝1997：5) であるとする。信頼は「一定の相互行為の領野において形成されるが、この領野は心的システムの形成によっても、また社会的なシステムによっても影響されており、そのどちらか一方の影響に帰することはできない」(Luhmann 1973＝1990：5f) とする。というのは、信頼の機能的分析が世界の複雑性を縮減することに有効であるからである。そして複雑性の問題に準拠することには、心理システムと社会システムとの差異を超えて問いをたてること、つまり心理学の理論と社会学の理論の差異を超えて、問いを立てることができるという利点がある。

すなわち世界の複雑性は、第一に、その内容の次元、第二に、時間の次元において増幅されるが、第三に、社会という次元でさらに増幅される。そのため、社会の次元において多く増幅された複雑性を、再び社会の次元において縮減するメカニズムが必要になる。この社会的複雑性を縮減するメカニズムとして信頼を設定することができるのである。そして、言語と反省的自己意識が信頼の一般化、選択性のメカニズムとして必要になるのである (Luhmann 1973＝1990：1-11)。

ルーマンはG・ジンメルと同じように、人は他者にたいしてすべてを完全に知ることも、まったく知らないこともできない。この知と無知の間で信頼をおくのである。そして、人々はその制御不能な複雑性、不安にたいして「リスクを賭けた前払い」として他者を信頼するのである。このような信頼は、次のような特徴がある。すなわち、第一に、信頼は学習するものである。信頼は他者との社会的相互行為のなかで、他者の予期を自らのなかに組み込み、その期待に応じながら、なお、環境と適合する社会的同一性をもった、自分自身の表現方法なのである。そのため、個人は信頼を学習し、内面化したり、シンボルを通して信頼の対象をコントロールしたりすることができる。

個々人が信頼について学習する際に、「システム信頼」と「人格的信頼」に区分することができる。前者はシステムへの信頼を、後者は他者個人への信頼を称する。そして、信頼を学習することについては、システム信頼のほうが人格的信頼より容易である。たとえば、個人は貨幣を使用する経験を通して経済システムを学習するほうが、新しく出会った他者を判断し信頼をおくことよりも容易である。しかし、個人が信頼をコントロールすることにおいては、システム信頼のほうが人格的信頼より制御し難いのである（Luhmann 1973＝1997：69-112）。それは個人が、システムをすでに正統化され、権威が付与され、権力を有するものと認識するためである。その結果、個人がシステムを信頼することは容易であるが、それをコントロールすることは困難になるのである。

このようにみていくと、学校の現場には、学校システムへの信頼や、生徒、教師への人格的信頼が存在する。生徒たちが他の生徒や教師に対する信頼を学習し、内面化することは、学校システムに信頼をおくことより難しいが、彼らの間で信頼を高め、不信に陥らないように制御することは、システムに対するそれよりも容易であることがわかる。

第二に、信頼は教育的機能を果たす。信頼は相互行為のなかでそれが維持されるためには、常に他者にたいして信頼に足りる者として自分を表現しなければならない。そこに、感情の拘束、義務づけが存在する。「信頼されることによる感情の拘束は、内面における複雑性の縮減がいわば継続されていることを意味しており、また信頼している者の予期が内面化されることによって「信頼された側の」反応が単純化されていることを意味」（Luhmann 1973＝1997：119）している。感情の拘束や義務づけが唯一の方法ではないが、互いが信頼に叶う行為を示し合うことによって、複雑性を共通の仕方で縮減し、信頼関係を相互に形成、維持、強化していく。そこに信頼の教育的機能が発揮されるのである。学校の日常生活において、生徒たちは他の生徒や教師に信頼されたいと思う場合、自分への期待を裏切らないように心・身の性向を創り上げて構造化する。そして一度だけにとどまらず、時間をかけて繰り返しそれを表すことで、他者の期待を満足させ、信頼関係を安定させていく。彼らが信頼を高めていく過程で、たとえ意識しないとしても、信頼の教育的機能が彼らに果たされるのである。

第三に、信頼はそれが利用できる場（field, champ）が形成された場合に、資本として機能する。このように資本として転換される信頼を「信頼資本（trust capital）」と称する。個人が他者と社会関係を深め、信頼を高めることで他者から集めた信頼度は、経済市場やネットワークの市場で有利に働き、資本となる。「彼なら人間的に信用できる。我らの仲間にいれてあげよう」、「彼なら安心して仕事をまかせられる。次の仕事も彼と契約しよう」。これは個人の有する信頼が資本として機能する良い例である。

さらに、信頼資本は蓄積できる。個人は、他者からの信頼度が高くなることで、また、より多くの他者からの信頼度が増すことで、信頼資本を蓄積する。たとえば、「彼はお墨付きだ」というとき、彼は信頼度が高い人であると保証されていることを意味する。そして、信頼が保証された人間として、他者に次々と紹介され、信頼性が認められる。すなわち、彼は信頼度も高くなり、信頼される範囲も広くなる。「名医」、「名監督」、「カリスマ経営者」などと認められている人に高い信頼が寄せられていることがわかる。

信頼が心理的、社会的属性をもつゆえに、信頼資本も完全に心理的な資本、あるいは社会的な資本のどちらかに区分することはできない。ルーマンは、信頼は「広範囲にわたる行動のために多くの可能性を開示するが、絶えず利用され、維持されなければならない」(Luhmann 1973 = 1997 : 119) とする。そして、それを使用可能な資本として利用するためには、「つねに自己を信頼に足りる者として表現を行わなければならず、この自己表現の束縛から容易に抜け出せなくなる」(Luhmann 1973 = 1997 : 119) という。

すなわち、信頼資本を活用するには、信頼されている他者にたいして、いつどんなときでも、忠実で、誠実な態度、感情を示す必要がある。そして、個人が信頼を維持、強化していくために反復する行為の仕方、感情のあり方が彼のなかに習慣化される。アイロニカルなことに、他者に偽りの自己を表現して信頼を獲得した個人は、その他者にたいしていつまでも偽り続けることで信頼を継続することができる。騙しつづけることによって信頼が維持されるのである。しかし、偽りの自己表現をやめたとたん、「騙し」「裏切り者」「信用できない者」として信頼を失うだけでなく、信頼資本をも利用できなくなる。

信頼資本はP・ブルデューのいう「社会的資本 (social capital)」に転換することが可能である。社会的資本とは結合関係のネットワークからなる資本である。「相互認識 (知り合い) と相互承認 (認めあい）とからなる、多少なりとも制度化されたもろもろの持続的な関係ネットワークを所有していることと密接に結びついている、現実的ないしは潜在的資力の総体」（Bourdieu 1980＝1986：30）である。自他ともに認める最小限の客観的同質性をもちながら、永続的で役に立つ結合関係によってまとまる、「一集団への所属と密接に結びついている資力の総体」（Bourdieu 1980＝1986：30）である。

ブルデューは社会的資本の概念を打ち出しているものの、文化的資本（cultural capital）のように資本が存在する形式を分類して理論を展開し、尺度を作って調査したりすることはなかった。しかしながら、社会的資本も三つの形式において存在しうる。第一は、身体化された様態である。名士、有名人、ヒーロー、アイドルなど、社会的資本を身体化している人々である。彼らは身体に社会的資本をより多く蓄積できる洗練されたスキル、すなわち、人と上手に付き合う仕方、礼儀作法などのマナー、ネットワークに溶け込むコツなどのハビトゥスを体得しているのである。それを活用して多くの社会的資本を高めるのである。第二に、客体化された様態である。たとえば、名門校の同窓グループ、ロータリークラブの会員、国際交流委員会、セレブたちに限られたサロンのメンバーシップなどである。このネットワークやメンバーシップの組織のなかで、人々は常に認め合う持続的な関係性を維持しながら、互いの資本を貸借し、新たに交際圏を増やす。彼らはまた、新しいネットワークのなかで社会的資本の多い人々に出会う。この過程を通して、社会的資本の広さ、および社会的資本の量を増やしていく。第三に、制度化された様態である。たとえば、会員カード、クレジットカード、ＩＤカード、また競馬場で馬主席へ行くゲートの通行券などである。これらはネットワークやメンバーシップを証明する制度化されたものである。さらに、それはその持ち主に社会的資本の正統性の感覚を与え、その資本に相応しい待遇を受けるだろうと予測させる。そして、持ち主だけに限られた認め合い、相互作用の機会を与え、彼らに選別された正統性のなかで社会的資本を蓄積させていく。

この結合ネットワークは、その構成員が社会的関係を確立し、再生産するための意識的、無意識的な投資戦略の結果として生まれた産物なのである。そして、社会的資本の量は、個人が動員できる結合関係のネットワークの広さと、そのネットワークのなかの個々人が所有している経済、文化、あるいは象徴資本の量に関係している。たとえば、家族・親族、名門校の同窓グループ、伝統あるスポーツ強豪校の部活ＯＢグループ、上流クラブなどの構成員は、集団から多少とも多くの社会的資本を動員することができるいい例である。このように社会的関係の資本を蓄積し、再生産する際に、そこには絶えず承認の確認と再確認が繰り返される相互行為、すなわち「交換行為」が反復して行われる。この交換関係においては、相手に認めてもらうのに適合した自己表現を常に示さなければならない。この交換に値する行為の技法を身につけなければならない。そして、友情、尊敬、感謝、仲間意識など感情表現を持続して表さなければならない。習慣化された心・身のパターンを持続的に交換することで社会的関係の再生産が可能になり、その集団から自らのものとして社会的資本を利用することができるのである。

このように考えていくと、信頼資本は互いの信頼関係を通して社会的関係を強化し、市場という「場」が形成された場合に、その資本を社会的資本へと容易に転換できる、ということがわかる。生徒たちの信頼資本も社会的資本に転換できる。生徒たちは学校生活で部活動を営み、そのなかで部員同士および監督との信頼関係を強め、信頼資本を蓄積することができる。さらに、部活動のＯＢとは先輩・後輩という関係のなかで、「先輩に尊敬の念を抱く」―「後輩を可愛がる」、「先輩の世話をやく」―「後輩の世話をする」、などという交換関係を維持していく。そして、部活動OBを含めた結合的集団の一員として認められたときに、現役の部員たちは進学や就職の際に、監督やOBの「ツテ」「コネ」を通して社会的資本を動員し、それを有利に使うことができるのである。監督やOBの推薦でスカウトされ「推薦入学」したり、部員の仲間の親のコネで就職が決まったりすることなどは、信頼資本を社会的資本に転換したいい例である。

このような信頼の概念に焦点をあわせると、学校の日常生活のなかで生徒間、および生徒教師間で行われる相互作用は、人間関係の形成、社会関係性の能力の涵養という面において、その重要性が浮かび上がってくる。これまでヒドゥン問題として残されたまま、問題視されることがなかった信頼を含む人間関係のあり方について、次章において高等学校を対象にして分析していこう。その際、四類型のスポーツ強豪校を取り上げ、教育変動の危機に瀕して生き残りをかける学校の教育方針・戦略、歴史のなかで学校に規範化された伝統、生徒の間で共有している独自の生徒文化などが複雑に絡み合って影響を及ぼす各学校の有様を描くことにする。そして、社会関係性のあり方に焦点を合わせ、それぞれの学校の部活を行っている部員たちが学び、身につけている文化の差異と共通点をみることにしたい。

それを通して、学校教育の新たな問題意識とその重要性を呈示したい。学校の外部者が常に問題化するような学力問題ではなく、学校の構成員自らが学校生活で常に問われている人間関係の問題に対処することで習得するソーシャル・スキル（social skill）、トラスト・スキル（trust skill）、信頼資本、社会的資本の蓄積の問題を強調したい。その結果、国際化時代に必要とされる社会の「人的資源」「社会的資源」の確保の可能性を学校教育の重点的機能の一つとして見直すことができる。さらに、本研究は「心の問題」「人間関係の再構築」を求めている今日の教育問題にも、その解決策の手がかりを与えることができるということで意義があると思われる。

引用・参考文献

朝日新聞社編（2002）「小5〜中3文部科学省学力調査」『朝日新聞』２００２年12月14日付、1、14、30面

Bourdieu, Pierre（1980）“Le capital social: nates provisoires,” *Actes de la recherche en sciences sociales*, 31.（＝福井憲彦訳（1986）「『社会資本』とはなにか」福井憲彦・山本哲士『actes 1』日本エディタースクール出版部、30-36頁）

Bourdieu, Pierre（1987）*Choses dites*, Minuit.（＝1988、石崎晴己訳『構造と実践』新評論）

市川昭午（2002）「90年代——教育システムの構造変動」『教育社会学研究』70、5-19頁

伊藤茂樹（1996）「『心の問題』としてのいじめ問題」『教育社会学研究』59、21-37頁

Luhmann, Niklas（1973）*Vertrauen: Ein mechanismus der Reduktion sozialer Komplexität*（2. erweiterte Aufl.）, Ferdinand Enke.（＝大庭健・正村俊之訳（1990）『信頼——社会的な複雑性の縮減メカニズム』勁草書房）

文部科学省編（2002）『平成13年度　文部科学白書』財務省印刷局

志水宏吉（1996）「臨床的学校社会学の可能性」『教育社会学研究』59、55-67頁

新堀通也（1996）「学校問題の社会学」『教育社会学研究』59、5-19頁

第8章　「信頼資本」、「社会的資本」蓄積の場としての強豪校の部活動
――教育変動の危機にたつ高校のサバイバル・ストラテジー

1　調査の対象と手続き

本研究に取り組んだのは２０００年４月からである。茨城県の水戸市に位置するＳ商業高校の野球部、サッカー部に調査を申し込んだ。それは筆者が所属している大学の大学院ゼミでスポーツ強豪校の部活動を対象にした調査研究を通しての研究トレーニングであった。フィールドでの研究の仕方、分析の技法、内容から結果を導く手法の教育が目的であった。まずは、１９９９年４月から２０００年３月までこの学校のサッカー部について調査を行って卒論を執筆した学生の指導を行うことが、この学校との関わりのきっかけになった。その後４月からは、野球部とサッカー部の調査に本格的に取り組み、部員、部員の両親、部のＯＢたちにたいする面接調査を行った。

大学院生たちの教育のための調査とは別に、筆者は独自の調査に着手した。調査方法は面接調査、直接観察、文献調査であった。面接調査の対象は、校長１名、野球部の監督１名、サッカー部の監督

1名、野球部のキャプテン1名、サッカー部のキャプテン1名、生徒会会長1名、野球部のOB1名、サッカー部のOB1名、PTA会長経験者2名、合計10名である。調査は5月、7月、11月に行った。調査は一人当たり1時間から2時間をかけて、5月と7月はフィールドノートとテープレコーダーに資料を収集し、また、11月はフィールドノートとビデオ収録によって資料を集めた[1]。

また直接観察については、7月に全校生が講堂に集まって応援練習をする様子を観察し、ビデオで収録した。野球部が県大会に出場する際、全校生が球場まで応援に出かける。そこで応援を繰り広げるため、前もって講堂で応援の練習をする。ブラスバンド部、チアリーディング部、生徒会が中心になり、選手一人ひとりの応援歌、および全体の応援歌、それに歌に合わせ振りを創り、それを生徒全員に教え込む。応援練習が終わった後、ブラスバンド部、チアリーディング部の部長2名、生徒会の3年生2名、合計4名にたいして、それぞれ30分間で面接を行った。

さらに、文献調査は学校の歴史について書かれている書物、文集などを通して資料を収集した。この調査が2001年3月までに終了した。そこで4月からは調査の積み重ねのうえで、茨城県内で野球部とサッカー部でそれぞれ強い学校に拡大して、一般化された傾向および特徴を明らかにすることを試みた。県大会に頻繁に出場する強豪校を野球部で3校、サッカー部で3校を対象にした。結果的に、そのなかで二つの学校は野球部もサッカー部も選ばれることになった。学校の種類別としては、普通科だけ、普通科・商業科、普通科・情報実務コース、商業科・情報処理科・国際経済科のようにそれぞれ異なる学科を選別した。そして、歴史においても100年以上の学校から30年の学校までばらつきがある。また、学力偏差値においても上から中の下まで多様に含まれるように配慮した。さら

表8-1　調査対象者の所属している部活動

野球	サッカー	合計
45.3%	54.7%	100%

表8-2　調査対象者の所属高校

S 高校	T 高校	K 高校	R 高校	合計
37.2%	37.6%	18.2%	7.0%	100%

表8-3　調査対象者の所属学年

1 年	2 年	3 年	無回答	合計
26.6%	37.2%	34.7%	1.5%	100%

にまた、公立学校と私立学校が入るようにし、学校の所在地においても茨城県内の水戸市、龍ヶ崎市、鹿嶋市など異なる地域に位置する学校を対象にした。

このような対象校に２００２年４月下旬から５月上旬にかけて質問紙調査を行った。各学校の野球部、サッカー部の1年生から3年生まで部員全体を対象にし、質問紙を学校に郵送した。練習の後、部の監督の指示によって配布され、その場で回収された。そのため、全部員の回答用紙を回収することができた。ただし、R高校に関しては、学校の事情により1年生を除く、2、3年生全部員が回答し、それを回収した。この学校でも同じく監督の指示によってその場で回収された。回収した２７４件を実使用量にし、SPSSによって統計処理を行った。

調査対象者の所属する部活動別にみると、**表8-1**のとおりである。この表でわかるように、野球部が45・3%であり、サッカー部が54・7%であった。また、対象者を学校別にみると、S高校野球部56名、サッカー部46名で合計102名、T高校野球部49名、サッカー部54名で合計10

3名、K高校サッカー部50名、R高校野球部19名である。**表8-2**は調査対象者の所属高校であり、**表8-3**は調対象者の所属学年である。

統計調査が終了した後、対象高校の部員たちに対する面接調査を行った。統計調査の結果をもって11月の最後の一週間の間、再び各学校を訪問し、監督と教頭に結果を説明した。そして統計の結果を見せて、彼ら自身がそれをどのように解釈するのか、を調査した。調査の母集団それ自体が少ないため、質問紙の量が少ないという難点を補うためにも、積極的に面接調査を取り入れたのである。また面接の内容について、教頭には、学校の方針および生き残りの戦略、部に対する考え方、学校内の社会的地位を具体的に調査した。部の監督には、部の文化、監督からみる生徒との関係性、強い部を維持するための戦略、同学年間、先輩・後輩間の関係性について面接を行った。面接は教頭3名、部の監督3名で合計6名にたいして、一人当たり1時間ないし2時間を費やし調査を行った。以上、本調査は2年間にわたって、質問紙、面接、観察、文献調査という多様な手法を用いて行っており、面接対象者は合計20名にいたった。

その後、調査対象校の教頭、部活動の監督に会い、調査結果を報告した。そして、結果の分析をもとに部の文化、学校の文化、学校運営・戦略、地域社会との関係について議論を行った。本調査を通して、志水宏吉が提案する「現場と研究者の協力関係」「現場への提言」「現場の解釈」を、すでに実践することができた。現場が友好的に協力してくれることで、はじめて研究を深いところまで進めることができた。また、調査の結果を現場の監督、教頭に呈示したとき、彼らは「うちの部がこの結果のなかに本当によく現れてますね。生徒たちを指導するうえで参考にさせていただきます。ありがとうございます」と述べた。つまり、現場への提言、現場の解釈を行うことができた。さらに、本調査の過程を通して、現場は当事者たちの客観的データが得られ、大学院生たちは研究の方法、仕方を学ぶことができ、筆者は研究を進めることができた。現場と研究者の協力関係を超えて、「現場と外部者の共生関係」を見つけだすことができたのである。

2 強豪校部員の部活動キャリアを通して身体化してきた信頼関係

茨城県教育委員会が県内の県立高校生を対象に２００１年11月から２００２年１月の間に行った生徒意識に関する調査は、学校生活についての驚きの現象を表している。調査の対象者は全県立高校在籍者の15・３％に値する１１、９９８名であった。結果によると、「あなたは学校に信頼できる先生がいますか」という質問に対して、いると回答した生徒は全体の26・７％、いないと回答した生徒が32・１％であり、どちらともいえないと回答した生徒が41・１％となっている。ここで注目すべき点は、信頼できる先生がいると考えている生徒が26・７％に過ぎないということである。これに比較して「信頼できる友人がいますか」という質問に対しては、いると回答した生徒が75・９％で、いないと回答した５・７％、どちらともいえないと回答した18・５％よりも相当高い比率を表している。しかしながら、その「信頼できる友人はいつからの友人ですか」の質問に対して、中学校からの友人が36・６％、小学校からの友人が32・７％の順に高い。小・中学校時代からの友人が信頼できるものと

表8-4　部活動を通した信頼できる友人の獲得

とても満足	まあまあ満足	やや不満	不満	合計
59.6%	34.2%	5.1%	1.1%	100%

表8-5　部活動を通した広い友人関係の形成

とても満足	まあまあ満足	やや不満	不満	合計
60.1%	31.7%	6.6%	1.6%	100%

して約7割を占める。多くの場合、信頼できる友人は、長い年月をかけ相互作用を通して作ってきたのである。信頼関係の構築には、当事者が互いに、時間と努力をそそぎ、信じ合えるという認識に至ったことがうかがえる。

また、学校生活のなかで最も楽しいことは何であるかを聞く質問には、友人とのつきあいが73・9%で、授業（学習）に回答した2・6%をはるかに上回るものであった。逆に、学校生活で最も楽しくないのは何かを聞く質問には、授業（学習）が56・9%で最も高い反面、友人とのつきあいが2・8%で最も低く、次が部活動3・3%、学校行事8・7%の順になっている。生徒たちには学校生活において授業（学習）は当然で自明視されていて、楽しいものであるとあまり思っていない。学校生活において友人との付き合いに楽しみを感じ、信頼できる友人を得ている生徒が多いことがわかる。しかしながら、信頼できる教師を得ていると考えている生徒は3割にも満たない。

本研究において、野球、サッカーの強豪校の部活動に属している生徒たちは、他の生徒にたいして、また、教師に対して信頼の面でどのような結果が出ているのか。

次の**表8-4**および**表8-5**で、彼らが部活動を通して得る友人関係に

表8-6　部活動における先輩・後輩関係の良さ

とても満足	まあまあ満足	やや不満	不満	合計
33.8%	51.2%	12.1%	2.9%	100%

表8-7　部活動における同級生との仲の良さ

とても満足	まあまあ満足	やや不満	不満	合計
54.6%	39.9%	4.4%	1.1%	100%

関する意識を知ることができる。

　これらの表でわかるように、信頼できる友人を得たことにとても満足している割合が59・6％で最も高く、まあまあ満足しているが34・2％の順になっている。彼らの93・8％が信頼できる友人を得たことで満足していることがわかる。また部員たちは、学校のなかで部活動を通して学級を超えた広い友人をつくり、さらに学校の外で、他の学校との試合、練習のための合宿などを通して友人をつくるのである。そのように部活を通して広い友人関係を形成することにとても満足している生徒が60・1％で最も高い。まあまあ満足している31・7％を加えると、91・8％の生徒が友人関係を広めることに満足していることがわかる。

　また、彼らが部活動において先輩・後輩との関係、同級生との関係についてどのように考えているかをみる。表8-6および表8-7でわかるように、先輩・後輩関係の良さについては、まあまあ満足していると回答した人々が51・2％で最も高く、とても満足していると回答している比率が33・8％になっている。これに比較して、同級生との関係の良さについては、とても満足している生徒が54・6％で最も高く、まあまあ満足している生徒が39・9％の順になっている。これをみると、部活動を行っている生徒たちは、先輩・後輩間の関係よりも、同級生との関係

表8-8　部活動の顧問の熱心な指導

とても満足	まあまあ満足	やや不満	不満	合計
72.1%	21.3%	4.8%	1.8%	100%

表8-9　部活動の顧問が生徒の考えを尊重

とても満足	まあまあ満足	やや不満	不満	合計
36.8%	40.4%	19.1%	3.7%	100%

性に満足度が高い人々が多いことがわかる。

では、彼らが教師に対してはどのように考えているのか。次の**表8-8**および**表8-9**の結果がこれを示している。

これらの表をみると、部活動の顧問が部員たちを熱心に指導してくれることについて、7割の生徒たちが大変満足している。スポーツ強豪校の部活動の水準を維持するために、調査高校すべてにおいて競技の担当の教師は、毎日放課後3～4時間生徒たちを指導している。また、土曜日、日曜日にも学校に出て、生徒たちを指導する。顧問の教師たちはそれぞれの専門の授業を教えており、放課後および週末の部活動の練習には、自ら進んで無報酬で生徒たちを教えているのである。彼らの熱心な指導を生徒たちは受け取り、満足している生徒が9割を超える結果になっている。

しかしながら、教師たちは強豪校の伝統を維持し、学校内の一般生徒および教師はもちろん、同窓会、地域社会から、試合に勝つことを期待される。指導する部が県大会に出場するときには、学校内の全生徒が競技場に出かけ、全校応援をするのである。そして、教師は生徒たちを試合で勝たせなければならない、と考えるようになる。部員たちの考えを尊重することも必要だが、勝たせる試合、勝たせるための練習も必要に

表8-10　中学校時代の所属

部活動のみ	部活動とクラブチーム	クラブチームのみ	所属なし	合計
88.0%	4.0%	5.8%	2.2%	100%

なる。部活動が生徒の心身の教育であり、かつ、勝つための技術を伝授する教育でもある。そこで、多くの教師は葛藤したり、ジレンマに陥ったりするのである。**表8-9**では、顧問の教師が生徒の考えを尊重してくれるのかについては、とても満足していると回答した生徒が36・8%に比較して、まあまあ満足していると回答した比率が40・4%と高い。やや不満と回答した生徒も19・1%に上る。これらの結果から、部員たちは教師の指導の熱心さには満足度が高いが、教師が生徒の考えを尊重し、取り入れてもらうことには、満足度が低くなるということがわかる。

では、彼らが現在活動している競技種目を中学校時代にはどのような形態で行っていたのか、それを通して、どのような社会的関係を形成していたのかをみることにする。**表8-10**は、中学校時代の競技活動の所属形態である。

この表でわかるように、彼らの88・0%が中学校時代に学校の部活動のみに所属していた人であり、他の回答と比較して最も多く、部活動とクラブチームの両方に所属した人は4・0%である。

では、次に中学校時代に学校の部活動でやっていた種目と高校の部活動のそれとの連続性をみることにする。**表8-11**でわかるように、ほとんどの生徒が中学校と高校で連続して同一の競技種目を行っていたことがわかる。野球の場合96・6%が、サッカーの場合99・2%の生徒がそれぞれ同じ競技を学校の部活動で継続して行っていたことがわかる。

表8-11　現在の部活動と中学校時の部活動の連続性

		中学校時代の部活動			
		野球	サッカー	その他	合計
現在所属している部活動	野球	96.6%	0.9%	2.5%	100%
	サッカー	0.8%	99.2%	0.0%	100%

表8-12　中学校時代の部活動を通した信頼できる友人の獲得

とても満足	まあまあ満足	やや不満	不満	合計
69.9%	24.6%	3.5%	2.0%	100%

表8-13　中学校時代の部活動を通した広い友人関係の形成

とても満足	まあまあ満足	やや不満	不満	合計
64.7%	26.4%	7.4%	1.5%	100%

では、部活動を継続して行ってきた彼らが、中学校時代を回顧し、部活動を通して信頼できる友人を獲得したこと、および部活動を通して広い友人関係を形成したことを、どのように考えているのかについてみることにする。次の**表8-12**、**表8-13**がこれを表している。

これらからわかるように、彼らは過去中学校時代の部活動で信頼できる友人を獲得したことにとても満足している生徒が69・9%で最も高く、次にまあまあ満足が24・6%であり、合わせて94・5%が満足していることがわかる。さらに、部活動を通して広い友人関係を作ったことに対しても、とても満足している生徒の比率が64・7%、まあまあ満足が26・4%の順で、全体として91・1%の生徒が満足している。このようにみていくと、部員たちは中学校時代にも部活動を通して信頼できる友人を作り、また友人の輪を広げたことに満足していることがよくわかる。しかも、それに満足している生徒の比率は高校時代のそれと比較して差があまりない。したがって、生徒たちは中学校、高校という部活動のキャリアを通して、他の部員との信頼関係を蓄積してきたことが了解される。さらにまた、彼らは社会的関係性の蓄積を行った自らの行為に対して満足し、肯定的な価値をおくことが了解される。

以上の分析を通して、部活動の場は、信頼関係の作り方を学習し、実践し、社会的関係性の枠を拡大させる場であるということが明らかになった。また、彼らは中学校、高校の部活動の連続的経験を通して、社会的関係を形成、蓄積する身体性を獲得し、それに肯定的な意味付与を行うことがわかった。これまで、部活動はそれぞれの競技種目の技術を向上させる場であること、特に、スポーツ強豪校の部活動については、この目的だけがクローズアップされた。部員たちの信頼関係、社会的関係資本が部活動に顕在化、潜在化されている部分はヒドゥン問題として隠れ、隠され、放棄されたままであった。しかしながら、部員たちは部活動を行うなか、他の部員および教師との関係に対処する過程で、信頼資本、社会的資本を彼らの身体に形成、蓄積していることが解明されることになった。

3　高等学校のサバイバル・ストラテジーと部活動

(1) 教育を取り巻く社会変動と高校のサバイバル・ストラテジー

１９９０年代以後、高校は大きな社会変動の前で危機にさらされるようになった。そこには、次の要因が作用する。第一に、少子化現象である。子どもの出生率が低くなっているため、高校入学を希望する生徒の数が高校の入学定員に満たない、という現象が生起する。たとえば、高等学校の在学者数の推移をみると、1990年には約562万3千人、2000年は416万5千人、2010年は336万8千人、そして、2020年は309万2千人に減少している（文部科学省「学校基本調査」）。この傾向はさらに続くことになり、中等教育学校へ進学する者も増えているなかで高等学校は限られた進学希望者を自らの学校に志願させ、定員割れを防がなければならない。学校は存続、廃校の危機にさらされているのである。学校の管理職はこの現実を痛感しており、生き残るための戦略を企てている。

第二に、学校の商品化、消費現象である。90年代、学校は教育費を負担する消費者側、すなわち、生徒および両親によって、商品として選択されるものというイデオロギーのなかにおかれるようになった。また学校も、カリキュラムも多様化し、生徒全員が一律に学ぶのではなく、生徒自らによって選択し、学習する幅を拡大した。中高一貫教育校や総合学科、単位制高校などの多様な指導形態・指導方法をとる学校へと多様化が展開された。

今日、学校自体に権威が与えられ、学校が生徒を選択した時代から、生徒および親が主導権を握って、学校を選択する時代へと変化してきたのである。したがって、学校は彼らに商品としての学校のコンセプト、ブランドの品質管理、差異化戦略をアピールし、付加価値の高いイメージをつけ、消費者の購買欲を高めなければならない。そのため、学校は常に消費者のニーズを敏感に察知して、それに学校の現象を照らし合わせ、現象を強化するか、改革するかの新しい方針や戦略を打たなければならなくなった。そして、学校説明会を通して、生徒や親に商品としての学校を懸命に訴えることになった。

第三に、文部科学省による教育改革である。教育改革のなかで社会問題化されたものは、「週5日制」「総合的な学習の時間の創設」であった。それは、この二つが学力低下を招くという観点からであった。しかし、個々の学校構成員にとってはこの二つの問題以外に、次の三つがより重要である。すなわち、①教育行政の地方分権化を進め、教育委員会の活動を活性化し、地方の主体的な行政が行われること、②学校運営に家族や地域住民の意見を反映させる「学校評議員制度」を導入し、学校側の説明責任を果たすこと、③特色ある学校を主体的につくるために、校長のリーダーシップを強化し、学校の人事、予算に関する裁量を拡大したことである（文部科学省編 2002）。

これらのなかで①については、教育改革の実行が遅れ、効力をもたらさなかったとの批判がある（市川 2002）。しかしながら、学校においてより問題になるのが、②、③である。②の場合、文部科学省は地域に開かれた学校づくりのために、学校評議員制度を作り、学校の自己評価システムによる学校活動の内容を、評議員に説明する責任があるとした。しかし、これは学校と親、地域住民の協力関係を促すためのものであるとするが、反面、親や地域住民による学校の活動の監視、制約でもある。彼らは学校に対して、週5日制、総合的な学習の時間のために削減された授業時間をいかに補うのか、学力は低下しないのか、生徒たちの校内での安全性を高めるための学校管理はどうなっているのかなど、彼らの関心のある問題について要求が増加してくる。そこで、学校運営における学校の自主性、自立性の確保がむしろ問われるようになる。校内で生徒に管理主義を徹底させてまでも、学校の安全性、学力維持、さらには上昇を、評議員たちに説明しなければならない。そこで、学校は彼らの期待に対応しながらも、生徒と教師間の関係性を保ちながら、学校の独立性を維持する戦略が必要となる。

次に、③の場合、校長のリーダーシップが強化されたことは、学校の生き残りの戦略を実行することに効果をもたらしやすくなる。これまで学校は新しい知識、情報を提供することによる生徒への文化的優位性、権威を有してきた。しかし、90年代に入り、IT産業の発展によって、生徒が学校以外から自由に情報を取り入れ、これまでの秩序が揺らぐようになってきた。場合によっては、生徒が教師よりも先に、新たな知識、情報を手に入れ、その伝達者としての教師の役割、権威が弱く見られることになる。学校共同体のなかで秩序体系が解体され、その再編が要請されるようになった。ここで、校長が予算編成・執行や人事についての権限を強化、拡大することによって、新たな秩序システム、権限配分を生み出すことができる。それは、校長が他の教師たちと協調、葛藤しながら、特色ある固有の学校ブランドを実現し、学校存立の危機を乗り越える転換装置になれるのである。

(2) サバイバル・ストラテジーと部活動の文化

では、調査対象高校が社会変動のなか、どのようなサバイバル・ストラテジーを駆使しているのかをみる。そして、それが生徒たちの部活動の文化のなかでどのように現れているのか、すなわち、スポーツ強豪校でありながら、部の文化は学校によってどのように差異化されているのかを分析することにする。

では、具体的に学校のストラテジーについてみることにする。ここでいうストラテジーとはブルデューの概念を使用するものである。彼は、戦略を「理性的計算、もしくは「倫理的にして、感情的な」

モチベーションによって導かれる意識的、個人的選択」（Bourdieu 1987＝1988：101）としてとらえるのではなく、新たに「ハビトゥス戦略」の概念を呈示した。ハビトゥスとは、個人が社会生活のなかで他者に対処する経験を通して、身体化し習慣化された実践感覚、表象の生成原理、その性向の体系である。そのため、個人には感性をもつ心身の対処法として意識的・無意識的に実践を導くことになる。また、ハビトゥス戦略とは、このハビトゥスによる、「ゲームのセンスのような実践感覚、歴史的に定義される個別的な社会的ゲームの実践感覚で、子どもの頃より社会的活動に参加することによって獲得」（Bourdieu 1987＝1988：102）された戦略なのである。したがって、個人が状況に対して意識的に企てた戦略ではなく、その状況に即発的、自発的に駆使される戦略なのである。それゆえに、次の三つの特徴がある。この戦略は第一に、戦略の使い手にとっては、最も自然であたりまえのものである。第二に、状況への自由自在な無限の手というべき実践を次々と創案する。第三に、この戦略は半ば無意識的に駆使するのだが、客観的にみると、最も目的にかなう合理的な戦略になるのである（黄1998：66f）。

では、調査対象の各学校で、学校の校長、教頭などの管理職、および、部活動の顧問の教師はどのようにしてハビトゥス戦略を駆使するようになるのか。彼らは自分史のなかに高校時代の学校生活の経験をもち、なお、教師として転勤などを通して他の学校についても経験を蓄積している。さらに、社会変動、地域の教育行政の指導から、勤務校を取り巻く学校の外の状況も熟知している。そのうえ、学校と直接関係をもつ父母会、同窓会、地域住民の期待や批判、ひいては、学校内で生徒および他の教師との協調や葛藤に対処する長い経験のなか、自らの対応の仕方、そのコツを身体のなかに刻み込

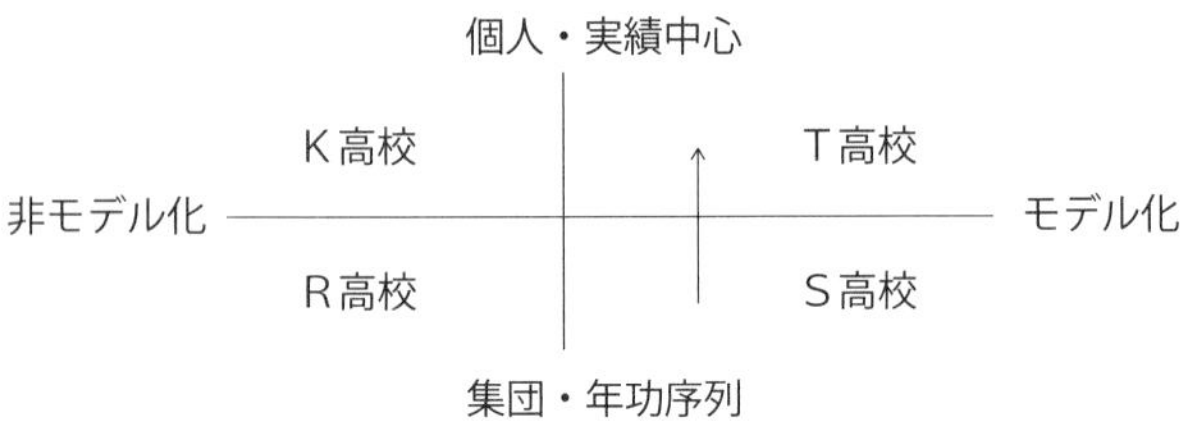

図8-1　対象校のサバイバル・ストラテジーの類型化

んでいる。そこで、彼らは学校で期待される役割を遂行しながら、学校という現場を生き抜くため、さらに、勤務校の生き残り、発展のために、身体のなかでなかば無意識的にハビトゥス戦略を創り出すようになる。彼らはまるでゲームのセンスのように、知と直感からハビトゥスの戦略を駆使した後、学校システムの正統性のなかで、自らの戦略の妥当性、信頼性を打診してみる。そして、戦略の転換を図ったり、あるいは学校のシステムそのものを再編したりするように試みる。彼らは生き残りの戦略が学校のなかで正統性を獲得することになると、それに見合う無数の手、路線を派生させて、学外の関係者、行政機関に対応する。彼らは学校の危機を乗り越えるためにこの生き残りのハビトゥス戦略で突き進むのである。

では、具体的に調査対象校のそれぞれの生き残り戦略、部活動の文化の特徴をみることにする。

図8-1は、対象校の生き残りのハビトゥス戦略を類型化したものである。この図でわかるように、横軸は学校のなかで部活動を特別に扱い、部の業績および部員たちの行動様式、身だしなみ、学校行事への取り組みなど、彼らを一般生徒のモデルに特化するかどうかの軸である。また縦軸は、生徒の学校生活および部活動でのレギュラーの選抜が、個人および個人の実績を重視するか、集団および年功序列を重視するかの軸である。各学校を

この両方の軸からなる空間に示すと図でみる結果になった。次に各学校の戦略を分析することにする。

① 専門化・実績型：T高校のサバイバル・ストラテジー

私立のT高校は、1959年に当校の前身である商業高校が創立され、69年に現在の名称に改称された。「スポーツ実績で旋風を巻き起こしている、大学合格実績でも大躍進」「「個性ある進学校」としてさらに大きく躍進を続けています」（水戸短期大学付属高等学校 2002）と述べられた学校案内からも特徴がうかがえる。野球部、サッカー部の顧問、教頭への面接からもその戦略の基本にあるのが、個人、個性中心である。そして、レギュラーの選定において、その基準が学年ではなく生徒個人の競技能力、実績であることを徹底している。生徒たちもこれを熟知している。また学校の知名度、社会的威信を巡る戦略は、まず、全国大会でのサッカー部、野球部の活躍を通して知名度を一層高め、入学志願者のレベルを上げていく。

さらに、学校で受験準備に懸命に取り組み、習熟度別クラスを編成し、受験対策を徹底する。その成果が現れて、2001年の大学進学者には、国・公立大学への進学率が前年度の5・8％から11・5％へ激増することになった。2001年度卒業者の進路は、進学80・0％、就職10・0％、浪人・その他10・0％にいたっている（共立通信編 2002：121）。

また学校の管理職は、生徒たちの生活態度にも細かく規則を作り、それをきちんと守ることで、学校の規範化された文化を学ばせる。そこで、野球部、サッカー部は学校内で重要な位置を占めており、部員はスポーツ推薦による生徒がほとんどであり、中心になる。また、部員たちの学校生活への姿勢、態度、競技実績は、他の生徒たちのモデルとなるべく注目されることになる。野球部とサッカー部では、先輩のなかにはプロの世界で活動している人もいる。また、サッカー部の監督の教師は元Ｊリーグの選手であり、生徒たちにもプロ選手の話をする場合が多い。部員たちのなかには卒業の後プロの世界で活動したいと思い、競技技術の向上を強く願う傾向がある。このような、生徒各自が勉強の方面か、スポーツの方面かのどちらかに重点をおいて学校生活を送るのである。学校の狙うハビトゥス戦略はこの数年間、大変な成功を遂げてきた。

②連携・自由型：K高校のサバイバル・ストラテジー

県立のK高校は１９１０年に農業学校として創設された。１９９１年から学校は普通科だけを設置するようになり、普通コース、情報・実務コースに分かれている。生徒たちの進路をみると、２００１年度の卒業生の進路は進学71・０％、就職20・０％、浪人・その他９・０％となっている（共立通信編 2002：53）。K校の校訓を「自治、勤勉、快活」として、生徒の自主自律の実践をはかり、勤勉の気風を育成し、快活な生活態度を樹立することが学校の方針である。

K校のサバイバル戦略は、学校の特色を生かすことである。特色ある学校づくりの方向は進学指導の強化、就職指導の強化、部活動の充実、ボランティア活動の重視である。そのなかでも、特に学校戦略の最も重要な部分は地域的特性を活かした学校づくりである。すなわち、地域との連携を深めることなのである。学校の位置するK市はＪリーグのアントラーズがあり、全国高校総体（インターハイ）のサッカー部門開催、２００２年ワールドカップ・サッカーの開催都市でもあり、プロサッカーの根付く地域として知名度が高く、活性化している。そこで学校も地域住民の期待に応える、地域の子どもを受け入れ教育する、ということを、地域に強くアピールする戦略である。

また、学校のサッカー部もアントラーズのユースチームの選手たちといいライバル関係を維持しながら、交流を深めている。学校のサッカー部員のなかには、アントラーズユースのジュニアチームの出身者もいる。学校はアントラーズユースのある地域で、チームと競争、協力の関係をもちながら交流をしている。たとえば、２０００年11月の創立90周年の記念式典ではアントラーズの鈴木昌さんを招待し、「地域社会とアントラーズ」という題目で生徒たちに講演をしたのも、地域社会に根ざした学校戦略の一環であることがわかる（茨城県立鹿島高等学校生徒会編 2001：8）。

したがって、近年、地域型サッカーチームであるアントラーズが、優勝の実績もあげ社会的に知名度が上昇することで、K高校のサッカー部もその知名度において相乗効果を受けているといえる。このように学校の地域への開放の戦略は、学校の知名度を上昇させ、学業成績の高い志願者を呼ぶ付随効果をもたらし、「学校ブランド」の質とイメージを向上させる結果を招くことになった。

学校はサッカー部員の推薦入試制度を通して競技能力の高い生徒を募集し、強いチームを育成する。また、将来プロのサッカー選手を目指し競技技術を向上させるアントラーズのユースチームと差異化を図り、学校教育というコンセプトを前面に出す。そこで監督および顧問は、意識的・無意識的に、学校の部活動として部員たちの人間性の育成に重点を置くことになる。学校は推薦制による強い部活でありながらも、部活動をモデルとして特別視することはしない。サッカー部以外にも陸上部、バスケット部、ラクビー部など部活動が活発で、県大会、関東地区大会でよい成績を収めている。そして、どの部も特別視することなく、学校生活の一環として楽しませるのである。

サッカー部の場合、強豪校であり、推薦入試によって入学する生徒が多いため、彼らの競技技術は非常に高い。しかしながら、生徒たちは卒業後プロの世界を目指す傾向が少ない。監督の教師は部員たちに学校の行事にも積極的に参加すること、部員たちのつながりを大事にすることなどを教え込む。彼らは部活動の人間関係を大切にし、競技種目として部活動を楽しむことに重点をおいて生活する。

③継承・伝統型：R高校のサバイバル・ストラテジー

県立のR高校は1900年に旧制中学校H高校の分校として設立され、1902年に現在の名称の旧制中学校として独立した。戦後改革により1949年に現在の名称の高等学校に改称し、普通科が設置されている。大学進学志望はほぼ100％であるが、高校3年を卒業し現役で進学するのが75％程度、後は1～2年浪人をして進学を目指すのである。卒業生は2万人におよび、彼らは政・財・官をはじめとするあらゆる分野で活躍している。「誠実、剛健、高潔、協和」の校訓と文武両道の伝統をもっている（茨城県立龍ヶ崎第一高等学校創立百周年記念誌編集委員会編 2001：2-5）。

学校のサバイバル戦略は、第一に長い歴史と伝統をもつ学校文化の特色を強調、強化することである。R校では文武両道の精神が受け継がれているため、生徒一人ひとりが勉強と部活動の両方で積極的に活動することを当然とする文化がある。そして、生徒の70％が部活動に参加している。野球部は春夏通算10回の甲子園出場をなしている。しかしながら、その野球部も他の部活動と同様であり、モデルとして特別視することはない。

また、生徒たちは学校行事や部活動に参加するなど学校生活の過ごし方において、自主・自律性が重んじられる。そのため、教師も生徒に任せ、一定の距離をおきながら見守るようにしている。生徒たちの間では先輩・後輩の関係、学年の序列が重視される。部活動のなかでも、教師に細部にわたり指導を受けるよりも、生徒たちの自主性に任されるため上級生の役割が強調されるし、また責任も強化される。そして、先輩・後輩関係は厳しくなる。また、個人主義よりも、自らが属する部活動、クラスなどの集団のために自分を抑制する「日本的集団主義」（黄 2000：147–192）が存在している。

学校の方針は、野球部の場合、競技技術の高い選手を多く推薦入学させることはしない。一般入試で入学してきた生徒のなかから部員たちが集まり、練習を重ねて強いチームとなっていくのである。彼らは強豪校として名声を自分たちの学年で損なわないように、プレッシャーを強く感じながら、厳しい上下関係のなか、部員として活動する術、コツを身体化する。

２０００年1月、第10回目の甲子園出場が当確するまでの過程が次のように述べられている。甲子園は「入部した時からの最大の目標であり、憧れの場所でした。この夢をつかむためには数々の困難もありましたが、部員全員で乗り越えました。甲子園に出場して初めて周囲から評価されるという目に見えないプレッシャーを感じながら二年生の夏に新チームが結成されました。傑出した選手もなく練習試合を行ってもほとんど勝てず、とても辛い日々が続きました。このような状態でありながらも毎日練習後のミーティングは行い、そこでできた最大のテーマは「チームが一つにまとまること」でした。これを克服すれば「勝てる」と確信しながら、毎日朝から晩まで厳しい練習にも、部員全員で励まし合いながら乗り越えてきました」（茨城県立龍ヶ崎第一高等学校「白幡」編集委員会編 2000：65）。

これらの文章から、生徒たちは学校のサバイバル戦略を受け入れ、その状況のなかで自分たちの部活動の文化を維持していることがわかる。

④ 改革・モデル型：S高校のサバイバル・ストラテジー

県立のS高校は１９０２年商業学校として創立し、１９４８年に現在の名称に改称した。商業を専門に教育してきた伝統校として、商業科、情報処理科、国際経済科を設置、面倒みの良さで定評がある（大森 2001：252）。教訓は「至誠　一生を貫き、勤勉　事に当り、敬愛　物に接し、剛毅　百難を排し、協同　其美を済す」（茨城県立水戸商業高等学校創立八十周年記念事業実行委員会記念誌編集委員会編 1982：11）である。まごころを持って当たる姿勢を生涯に貫き、剛毅で困難を克服して生きると必ずや助けてくれる人もでてきて道は拓ける、というたくましい商業人の養成を求めてきた。２００１年度卒業者の進路は、進学48・０％、就職48・０％、浪人・その他４・０％である（共立通信編 2002：30）。

また、生徒一人ひとりが授業と部活動の両方に積極的に取り組む文武両道の精神が学校文化のなかに継承され、１年生の部活動の加入率が80％、３年生まで活動を継続する生徒が70％に至っている。社会変動のなか商業高校の存立の危機はS高校にのみならず、全国に及んでいる。それには次の二つの理由がある。第一に、中学生の高校志願において、商業科などの職業科よりも普通科の学校を志望する意識が根強い。大学進学率が向上する傾向のなか、この現象はますます強くなる。そのため、急速な少子化社会で普通科の高校に志願者をとられ、志願率が急減する危機にさらされている。

実際、茨城県の国立、公立、私立中学校の合計の生徒数は、1999年の約11万名から2000年の約10万6千名へと減少し、02年には約9万8千名、03年には約9万4千名、04年には約9万2千名へと、減少の傾向を辿り続けている（茨城県教育委員会 2004a）。また、高等学校の教員の数も1999年には5494名であったが、毎年減少し、2004年には5117名である（茨城県教育委員会 2004b）。高校の入学志願者の数も減ることになる。学校の管理職は生徒確保の危機を強く意識させられる。S高校の校長は面接調査で、県内の111高校のなか、数年の間に7、8校が統合、あるいは、廃校することが予想されていると述べる。そして、商業高校の管理職者たちは、その存立において切実な思いをしているとする。

第二に、文部科学省の総合学科設置、推進が結果として商業高校の存立の危機をもたらしている。2003年から茨城県五つの学区のなか、各学区で1校を総合学科にするように指針がくだされている。総合学科の高校は、普通科だけでなく、商、工、農業などの職業学科を併置することになる。既存の商業学校などの職業専門の学校はノウハウが蓄積され、それに、普通科を追加設置すれば、総合学科に転換が可能である。そのため、これらの学校の管理職は、総合学科の高校として自らの学校が狙われていると意識する。「この学校はこの学校でなくなるんですよ」とS高校の校長は危機意識を強めている。学校転換によって商業学校の特性、伝統がなくなり、文化が変容する。学校の名称と建築は変わらなくとも、文化が変わることで、真の意味でのその学校ではなくなる。この意味においても学校の存立は危うい状態に陥るのである。

そこで、S高校はサバイバル・ストラテジーを企てる。第一の戦略は、マーケティングの発想を学校運営に導入し、実践することである。校長はリーダーシップを強化し、この戦略を積極的に実行した。高校を企業に、中学校をディーラー、中学生および保護者を潜在的顧客とみなした。すなわち、S高校は中学校に対して取扱店援助を緊密に行い、さらに潜在的顧客に対して、学校の特色やメリットについて学校説明会などを通し、広告をする。また、地域社会の住民、同窓会などの集まりなどでも学校の広告をする。そして、学校への志願率を増大させるのである。

第二に、学校の生徒や保護者を顧客とみなしたうえで、顧客満足のために、学校の「活性化サイクル」を重視する。生徒たちに学校を面白く、楽しく、かつ有益な場として考えさせる。そのために部活動で専門の知識、競技技術だけでなく、人間関係、挨拶、礼儀などのしつけを徹底して教え込む。特に、野球部やサッカー部など、競技実績の高い部員たちは他の生徒の模範になるように仕込まれる。「野球人たる前に生徒たれ」、「サッカーを取り除けばなにも無いような部員にはなるな」と野球部のH・M監督、サッカー部のO・H監督は部員たちの人格形成に熱心に取り組む。そのため、部活動には細部にわたる多くの規則、暗黙の決まりごとが存在し、上級生によってそれらを下級生に厳しく守らせる。また、学校側が彼らを一般生徒の模範にするためには、学業成績をも上げることを要求する。「放課後だけ、監督の先生だけに、いい生徒になることはさせない。しっかり勉強もして、スポーツもさせる。それでもって一般の生徒の模範にする」とO・M校長は強調する。そして、この戦略は他の教師たちとの連携で成功を収めた。

第三に、部活動内で集団・年功序列志向の文化から個人・実績志向の文化へと変容を生起させた。伝統校として過去から規範化されていた集団主義、学年による年功序列の文化が部活動のなかでも強く残っていた。たとえば、野球部でも1年生のときには、試合に出られないのはもちろんのこと、学校での練習でも野球をすることが許されず、ボール拾い、グラウンド整備、道具の整理しかできない。2年、3年になれば、野球の練習ができ、試合にも出られる。野球部H・M監督が1989年に赴任して、この文化を変容させようとした。しかし上級生たちの強い抵抗が引き起こった。時間をかけ彼らと相互行為を行うなか、文化を変容させることに成功した。

その変容とは、野球部全員が好きなだけ野球を楽しむ、試合には学年に関係なく個人の実力によって出場することであった。彼はこれを「全員野球」と名付け、それを実行した。92年の第64回選抜高校野球大会へ出場できたのは、この新しい文化の結果だったと監督は述べている。学校の野球部史上、32年間の空白を破って甲子園に出場したとき、「全員野球を旗印にしてきた」選手たちの「野球に対する純真で、ひたむきな気持ち、また絶えざる向上心、意欲を持ち続けたからに他ならない」と全員野球の勝利を宣言した。その後も全国大会での実績を残すことにより、この新しい文化は学校の内部だけでなく、部活動のOBたちにまでも承認されるようになった。

しかしながら、伝統校の文化のなかで集団主義・年功序列の文化は完全に無くすことはできない。実績を強化しようとするとレギュラーを取りチームを成功に導く個人が強調される。しかし、部員たちの人格形成のために、また部活動中退を防ぐためには、この集団主義・年功序列の強調が必要になる場合もある。伝統校という長い歴史のなかで蓄積されてきた、集団主義・年功序列の意識は簡単には無くならないし、無意識にそれを利用することもある。すなわち、部の文化は個人主義・実績主義に変容したものの、依然として集団主義・年功序列が残存し、それらが混在するなか秩序が保たれる状態である。それは非レギュラー、準レギュラー、マネジャーなどにも部活動で満足感を味わわせる「全員野球」を支える基盤となっている。また、サッカー部においても同様の戦略が生かされている。このような独特な部活動の文化がこの学校に規範化されて、学校の活性化に寄与している。

4　スポーツ強豪校部活動で身体化するブランドの差異化

それぞれのスポーツ強豪校の部員たちは、学校のサバイバル・ストラテジー、歴史、伝統、また、部の規範化された文化のなかで、他の部員たちと相互に作用しながら、対人関係の処し方、信頼の形成、社会的資本のコツを身体化していく。さらに、彼らは部活動ＯＢとの関わり方、ＯＢへの信頼、ＯＢになることへの予期的社会化をも身体化するのである。このように社会的関係のあり方をみるために、彼ら自身が自らの部活動についてどのような意味付与を行っているのかをみることにする。というのは、マクロには学校のハビトゥス戦略、ミドルには部の戦略・文化、ミクロには部員たちの相互作用が複雑に絡み合い、彼らの社会的関係資本の形成に影響を及ぼすからである。

(1) 部活動への意味付与と潜在的社会的資本

部員たちは自らの部活動をどのような場所であるべきかと規定しているのだろうか。「あなたにとって部活動とはどのような場所であるべきだと思いますか」への複数回答の結果からみると（表8-14）、

表8-14　部活動という場の規定（%）

	人間関係拡大	集中力・忍耐力向上	技術向上・趣味深化	結果を残す	レギュラー獲得	新しいことを学ぶ	一体感を作る	体力を向上させる	実績（就職・進学）	思い出作り	自分の存在を認めてくれる	その他	合計
S高校	17.4	39.9	6.1	7.1	5.1	9.2	7.1	1.0	0.0	6.1	1.0	0.0	100
T高校	2.9	27.5	15.7	22.5	12.7	10.8	1.0	2.9	1.0	1.0	0.0	2.0	100
K高校	24.0	16.0	12.0	16.0	4.0	12.0	2.0	2.0	6.0	2.0	0.0	4.0	100
R高校	16.6	11.0	27.8	22.2	5.6	5.6	0.0	0.0	0.0	5.6	0.0	5.6	100
合計	13.0	28.6	12.3	15.7	7.8	10.1	3.4	1.9	1.5	3.4	0.4	1.9	100

全体では、集中力・忍耐力を身につける場とみなす生徒の比率が最も高く、次に結果を残す場、人間関係が広がる場の順になっている。各学校別にみると次の通りである。

S高校は**表8-14**でわかるように、部活動の場の定義は高校別に異なっている。S高校は集中力・忍耐力の次に人間関係の拡大をあげている。T高校は集中力・忍耐力の次に結果を残す場であると規定している。また、K高校は人間関係の拡大の場であるとみなす傾向が最も高い。R高校は技術的向上・趣味を深める場であるとする傾向が高く、次に結果を残す場であるとみなしている。

では、部活動という場のあるべき姿についてそれぞれ異なる定義づけを行っている彼らが、実際なにを重視しながら部活動を行っているのかをみることにする。「あなたは、部活動をやっていく上で何を大切にしていますか」の質問に対する回答の結果は次の**表8-15**である。

全体ではレギュラーを獲得し、部を勝利に導くことを重視する比率が最も高く、次に部の秩序と人間関係を維持することの順になっている。高校別には、次のような差異が現れてくる。R高校とT高校で「レギュラー・勝利」の傾向がそれぞれ73・7％、73・3％で非常に強い。S高校は「レギュラー・勝利」が47・4％で、「秩序と人間関係の維持」が

表8-15　部活動で大切にしていること（%）

	レギュラー・勝利	試合運営のサポータ	他構成員のサポータ	秩序／人間関係維持	練習環境の整備	その他	合　計
S高校	47.4	3.1	9.3	30.9	5.2	4.1	100
T高校	73.3	1.0	2.0	7.9	5.0	10.8	100
K高校	62.0	4.0	2.0	12.0	6.0	14.0	100
R高校	73.7	0.0	10.5	5.3	5.3	5.2	100
合計	61.8	2.2	5.2	16.9	5.2	8.7	100

30・9％になっている。特に、秩序と人間関係の維持を大切にする比率は、S高校が他の学校より最も高く、次にK高校が高いのである。このような各学校での部員たちの生活は、部活動の場に対する彼らの定義に適合したものであることがわかる。

では、部活動で「レギュラー・勝利」をより大事にするT高校とR高校について、さらに具体的に分析をしてみる。比率の高さにおいては両校にほとんど差異がみられない。しかし、その意味内容は異なるのである。すなわち、T高校の部活動には、スポーツ推薦で競技技術が高い生徒が進学してきて、学校のなかでも普通科の「進学S（sports and skill）コース」、または、商業科に属している生徒が多い。そして、文武両道のプレッシャーも感じないまま部活動に専念できるのである。彼らは高校で競技能力をさらに高め、卒業後にはプロの選手、あるいは、スポーツ推薦による大学の選手になって競技生活を続けたいと考えている傾向が強い。そのため、彼らは高校で技術を磨き、レギュラーを獲得し、チームを勝利に導く結果を残すことが大事だと考えるのである。高校での競技能力の向上と実績は、彼らの将来の競技生活の延長線上にあり、競技人生の一過程なのである。

そして、監督である教師も、彼らの競技技術を向上させようと懸命に努力する。目標に向かって努力すること、勝利することの喜びと充実感を生徒たちの身体にたたき込む。さらに、選手個々人に競技の練習と大会の経験を通して、チームのなかでの人間関係、信頼関係の形成の仕方を教え込む。

一方、R高校の部員たちは、スポーツの推薦で入学してきたのでなく、学校のなかでも模範生として扱われることもない。勉強と部活動の文武両道が当然視されている文化のなか、過去から強いチームであった伝統を継承するため、自ら必死に努力して強いチームをつくらなければならない。そして、実績をあげることのプレッシャーを強く感じている。

さらに、彼らは部活動に多くの時間を取られ、勉強が疎かになりやすいため、文武両道を実践できず、苛立ちを感じる場合がある。そこで、部員たちは次の二つの適応パターンを示すことになる。第一に、必死に勉強して文武両道を実践していく。このタイプの生徒の比率は少ない。第二に、勉強は疎かになっても、部活動に打ち込み、レギュラーになって部の勝利を支え、実績を残す。そして、部活動を引退する3年生の夏から、すべてのエネルギーを注いで大学入学のための受験勉強に打ち込む。その結果、現役で進学するか、または、浪人をして進学するかということになる。このパターンの生徒の比率が高い。

彼らは伝統ある部の構成員としてのアイデンティティ、そして自らの存在証明をかけて、チームの勝利を目指すのである。そして、彼らは高校を卒業した後は、趣味程度の同好会やサークルで活動したいと考えている傾向が強い。そのため、高校での部活動は自らの趣味、特技である競技の技術を深め、チームの勝利という実績を残すことで、伝統を継承した自負と充実感を味わうことに意味がある。

表8-16　部活動を行うことで自分にプラスになったと思うこと（%）

	技術向上・趣味深化	人間関係拡大	周囲からの注目	進学・就職に有利	時間の有効活用	高校時代の思い出作り	賞の獲得と記録の更新	精神や身体の鍛錬	何かに一生懸命になれること	その他	合計
S高校	12.0	33.0	3.0	5.0	4.0	5.0	1.0	22.0	14.0	1.0	100
T高校	12.7	12.7	3.9	5.9	1.0	5.9	0.0	41.2	16.7	0.0	100
K高校	12.0	22.0	2.0	4.0	0.0	10.0	2.0	32.0	14.0	2.0	100
R高校	15.7	21.1	5.3	5.3	0.0	21.1	0.0	21.1	10.4	0.0	100
合計	12.5	22.5	3.3	5.2	1.8	7.4	0.7	31.0	14.8	0.8	100

将来に厳しい競技生活はないと考えるため、高校の部活動は学校生活で勉強以外に燃え尽きる唯一の対象であり、競技生活の最高の思い出作りなのである。

このように、T高校とR高校は統計的には差異がみられないものの、その意味内容においては大きな差異が存在することが了解される。

では、次にそれぞれの学校の部員達が、部活動を通して体得したハビトゥスのなかで、自分にプラスになったと意識し、取り上げる特徴について分析してみる。全体としては、精神や身体を鍛錬したことを取り上げる比率が最も高く、次に、人間関係の拡大、技術的向上と趣味の深まりといった順になっている。そして、学校別の差異については**表8-16**の通りである。

表8-16から、S高校では人間関係の拡大が最も高くなっており、次に精神や身体の鍛錬が高い。それに対して、T高校では精神や身体の鍛錬が突出して高くなっている。また、K高校でも精神や身体の鍛錬が最も高く、次に、人間関係の拡大が高くなっている。これに比較して、R高校では高校時代の思い出作りが最も高いのが他の学校と異なる。また、精神や身体の鍛錬と人間関係の拡大の比率も

等しく最も高い。このように、各学校でそれぞれ異なる特徴を示している。この結果は、それぞれの学校の部活動の特徴、およびその文化をよく物語っている。

このように部員たちが自らの学校の部活動にたいする定義づけ、意味付与を行い、それぞれ、学校の部活動の独自の文化を共有していることがわかる。さらに、この文化のなかでの精神や身体の鍛錬、人間関係の拡大、競技技術の向上など、彼らの身体に刻みこまれた特性は、それが資本として使用する場と機会が与えられたときには、大いに活用できるのである。その意味で、これらの文化特性を身体化している彼らは、潜在的社会資本を有しているといえるのである。

(2) 社会的資本活用への予期的社会化

では、それぞれの学校の部員たちが部活動を通して身体化しているハビトゥスを進学や就職の際に社会的資本として役に立つと考えているのか、そうであれば、どのようなハビトゥス特性のためだと考えているかについて分析する。次の**表8-17**にその結果が示されている。

表8-17でわかるように、全体に89・2%の部員たち、すなわち、全体で9割近くの生徒たちが、将来、進学や就職の際に役に立つだろうと予測している。それは、彼らが部活動のなかで、上級生たちの進学、就職の際の経験を目の当たりにしたり、監督、顧問の教師、さらに、OBたちから実例について話を聞いたりする過程を通して学習するのである。自分たちも将来そのような機会、場が設けられた時には、役に立つであろうと、社会的資本の活用について予期的社会化をなすのである。

それを各学校別にみると、「とても役立つ」「まあまあ役立つ」をあわせるとS高校が94・3%で最

表8-17　部活動が進学、就職の際に役に立つと思う（%）

	とても役立つ	まあまあ役立つ	あまり役立たない	全く役立たない	合　計
S 高校	67.0	27.3	5.7	0.0	100
T 高校	63.2	24.2	11.6	1.0	100
K 高校	47.9	41.7	10.4	0.0	100
R 高校	36.8	36.8	15.8	10.6	100
合計	59.6	29.6	9.6	1.2	100

表8-18　部活動での社会的資本（身体的資本）が進学や就職の際に役に立つ（%）

	とても役立つ	まあまあ役立つ	あまり役立たない	全く役立たない	合　計
人間関係のコツ	55.2	39.6	3.9	1.3	100
競技技術・能力	49.6	37.4	9.1	3.9	100
礼儀作法	81.3	15.2	2.6	0.9	100
集団へのとけ込み	60.0	34.8	4.3	0.9	100

も高く、次にK高校が89・6%の順になっている。それに対して、R高校は73・6%と全体で最も低い。S高校とK高校では部活動において人間関係を大切にして生活をすると回答した比率が高いことと類似した傾向を示している。

では、彼らは部活動で身体化した社会的資本のなかでも、どのようなハビトゥスが資本として有用であると考えているかについて分析する。**表8-18**でわかるように、「とても役立つ」をみると、礼儀作法が81・3%で最も高く、集団へのとけ込みが60・0%、人間関係のコツが55・2%、競技技術・能力49・6%の順になっている。部活動を行っている生徒たちは、身体化した礼儀作法が、将来人間関係を広め、社会的資本を形成するうえで、最も役に立つと考えていることがわかる。そして、彼らは集団のなかで秩序、規範を身につけ、それを守り、取り乱すことなく、他の構成員と仲良くなることが、社会的資本を蓄積していく

表8-19　礼儀作法を身体化していることが役立つ（%）

	とても役立つ	まあまあ役立つ	あまり役立たない	全く役立たない	合　計
S高校	89.4	10.6	0.0	0.0	100
T高校	89.9	6.7	1.1	2.3	100
K高校	42.9	47.6	9.5	0.0	100
R高校	92.9	0.0	7.1	0.0	100
合計	81.3	15.2	2.6	0.9	100

うえで役に立つと考えている。

また、「とても役立つ」と、「まあまあ役立つ」を合わせると、礼儀作法が96・5％でもっとも高く、集団へのとけ込みと人間関係のコツが94・8％と同じであり、競技技術・能力が87・0％の順になっている。このように見ていくと、生徒たちは、社会的資本の蓄積において、競技技術・能力の要素が、礼儀作法、および他の人間関係の処し方の要素よりも、役に立つと思う比率が低いことが了解される。

次に、社会的資本の身体化されたハビトゥスごとにみることにする。まず、礼儀作法について各学校別の差異を分析していく。**表8-19**はその結果を表している。

この表でわかるように、全体の96・5％の部員たちが将来進学や就職の際に役立つと考えている。学校別にみると、「とても役立つ」「まあまあ役立つ」をあわせると、S高校では100％、T高校で96・6％、R高校92・9％の順である。S高校で最も高いものの、いずれの学校においても、部員たちは部活動で先輩・後輩関係、監督との関係などを通して身につけた礼儀・作法は彼らの資本として大きく活用できると考えていることがよくわかる。

では、部活動で他者との相互行為に対処することで身体化してきた対人

表8-20　人間関係をうまくこなせるコツを身体化していることが役立つ（%）

	とても役立つ	まあまあ役立つ	あまり役立たない	全く役立たない	合　計
S 高校	62.4	36.5	1.1	0.0	100
T 高校	56.2	34.8	6.7	2.3	100
K 高校	31.0	61.9	4.7	2.4	100
R 高校	78.6	21.4	0.0	0.0	100
合計	55.2	39.6	3.9	1.3	100

関係の処し方が将来社会的資本として活用できるとみなしているかについて分析する。

表8-20に示されているように、全体の94・8％の部員たちが役に立つと考えている。各学校別にみると、とても役立つと考えている部員はR高校で78・6％と最も高く、次にS高校で62・4％の順になっている。また、「とても役立つ」「まあまあ役立つ」を合わせても、R高校で100％、S高校で98・9％の順になっている。しかし、比率の最も低いT高校においても91・0％を示している。すなわち、9割以上の生徒たちが部活動で獲得した対人関係のハビトゥスが、進学や就職の際に役に立つとみなしている。これは部活動を行うことが人間関係の対処の仕方を学習させ、その身体化したハビトゥスが現在の部活動だけでなく、将来にわたって社会的資本として活用できると彼ら自身が確信していることを明らかにするものである。

次に、部員たちが集団のなかにうまくとけ込めるコツを身体化していることについて分析してみる。次の**表8-21**の結果をみてほしい。

この表でわかるように、全体の94・8％の部員たちが集団へのとけ込みやすさが社会的資本の活用に役立つと考えている。学校別に「とても役立つ」「まあまあ役立つ」を合わせてみると、S高校で98・8％、T高校で

表8-21　集団のなかにうまくとけ込めるコツを身体化していることが役立つ（%）

	とても役立つ	まあまあ役立つ	あまり役立たない	全く役立たない	合　計
S 高校	68.2	30.6	1.2	0.0	100
T 高校	62.9	30.3	4.5	2.3	100
K 高校	38.1	54.8	7.1	0.0	100
R 高校	57.1	28.6	14.3	0.0	100
合計	60.0	34.8	4.3	0.9	100

93・2%、K高校で92・9%の順になっている。彼らは高い実績をあげる強い部で活動を続けるためには、集団の内部にうまく適応しなければならない。彼らはこの集団生活のなかで自らの身体のハビトゥスを変容させられるのである。さらに、彼らは新たに構築したハビトゥスで集団生活に適切に対応できることを確認することになる。このようにして身体化している集団への対処ハビトゥスは、将来、社会的資本として活用できると彼らは考えているのである。

以上、部員たちは学校の部活動を通して、他者との相互行為において、礼儀・作法、個々人に対処するコツ、また、集団の一員として適応するコツを学習し、身体化することがわかる。さらに、彼らの9割がこれを在学中だけでなく、将来の進学や就職の際にも、社会的資本として活用できると考えていることが了解される。学校による差異をみると、社会的資本として活用できるとみなしている部員は、S高校とK高校で高い。しかし、S高校の部員たちは、具体的に礼儀・作法をはじめ、個人的、集団的な処し方のコツが実際に有用に活用できると考えている。一方、K高校では、社会的資本の活用において、どのような要素がいかに役立つかの将来の具体像がはっきりしていない。なぜこのような差異が生じるのか。

そこでは部員たちが将来の具体的な活用を学習し予期的社会化を行う過

程に、第一に部活動において監督、上級生などによる教育、第二に、OBとの関わりの経験を通して学ぶことが重要である。では、第一に部活動内での監督との関係をみることにする。

一例をあげると、S高校で野球部とサッカー部の監督が生徒たちに、「社会に出たら、補欠で3年間部活動をやってきました、と堂々と胸を張って言いなさい」、「補欠で続けたことは大事なことであり、社会に出たら役に立つ」と教え込むと校長は述べる。上級生たちも同様のことを述べる。それは、たとえレギュラーとして試合に出たことがなく、ベンチにも入れず、3年間部活動をやり続けることにこそ大きな意味があるという。好きな競技をやり続けたこと、部のなかでヨコとタテの人間関係を学び、部活の集団を「支えてきた」という意味で重要なのである。そして、それは胸を張って言えるほどの大事なことであり、社会に出たら他者に自分を認めさせ、付き合いに役立つと救え込むのである。この例は生徒に部活動のなかで社会的資本になる身体の要素を体得させ、さらに資本として活用できることを学習させ、それに付加価値をつけて予期させるということを物語っている。

第二に、部員たちがOBとの関わりを通して予期的社会化を行うことである。OBたちが学校に来て、部員たちの技術指導を行ったり、部員たちと一緒に練習に参加し競技レベルを高めたり、彼らの悩みの相談に乗ったりする。また、遠征や試合などで経済的な援助をしたりする。このように部員たちは彼らと関わる過程を通して、自ら身体化しているハビトゥスが将来社会的資本として活用できることについて学び、社会化していく。S高校の場合、OBたちはよく学校に来て部員たちを指導したり、練習にも参加したり、さらに年老いて練習だけをみに来たりする。そのため、部活動の練習の時には、年老いたOBたちのために常に椅子が用意されている。筆者が練習状況を直接調査したときにも、部活のOBではないが、S高校の60代の卒業生が練習を見に来ていた。常連の人々が何人かいるという。彼らは市内に居住し何年も選手たちの練習を見守り、技術や人間の成長を喜ぶという。生徒たちもまた自分たちへのまなざしを意識するようになる。

S高校の面接調査で部活動のPTA会長をしたT・Hさんは次のように述べる。「OBたちが後輩の就職の世話をよくします。私も何人か世話をしましたよ。就職の世話は、生徒や監督から頼まれることもあるけど、OBの方からも世話しようと話を持ち込むことがありますね。また、OBの横のつながりを通して、面接だけでもしてあげて、と知り合いに頼むんです。必ず成功するわけではなくて、ケースバイケースで、まず人物をみて、決めるんです。仕事で他の人とうまくやっていけそうだったり、誠実だったり、人物がよければうまくいくんですけどね。世話をするときには、同じ釜の飯を食った、ということでやるんです。そのようなことを生徒たちは、実際、OBたちからいろいろ聞いたり、見たりしながらわかってくるんですね」。この事例は、部員たちが具体的に社会的資本の活用について学ぶ予期的社会化を物語っている。さらに、S高校は、卒業後すぐ就職する人の比率が48・0%である。部員たちのなかでも就職を希望する人がいて、社会的資本やその活用について意識されやすい雰囲気である。

一方、K高校の場合は、部活動のOBたちは部員たちの技術指導をしたり、練習に参加したりするよりは、むしろ、部員たちへの援助、寄付などのバックアップをすることが主な関わりである。監督は部員にOBたちの援助、寄付について説明をし、感謝することを教えると面接調査で述べていた。部員たちが直接OBと相互行為をしながら、将来の社会的資本の活用について学ぶ機会や経験は少ない。そのため、具体的にどのような要素をいかに活用するか、を想像することが容易でなくなる。さらに、K高校は、卒業後すぐ就職する人の比率が20・0％で、進学する人の比率が71・0％である。部員たちのなかでも進学する人が多く、部活動の雰囲気は、部員たちが卒業後自らの社会的資本をどのように活用するか、と具体的に意識される機会が少ない。そこで、彼らは部活動で人間関係を大切にし、学校行事にも熱心に取り組み、部活動の外でも友人関係を広げながら、学校生活を楽しむのである。彼らは人間関係の対処の仕方、集団内部での適応の仕方を身体化し、現在の社会的資本として活用していながら、将来に具体的に活用することへの予期的社会化はあまり行わないのである。

(3) 社会的資本における「身体的資本」と「メンバーシップの資本」の活用

では次に、彼らが強豪校の伝統ある部活動に所属していることと社会的資本の活用の関係について分析してみる。社会的資本は、結合関係のネットワークからなる一つの集団への所属で、構成員として資本を活用することができる。また、他の構成員の別途のネットワークまでも資本として活用できる潜在性をもつ。部員たちは部活動の名門校に所属することを将来の資本として活用できるとみなしているのだろうか。それは、次の**表8-22**の通りである。

この表でわかるように、「名門の部活に入っていた」という箔がつくことが、すなわち、名門校の成員性であることがブランド価値を高め、将来の進学と就職の際に役立つと考えている生徒たちは全体の69・6％に至っている。とても役立つと考えている部員はT高校で29・2％、K高校で23・8％、R高校で21・4％の順である。しかし、「とても役立つ」と「まあまあ役立つ」を合わせると、S高

表8-22 「名門の部活に入っていた」という成員性による社会的資本の活用（%）

	とても役立つ	まあまあ役立つ	あまり役立たない	全く役立たない	合　計
S高校	18.8	56.5	22.4	2.3	100
T高校	29.2	38.2	25.8	6.8	100
K高校	23.8	38.1	35.7	2.4	100
R高校	21.4	50.0	21.4	7.2	100
合計	23.9	45.7	26.1	4.3	100

校が75・3％、R高校が71・4％、T高校で67・4％の順になっている。

この要素は上述してきた対人関係、礼儀作法、集団への溶け込みのように部活動のなかで個人が努力して獲得し、身体化したハビトゥスとは異なる性質のものである。自らが属する部活そのものが名門という価値をもち、そのネットワークの広さと量に関わるものである。名門というブランドが歴史を通して形成されてきており、彼らはただ入部することだけによって得られた潜在的な社会的資本なのである。すなわち、前者を「身体的資本」であるとすると、後者は「メンバーシップの資本」なのである。

そして、彼らは将来進学や就職の際の社会的資本の活用を、「身体的資本」には約9割ないしそれ以上の部員たちが予期している。これに比較して、「メンバーシップの資本」には約7割の部員たちが活用できると予期している。また、社会的資本の活用の度合いにおいても、とても役立つと予測することは、身体的資本のほうがメンバーシップの資本より高いのである。

では、なぜ部員たちは社会的資本の広さや程度において、身体的資本をメンバーシップの資本よりも利用できると予測するのか。それは学校の日常生活における資本活用の学習の過程が重要であると思われる。部員たちは、自らが身体化している対人処理能力、礼儀作法、集団への溶け込みやすさを、学校の他の生徒たちと比較して優れているとみなし、社会的資本として大いに活用できると考える。実際に彼らは学校のなかでもクラス、学年の枠を越えて部活動を通して社会関係を維持し、また遠征、交流試合などで学外の友人を作るなど、社会的資本を一般の生徒より多くもっている。彼らは社会的資本をどのように活用するかを、学習し実践していく。また、監督の教師も部活動の組織を運営するうえで、競技実績の向上と部員の人間教育を成功させるために、意識的、無意識的に社会的資本の蓄積と活用について話をする。この過程を通して、部員たちは現在の学校生活だけでなく、将来も資本として活用できるだろうと感覚的に強く予期する。

しかしながら、彼らは名門の部活の成員であることをどのように資本として活用するかについては、学習する場や機会がそれほど多くない。その資本は、むしろ部活動OB、地域社会の住民など学校外の人々との相互作用のなかで、成員性の自負、および、その成員性による文化的、社会的、経済的利益を獲得することを通して学習する場合が多い。OBや地域住民からの経済的援助、技術的指導、大会での奉仕、援助活動を受けることで、名門校の成員としての期待、利益を意識する。それにしても、自らがこの資本をどのように積極的に活用するかについては学習、実践する経験が少ないのである。そのため、彼らは将来の進学や就職の際に、これを社会的資本としてどう活用するか、具体的にしっかりと予期することは容易ではない。

このような学習の過程における差異が、身体的資本をメンバーシップの資本よりも社会的資本としての活用をより広く、強く、予期させることに導く要因になるのである。それにしても、全体の7割以上の部員たちは、部活動を通して体得した身体的資本を将来の社会的資本として利用でき、そのうえ、名門校のメンバーシップの資本をも十分に利用できると考えていることが了解できる。

5　おわりに

本章では、これまで学校教育について研究者、評論家、メディアが問題化しなかった問題を取り上げた。学力低下論、低下批判論をはじめ、校内暴力、不登校、いじめなど問題化された問題として教育の問題が変遷をたどってきた。そして、90年代以後、心の問題が取り上げられてきた。しかしながら、これまで学校教育においてヒドゥン問題、すなわち、隠れ、隠され、放棄された問題として取り上げてこなかった、信頼資本、社会的資本の蓄積の問題を取り上げることにした。学校のなかで、生徒は他の生徒および教師と相互作用を通して、いかにして信頼が成り立つのかを学習、実践し、さらに、それを対人関係の資本として活用するのである。そして、彼らの身体に体得する信頼資本の形成、蓄積、活用のハビトゥスは、社会的資本へと転換することができるのである。この信頼の問題は、心理学や社会学の枠を越えて設定されるがために、今日の心の問題を心理主義に陥らないでアプローチをするところにも示唆を与えることができる。

そして、このような研究の目的を明らかにするために、野球部、サッカー部の強豪校の生徒たちを対象に、彼らがスポーツのキャリアを形成する過程を通して、信頼関係の構築と満足度、信頼関係を構築するハビトゥス要素、身体化しているハビトゥスおよび名門校部活動の部員であることが、将来、社会的資本に転換、活用できることへの予期的社会化を分析した。

一方、このような彼らの信頼資本、社会的資本に影響を及ぼす学校文化、部活動文化、学校の生き残り戦略・方針を考察した。そして、類型化を行い、学校別に部員たちの信頼資本、社会的資本の様式の共通点と差異点を分析した。この調査研究を通して得た知見は次の通りである。

(1) 部活動キャリアを通した信頼関係の構築

①野球部、サッカー部の強豪校の部員たちは中学校時代に部活動を通して信頼する友人を獲得し、それに満足する比率が9割以上である。

②また、中学校時代、部活動を通して広い友人関係を形成したことについても満足するものが9割以上である。

③彼らは高校の部活動を通して信頼する友人を作り、さらに広い友人関係を形成している。また、このような信頼関係の構築に満足する比率は9割以上である。

④高校の部活動において、部員たちは先輩・後輩関係より、同級生の関係に満足する比率が高い。顧問の教師との信頼関係の構築においては、顧問が熱心に指導してくれたり、生徒の意見を尊重してくれたりすることに、満足する部員は7割程度である。

このように、部員たちは部活動のキャリアを通して生徒や教師と信頼関係を構築してくることがわかる。

（2）学校のサバイバル・ストラテジー

部活動の文化は部員たちの信頼構築のあり方、社会的資本の蓄積に関係をもつ。学校のサバイバル・ストラテジー類型化で対象校をみると、縦軸には個人・実績中心―集団・年功序列中心、横軸には部活動のモデル化―非モデル化である。そこで、T高校は個人・実績中心、モデル化、K高校は個人・実績中心、非モデル化、R高校は集団・年功序列中心、非モデル化、S高校は集団・年功序列中心、モデル化から個人・実績中心、モデル化へと変革を行った。

（3）強豪校部活動で身体化するブランドの差異化

① 部活動への意味付与と社会的資本

部員たちは学校のサバイバル戦略と部活の文化のなかで異なるハビトゥスを身体化している。それには彼ら自らが部活動にどのように意味付与をするかが重要である。S高校は、部活動に集中力・忍耐力を涵養し、人間関係の拡大をする場であると定義づけ、全員参加の意識でチームの勝利に貢献し、部活内の秩序と人間関係を大切にすることを重視している。T高校は部活を集中力・忍耐力を発揮し、勝利の実績を残す場であるとみなす。卒業後はプロの選手への可能性を考えながら、レギュラーで結果を残すことを大事にしている。K高校は部活動において人間関係を拡大する場であるとみなし、実際、部活動内部での人間関係、学校内部での交流を大切にしている。R高校は文武両道を実践し、部活動は思い出を作る場所とみなす。そして、技術、趣味を深め、結果を残す場であるとみなし、そのためにレギュラーをとること、チームの成績を上げることを大事にしている。

②社会的資本活用への予期的社会化

部活動を通して身体化しているハビトゥスが将来進学や就職に社会的資本として活用できると約9割の部員たちが予測する。特に、部活動で人間関係を重視しているS高校とK高校で高くなっている。そして、ハビトゥス要素のなかでも、礼儀・作法、人間関係をうまくこなせるコツ、および、集団のなかにうまく溶け込むコツを身体化していることが、将来社会的資本として活用できるとみなすのである。特に、S高校ではこの傾向が強い。K高校は活用の予測は高いものの、どのような要素をいかに使用すればよいのかの具体像が明確でない。このような結果は、第一に、部活動内での監督、上級生などの予期的社会化を促す人々との学習によるものであり、第二に、部活動OBが部員たちに技術指導をしたり、練習に一緒に参加したり、悩みを相談するなかで、社会的資本の将来への活用について予期的社会化を行うのである。S高校の場合は、部活動OBが頻繁に部員たちと接することが多いが、K高校の場合、部活動のOBは主に援助、寄付などのバックアップ活動を行うことで部員たちと相互作用する機会や場が設けられない。その面において、S高校とK高校における予期的社会化を行う様式、程度が異なるのである。

③社会的資本における「身体的資本」と「メンバーシップの資本」の活用

強豪校の部員たちが部活動を通して身体化しているハビトゥスによって他者と人間関係を適切に対処し、信頼関係を構築し、社会的資本として活用することができるものを、身体的資本と称する。たとえば、礼儀・作法、人間関係の対処の仕方、集団への適応の仕方などのハビトゥスからなる資本である。また、社会的資本は名門部活動の構成員ということだけで、それを活用することができる。この構成員であることで箔が付き、付加価値を形成し部活動OBたちを含む集団のなかで資本を利用することができるのである。これをメンバーシップの資本と称する。

そして、強豪校の部員たちは二つの資本のなか、身体的資本のほうをメンバーシップのそれより、社会的資本として活用できると予測している。前者は9割以上、後者は7割の部員たちが使用できると予測している。また、将来メンバーシップの資本の活用度において、S高校とR高校で高く現れている。彼らは、長い歴史をもつ名門の強豪部としてOBたちが人数も多く、各界で活躍しており、地域社会でも広いネットワークを形成していることを知っている。

彼らはOBたちに対して信用、尊敬の念を表し、頼りになる存在であると強く意識する。また、OBたちも後輩たちの世話をする伝統によって、技術指導、練習参加、大会での支援などを惜しまない。このプロセスを通して、部員たちは名門部活動の構成員であることが将来社会的資本として役立つと予期的社会化を行っているのである。

このように、部活動の部員は、部活動のキャリアを通して、学校内外で他者と信頼関係を構築し、それを可能にするハビトゥスを身体化する。さらに、卒業後の進学や就職の際には、それのハビトゥスおよび名門部活動の構成員であることを、社会的資本に転換して活用することの予期的社会化を行っていることが明らかになった。部活動は単なる競技技術を向上させる場だけでなく、人間関係のあり方、信頼する力を学習し、実践する場でもあり、さらにそれを、現在と将来の社会的資本へ転換することを学ぶ場でもある。信頼資本、社会的資本を形成、蓄積、活用し、将来に向けて予期化させる場なのである。

注

（1）このときのビデオは、部活動の人間関係、部活動文化の変容、伝統の改革の内容を収録した。そして、筆者が担当する放送大学大学院講義にて一部を放送した。放送大学大学院テレビ放送の講義については次の通りである。放送大学大学院文化科学研究科文化科学専攻教育開発プログラム９　科目名：「教育システム論」第６回学校文化の身体化：伝統の改革と伝統の形骸化、２００２年から２００６年まで放映。

引用・参考文献

Bourdieu, Pierre（1980）"Le capital social: notes provisoires," *Actes de la recherche en sciences sociales*, 31.（＝1986 福井憲彦訳「『社会資本』とはなにか」福井憲彦・山本哲士『actes 1』：30-36、日本エディタースクール出版部。）

Bourdieu, Pierre（1987）Choses dites, Minuit.（＝1988、石崎晴己訳『構造と実践』新評論。）

茨城県教育委員会（2000）「平成11年度　県立高等学校生徒実態調査について」茨城県教育委員会、http://www.edu.pref.ibaraki.jp/board/gakkou/koukou/99chousa/99chousa.htm（２０XX年X月X日最終閲覧）

茨城県教育委員会（2004a）「年度別の推移：幼児・児童・生徒数」http://www.edu.pref. ibaraki.jp/board/toukei/04toukei/xls/05-02.xls（２０XX年X月X日最終閲覧）

茨城県教育委員会（2004b）「年度別の推移：教職員数（公立高等学校）」http://www.edu.pref. ibaraki.jp/board/toukei/04toukei/xls/05-03.xls（２０XX年X月X日最終閲覧）

茨城県立鹿島高等学校（2002）『学校案内』。

茨城県立鹿島高等学校生徒会編（2001）『しかぶえ』改訂31号。

茨城県立水戸商業高等学校創立九十周年記念事業実行委員会記念誌編集委員会編（1982）水戸商業創立九十周年記念誌』。

茨城県立龍ヶ崎第一高等学校「白幡」編集委員会編（2000）『白幡』53、茨城県立龍ヶ崎第一高等学校生徒会。

茨城県立龍ヶ崎第一高等学校創立百周年記念誌編集委員会編（2001）『星霧百年白幡台』茨城県立龍ヶ崎第一高等学校創立百周年記念事業実行委員会。

共立通信編（2002）『平成14年度版　茨城県高等学校名鑑』共立通信。

Luhmann, Niklas（1973）*Vertrauen: Ein mechanismus der Reduktion sozialer Komplexität* (2. erweiterte Aufl.), Ferdinand Enke.（＝1990、大庭健・正村俊之訳『信頼——社会的な複雑性の縮減メカニズム』勁草書房。）

水戸短期大学附属高等学校（現・水戸啓明高等学校）（2002）『学校案内』。

文部科学省「学校基本調査」（各年）

志水宏吉（1996）「臨床的学校社会学の可能性」『教育社会学研究』59：55-67。

大森正志（2001）「マーケティング発想を学校運営のベースに」『全商会報』全国商業高等学校協会。

黄順姫（1998）『日本のエリート高校』世界思想社。

黄順姫（2000）「日本的『集団主義』における新たな信頼問題——グローバルとローカルの接点に生きる身体」駒井洋編『日本的社会知の死と再生』ミネルヴァ書房、147-192。

第9章　格差を固定化する同窓会機能
——高校間格差と同窓会・卒業生援助・支援の差異

1　はじめに

本章では高校の教員と同窓会・卒業生（ＯＢ・ＯＧ）の関係において、以下の三つのことについて考察し明らかにする。

第一は、高校の格差によって同窓会・卒業生と学校との間にどのような関係があるのかである。ここで同窓会・卒業生との関係とは、具体的に、①同窓会・卒業生が学校全体に援助や支援をしてくれている、②学校に援助や支援をしてほしい、③学校側の立場では圧力と感じることがある、④少子化社会で同窓会や卒業生（ＯＢ・ＯＧ）が学校のサポート組織になれるか、ということである。

第二に、学校のシステム・制度と同窓会・卒業生の援助や支援には差異があるのか。

第三に、教員のライフステージ・ライフサイクル、および教員としての学校での生活スタイルによって、同窓会・卒業生の援助や支援への意識や行動に差異があるのか、である。

学校は、その内部組織や構成員でない同窓会や卒業生とつながりをもつ。同窓会は学校の組織ではないにしても学校と心理的・文化的・社会的・政治的な面で関連がある。また、卒業生は学校に在籍していない存在であるが、彼らが過去に在学していたことによる集合的記憶のため、学校や当時の構成員について懐かしさ、愛着、ひいては憎しみなどの感情を持ち続ける。このように卒業生や同窓会という個人、集団・組織は、学校と関係をもつ可能性が高い。

他方、学校の組織や教員は、上記の同窓会・卒業生との関係構造のため、①専門的知識、②生徒指導、進路指導、③生徒の部活動、④学校行事、⑤学校の施設・設備等の面で、同窓会・卒業生の援助や支援を要請することができるとみなしている場合が多い。しかも、学校側は、多くの場合、受け入れた支援と援助を、同窓会・卒業生に返済すべきだとみなしていない。学校側は、支援と援助は、彼らが母校に対して与えるものであり、それを活用すればよいと考えている。

したがって、同窓会・卒業生は、学校および母校を活性化・維持していくために活用できる、文化的、経済的、社会的な組織や個人である（黄 1998, 2007）。学校が同窓会・卒業生により、文化的、経済的、社会的資本を動員・活用できる場合は、①教育に投資する資本の種類・質・量の面で豊かで有利であり、②学校のブランド価値を向上させることができ、③学校運営に資本が確保されていることによって、安心・安全、余裕が見出されるのである。

しかしながら、学校の組織や教員は、同窓会・卒業生の援助や支援に満足するだけではない。彼らは援助や支援の代わりに交換価値として、過剰の期待、助言に負担とストレスを感じることがある。

では、どのような学校組織や教員が、同窓会・卒業生の援助や支援を受けているのか、それを期待しているのか、圧力を感じることがあるのか。そして、少子化社会で学校のサポート組織になると考えているのか。これについて調査結果を通し、分析していくことにする。

2　高校間格差と同窓会・卒業生の援助と支援の差異

調査は全国350校の公立高校、1高校あたり7人の教員に対して実施した。中央教育研究所が2017年10月〜11月、郵送質問紙調査を行った。回収率は31・1％で、764名を分析に使用した。質問紙の では、同窓会・卒業生（OB・OG）が学校に具体的にどのような援助や支援を行うのか。質問紙の自由回答から類型化すると以下のとおりである。

1　進路に関する援助や支援：大学進学（大学在学中の卒業生による大学説明会、受験勉強の仕方、受験と学校生活の送り方）、就職（①高校卒業後就職を希望する生徒に相談・助言、②大学進学者に、大学卒業後を見据えた就職の助言）、キャリア教育指導（現役の会社員、研究者、公務員などの卒業者たちによる仕事へのキャリア指導・講演）、インターンシップなどについての指導・助言。

2　学校の施設・設備の新設・維持・補修への支援・援助。

3　部活動：①部活動の道具購入などに関する経済的支援・援助、②部活動で技術・練習・相談（特待生、推薦入試等の進学も含む）・人的支援、③部活動の大会参加時に遠征の費用の支援・援助・大

表9-1　高校教員の同窓会・卒業生（OB・OG）についての意識・行動

	とても・まあそう思う	あまり・ぜんぜんそう思わない	無答・不明	合計 %（実数）
学校全体に援助や支援をしてくれている	63.5%	36.2%	0.3%	100.0%（764）
学校に援助や支援をしてほしい	62.8%	36.1%	1.0%	100.0%（764）
学校側の立場では圧力を感じることがある	17.6%	81.8%	0.7%	100.0%（764）
少子化社会で学校のサポート組織になれる	64.2%	35.3%	0.4%	100.0%（764）

会会場での応援。

4　学校行事：文化祭、運動会等学校行事に費用、簡易施設設置、技術の助言など。

5　学校が地域の祭りへ参加する際、技術的・文化的な指導など。

6　学校の周年に寄付。周年記念事業・記念行事への経済的、人的、文化的な援助や支援。

では、高校教員の同窓会・卒業生（OB・OG）の援助と支援についての教員の意識・行動についてみてみよう。

表9-1の通り、①学校全体に援助や支援をしてくれていると考えている教員（とても・まあそう思う、以下同様）は、全体で63・5％である。②学校に援助や支援をしてほしい、と考えている教員は62・8％である。③同窓会・卒業生が圧力と感じることがある、と考えている教員は、全体で17・6％である。④同窓会・卒業生が学校のサポート組織になれると

考えている教員は、64・2％である。以上の結果、高校教員の6割以上は、同窓会・卒業生が支援と援助をしていて、なお、それをしてほしいと考えている。さらに、同窓会・卒業生は学校のサポート組織になれると考えていることがわかる。

では、具体的に高校間の格差別に同窓会・卒業生の援助や支援における差異についてみることにする。本調査では、教員が働いている高校を、四年制大学への進学率を基準にして5ランクに区分し、四年制大学進学率と、難関大学進学率の質問項目から、五つの高校間格差尺度を算出した。すなわち、前者は、①30％以下、②31〜50％、③51〜79％、④80％以上の尺度である。後者は、進学率80％以上で難関大学進学率①10％以下、②11〜30％、③31〜49％、④50％以上の質問項目であった。したがって、高校間の五つのランクは、四年制大学進学率①30％以下、②31〜50％、③51〜79％、④80％以上でかつ難関大学進学率が10％以下、⑤80％以上で、かつ難関大学進学率が11％以上である。そしてこれら五つのランクの名称を武内清は、Ⅰ－非進学校1、Ⅱ－非進学校2、Ⅲ－準進学校、Ⅳ－進学校、Ⅴ－超進学校と名づけた。それにならい本章でもこれらの名称を使用する。

では、次に高校間格差別に、同窓会・卒業生（OB・OG、以下略）の支援についてみることにする。**表9-2**の通り、同窓会・卒業生が学校に援助や支援をしてくれている程度をみると、Ⅴ超進学校が79・8％で最も高く、次にⅣ進学校が71・6％、Ⅲ準進学校の60・9％の順である。ここでわかるのは、Ⅰ非進学校1、Ⅱ非進学校2より、Ⅲ準進学校、Ⅳ進学校、Ⅴ超進学校になるにつれて、同窓会・卒業生からの援助や支援も高くなっていることである。

では、学校に援助や支援をしてほしいと思う教員たちは、学校によって差異があるのか。これはⅤ

表9-2　高校間格差別同窓会・卒業生による支援の差異

(%)

	Ⅰ	Ⅱ	Ⅲ	Ⅳ	Ⅴ
(実数)	(288)	(104)	(161)	(95)	(99)
援助や支援をしてくれている（とても＋まあそう思う）	57.6	57.7	60.9	71.6	79.8
援助や支援をしてほしい（とても＋まあそう思う）	60.8	62.5	63.3	57.8	74.8
圧力と感じることがある（とても＋まあそう思う）	18.0	9.7	14.3	21.2	25.1
学校のサポート組織になれるか（とても＋ややなれる）	59.4	60.5	65.9	69.1	72.8

超進学校が74・8％で高いものの、Ⅲ準進学校が63・3％、Ⅱ非進学校2が62・5％の順になっている。したがって、学校格差に比例せず、教員たちは学校同窓会・卒業生から援助や支援をしてほしいと思っていて、超進学校では特に高いことがわかる。

次に、同窓会・卒業生について、学校側の立場では圧力と感じることがあるのか、についてみることにする。教員が圧力と感じる場合は、Ⅴ超進学校で25・1％と最も高く、次がⅣ進学校で21・1％である。超進学校や進学校が、準進学校、非進学校より高くなっている。また、非進学校では、非進学校1が18・0％で、非進学校2や準進学校より若干高くなっている。

最後に、教員たちは同窓会・卒業生が少子化社会で学校のサポート組織になれると考えているだろうか。Ⅴ超進学校で、サポート組織と考えている教員の比率が72・8％で最も高い。次にⅣ進学校が69・1％で高い。Ⅲ準進学校が65・9％であり、Ⅱ非進学校2が60・5％、Ⅰ非進学校1が59・4％の順になっている。すなわち、同窓会・卒業生が学校のサポート組織になれると考えている教員は、超進学校で最も高く、進学校、準進学校、非進学校の順になっていることがわかる。

⑴ 同窓会・卒業生の援助・支援についての学校間格差と教員の表象

以上の結果から、どのような解釈が可能であろうか。学校間格差別に考察してみよう。

①まず、超進学校をみると、生徒たちは四年制大学への進学率が80％以上で、かつ難関大学の進学率が11％以上である。この環境にいる超進学校の教員たちは、他の学校より同窓会・卒業生から援助や支援を受けている。そして彼らは他の学校の教員たちよりも、同窓会・卒業生からの援助や支援をほしいと願っている。しかしながら、この学校の教員たちは、同窓会・卒業生について、学校側の立場では圧力と感じることがあると考えている比率も他の学校より高い。しかしそれにしても超進学校の教員たちは、少子化社会のなかで同窓会・卒業生が学校のサポート組織になれると思っている人々の比率が他の学校より高いのである。

要約すると、超進学校教員の8割弱の教員は、自分たちの学校は同窓会・卒業生からの援助や支援を受けていて、なおもそれを継続してほしいと思う人が7割5分ほどいる。そのため、圧力と感じる場合も他の学校より多く、2割5分ほどはいる。しかしながら、それでも、少子化社会でも同窓会・卒業生が学校のサポート組織になれると考えている教員が7割強ほどである。この学校の教員たちは、同窓会・卒業生という学校以外の組織から、援助や支援という、財政的・社会的・文化的資本のサポートを最も受けていて、なおそれを持続してほしいと期待し、そのため、同窓会・卒業生が学校のサポート組織になれると思っている。この意識や行動をする教員の比率が、他の類型の学校より最も高いのである。

超進学校教員の表象は、同窓会・卒業生からの資本を学校が豊かに活用し、学校を維持・運営するためにその資本が継続的にあることを望み、学校への資本を提供してくれるサポート組織として見なしている。そのような豊かな資本の提供のなかで、他の学校の教員より圧力も感じている。したがって、超進学校の教員は、資本の活用も多く、精神的に圧力を感じる場合が多い。

②では、進学校の教員は同窓会・卒業生の援助・支援との関係においてどのような特徴があるだろうか。四年制大学進学率が80％以上でかつ難関大学進学率が10％以下の進学校の教員は、超進学校のそれよりは8・2ポイント低いものの7割強の教員が、同窓会・卒業生の援助や支援を受けていると考えている。しかし、超進学校に比較して、同窓会・卒業生から援助や支援がほしいかについては、超進学校よりも17ポイント低い6割弱である。彼らは同窓会・卒業生の援助・支援への願いや期待が超進学校の教員のように貪欲ではない。しかも、準進学校や非進学校よりも、援助や支援について期待をする教員の比率が低い。その理由は、①彼らが同窓会・卒業生からの援助や支援の現状に満足していて、それ以上の願望や期待をしていないと解釈することができる。②もう一つの理由は、同窓会・卒業生からの援助や支援が持続的に安定していて、それ以上期待しなくても必要な分が足りているとみなすからであろう。

そして、この進学校の教員たちは、同窓会・卒業生を学校に援助・支援をしてくれるサポート組織とみなしているかについては、約7割の教員がサポート組織として考えている。これを超進学校と比較してみると3・7ポイントしか差がでない。実際、超進学校より援助や支援を受けていると考えている人が8・2ポイント低いが、サポート組織として見なすのは、その同じ差で低くなることはなく、同窓会・卒業生をサポート組織としてみなしている。しかしながら、同窓会・卒業生について圧力と感じることがある教員は2割程度であり、超進学校より3・9ポイントの差があるものの、圧力を感じていることがわかる。

つまり、進学校の教員たちの表象は、超進学校の教員と類似の傾向を見せている。そして、同窓会・卒業生の援助や支援のすべての項目について、超進学校より控えめである、という表象である。

③次に、準進学校の場合をみることにする。準進学校は四年制大学進学率が51～79％である。準進学校の教員は、同窓会や卒業生が援助や支援をしてくれている割合も、6割程度で、非進学校よりは、少し高い程度で、進学校、超進学校に比較するとそれぞれ約10・7ポイント、18・9ポイントほどの差で少ない。

また、同窓会・卒業生からの援助や支援への願望や期待も、超進学校と比較すると11・5ポイント低い。さらに、同窓会・卒業生が学校のサポート組織になれるかについてみると、進学校系（ⅣとⅤ）より低い傾向がみられる。進学校より3・2ポイント、超進学校より6・9ポイント低い。これを非進学校系（ⅠとⅡ）と比較すると準進学校に高い傾向がみられる。同窓会・卒業生をサポート組織としてみなす比率において準進学校の教員は、非進学校系や進学校系の中間に位置していると考えられる。

では、同窓会・卒業生を圧力と感じることがあるかについて、準進学校には、特徴がある。すなわち、準進学校は進学校系（ⅣとⅤ）と比較すると低い傾向がみられる。進学校より6・9ポイント低く、超進学校より10・8ポイント低い。他方、非進学校系（ⅠとⅡ）に比較すると、非進学校2よりは高いが、非進学校1よりは低いのである。それは、非進学校1が進学校系に次いで高くなっていることと関わっている。

以上を総合すると、準進学校の教員の表象は、前述したように、同窓会・卒業生の援助や支援、それへの願いや期待、サポート組織とみなすかの程度において、進学校系（ⅣとⅤ）と非進学校系（ⅠとⅡ）の中間的な位置づけやイメージである。

④では、非進学校2、非進学校1の場合をみてみよう。非進学校2と非進学校1は、同窓会・卒業生の援助や支援についての意識や行動において非常に類似している。非進学校2は、四年制大学進学率が31〜50％であり、非進学校1は四年制大学進学率が30％以下である。すなわち、非進学校系のこれら二つの類型の学校に勤務している教員たちは、同窓会・卒業生から援助や支援をしてもらっている程度、支援や援助をしてほしいと願う期待の度合、さらに、同窓会・卒業生が学校のサポート組織になれると思う考えの程度もさほど変わらない。非進学校2の方が、非進学校1より少し高いほどである。

しかしながら、これらの学校において、同窓会・卒業生の圧力を感じることがある、という項目においては、両方において差異がみられる。非進学校1の教員たちは約2割弱の教員たちが圧力を感じているが、非進学校2の教員たちは約1割弱しか圧力を感じていない。特に、非進学校2の教員たちは、他の類型の学校の教員たちよりも、同窓会・卒業生について圧力を感じる比率が最も低いのである。

⑤非進学校1は、同窓会・卒業生の援助・支援において他の類型の学校のなかで最も低い傾向を示している。しかしながら、同窓会・卒業生に圧力を感じる比率は非進学校2よりも高く、進学校系に次いでいる。非進学校1の教員の表象は、同窓会・卒業生の援助・支援をあまり受けることもなく、期待も低く、そのためサポート組織としてあまりみていないといえよう。

以上でみると、非進学校系の教員たちは、進学校系、準進学校よりも、同窓会・卒業生の援助や支援が少ない。それへの願いや期待は他の学校より若干少ないが、超進学校以外の教員と同程度には援助と支援を願っている。彼らは同窓会・卒業生が学校のサポート組織になれるかについて、彼らの現状が他の類型の学校より少ないため、サポート組織の可能性も他の学校より低くなっている。

(2) 援助や支援について学校間格差の「とてもそう思う」強度の特徴

以下の**表9-3**から**表9-6**で、同窓会・卒業生の援助や支援について学校間格差の類型別、教員の意識や行動における「とてもそう思う」と「まあそう思う」を考察してみよう。**表9-2**では、同窓会・卒業生の援助・支援について「とてもそう思う」と「まあそう思う」の合計で考察をしてみた。本項では、それぞれの項目について、むしろ、「とてもそう思う」と「まあそう思う」を区分して程度の差をみることにする。特に、「とてもそう思う」の比率を中心に学校間格差をみることにする。

ではまず、**表9-3**の学校間格差別「同窓会・卒業生が援助や支援をしてくれている」の差異についてみよう。「とてもそう思う」でみると進学校が最も高いが、超進学校とほぼ差異がない。非進学校1と非進学校2はそれぞれ9・7%、9・6%である。しかし、準進学校では16・8%で高くなり、さらに、進学校と超進学校ではそれぞれ28・4%、27・3%で他の類型の学校より高くなっている。結果、同窓会・卒業生が援助や支援をしてくれているかについて「とてもそう思う」教員たちは、進学校系、準進学校、非進学校系の順に高く、差異がみられる。

では、**表9-4**の学校間格差別「同窓会・卒業生が援助や支援をしてほしい」の差異についてみる

表9-3　学校間格差別「同窓会・卒業生が援助や支援をしてくれている」の差異

学力区分	進学率	援助や支援をしてくれている とてもそう思う	まあそう思う	あまりそう思わない	ぜんぜんそう思わない	無答・不明	合計%（実数）
非進学校1	30%以下	9.7%	47.9%	32.3%	10.1%	0.0%	100.0%（288）
非進学校2	31%から50%	9.6	48.1	33.7	7.7	1.0	100.0（10）
準進学校	51%から79%	16.8	44.1	31.1	8.1	0.0	100.0（161）
進学校	80%以上（難関大10%以下）	28.4	43.2	20.0	8.4	0.0	100.0（95）
超進学校	80%以上（難関大11%以上）	27.3	52.5	18.2	1.0	1.0	100.0（99）

表9-4　学校間格差別「同窓会・卒業生が援助や支援をしてほしい」の差異

学力区分	進学率	援助や支援をしてほしい とてもそう思う	まあそう思う	あまりそう思わない	ぜんぜんそう思わない	無答・不明	合計%（実数）
非進学校1	30%以下	18.4%	42.4%	34.7%	3.5%	1.0%	100%（288）
非進学校2	31%から50%	15.4	47.1	33.7	3.8	0.0	100（104）
準進学校	51%から79%	16.1	47.2	30.4	5.6	0.6	100（161）
進学校	80%以上（難関大10%以下）	18.9	38.9	37.9	4.2	0.0	100（95）
超進学校	80%以上（難関大11%以上）	25.3	49.5	22.2	1.0	2.0	100（99）

ことにする。超進学校が「とてもそう思う」で他より高い比率を示している。したがって、超進学校の教員たちは、援助・支援において全体の比率も高いが、その中身においても強く思っていることがわかる。また、進学校はこの項目において低い比率を示しているが、「まあそう思う」の比率が他より低くなっている。「とてもそう思う」のほうでは、超進学校より若干低く、順当な比率を表しているのである。

ここで重要なのは、非進学校1のほうである。援助や支援について「とてもそう思う」の比率が18・4%である。これは進学校の18・9%に近い比率である。したがって、非進学校1のほうは、援助や支援を期待する全体の比率は他の学校より低いが、とてもほしいと期待する比率は高いということがわかる。これは彼らの現実が援助・支援も低く、期待も低く、サポート組織になれると思っている率も低いが、しかしながら、実は援助や支援を強く願っていることが了解される。

では、**表9-5**の学校間格差別「同窓会・卒業生が圧力を感じることがある」の差異についてみよう。ここでは「とてもそう思う」において学校間であまり差異が見られない。次に、**表9-6**の学校間格差別「同窓会・卒業生が学校のサポート組織になれるか」の差異についてみよう。「とてもなれる」においては、超進学校が最も高い。したがって、超進学校は、サポート組織とみなす比率も高いが、その中身においてもその意識を強くもっていることがわかる。この項目においては準進学校に特徴がみられる。準進学校は、全体の比率において進学校より低いが、サポート組織に「とてもなれる」と強く思う点においては、進学校とほとんど変わらない。

以上の考察を要約すると以下の特徴がみられる。①援助や支援をしてくれているについて「とても

表9-5　学校間格差別「同窓会・卒業生を圧力と感じることがある」の差異

学力区分	進学率	圧力を感じることがある					
		とてもそう思う	まあそう思う	あまりそう思わない	ぜんぜんそう思わない	無答・不明	合計%（実数）
非進学校１	30%以下	2.4%	15.6%	54.2%	27.1%	0.7%	100.0%（288）
非進学校２	31%から 50%	1.0	8.7	70.2	20.2	0.0	100.0（104）
準進学校	51%から 79%	0.0	14.3	57.1	28.0	0.6	100.0（161）
進学校	80％以上（難関大10%以下）	3.2	17.9	60.0	18.9	0.0	100.0（95）
超進学校	80％以上（難関大11%以上）	1.9	23.2	52.5	20.2	1.0	100.0（99）

表9-6　学校間格差別「同窓会・卒業生が学校のサポート組織になれるか」の差異

学力区分	進学率	学校のサポート組織になれる					
		とてもなれる	ややなれる	あまりなれない	ぜんぜんなれない	無答・不明	合計%（実数）
非進学校１	30%以下	11.1%	48.3%	34.4%	5.6%	0.7%	100.0%（288）
非進学校２	31%から 50%	11.5	49.0	33.7	5.8	0.0	100.0（104）
準進学校	51%から 79%	19.3	46.6	29.2	4.3	0.6	100.0（161）
進学校	80％以上（難関大10%以下）	18.9	50.5	25.3	5.3	0.0	100.0（95）
超進学校	80％以上（難関大 11%以）	25.3	47.5	25.3	2.0	0.0	100.0（99）

そう思う」の比率は進学校が最も高いが、超進学校とあまり変わらない。しかし、援助や支援を受けているると思う全体の比率は超進学校が最も高い傾向を考慮すると、強く思う比率は進学校の方が高いか、ほぼ変わらないという現状であることがわかる。

②援助や支援をしてほしいと強く思うのは超進学校が最も高い。しかし、非進学校1は強く思う比率が高く、進学校とほぼ同等の程度である。これは非常に重要な特徴である。③圧力については、「とてもそう思う」ことにはあまり差異がみられない。④サポート組織になれるかについては、超進学校が最も高く、次が準進学校である。準進学校が進学校と差異が見られないほどサポート組織として強く思っていることは、非常に重要な特徴であろう。

3 学校システム・制度と同窓会・卒業生による支援の差異

(1) 仕事（授業、生徒・進路指導）での活用程度別同窓会援助・支援の格差

同窓会・卒業生による支援の差異を学校システム・制度との関係でみることにする。

表9-7をみると、次のことがいえる。すなわち、学校の仕事に同窓会や卒業生を活用することが役に立つかの程度によって、役に立つ（とても＋ある程度）場合は、実際、同窓会・卒業生から支援の程度が高く、なお、支援をしてほしいと期待する程度も高い。さらに、サポート組織としてイメージも強いことがわかる。

表9-7　仕事（授業、生徒・進路指導）で同窓会・卒業生の活用程度別同窓会支援の差異

同窓会・卒業生の活用	援助や支援をしてくれる（とても＋まあそう思う）	援助や支援をしてほしい（とても＋まあそう思う）	圧力を感じることがある（とても＋まあそう思う）	学校のサポート組織になれるか（とても＋ややなれる）	合計（実数）
とても役立つ	78.5%	70.8%	12.3%	83.1%	(65)
ある程度役立つ	76.1	72.5	17.3	74.9	(335)
あまり役立たない	53.9	54.8	16.3	57	(263)
ほとんど役立たない	35.3	45.5	24.3	34.3	(99)

(2) 仕事での活用程度別援助・支援格差の「とても思う」強さの特徴

では、仕事での活用程度別援助・支援格差の「とてもそう思う」強さの特徴についてみることにする。

以下の**表9-8**から**表9-11**でわかるように、仕事で「とても役に立つ」と活用する程度が高い教員は、同窓会・卒業生が支援と援助をしているし、してほしい、学校のサポート組織になれるかに、「とてもそう思う」と示す比率が最も高い。したがって、仕事で同窓会・卒業生が「とても役に立つ」と活用する教員は、同窓会・卒業生の援助・支援への意識が高く、学校のサポート組織になれると強く思っていることがわかる。

表9-8　仕事で同窓会や卒業生の活用程度別「同窓会・卒業生が援助や支援をしてくれている」

		援助や支援をしてくれる					
		とてもそう思う	まあそう思う	あまりそう思わない	ぜんぜんそう思わない	無答・不明	合計%（実数）
同窓会や卒業生（OB・OG）の活用	とても役立つ	43.1%	35.4%	16.9%	3.1%	1.5%	100.0%（65）
	ある程度役立つ	18.8	57.3	22.4	1.2	0.3	100.0（335）
	あまり役立たない	8.7	45.2	38.4	7.6	0.0	100.0（263）
	ほとんど役立たない	4.0	31.3	31.3	33.3	0.0	100.0（99）

表9-9　仕事で同窓会や卒業生の活用程度別「同窓会や卒業生が援助や支援をしてほしい」

		援助や支援をしてほしい					
		とてもそう思う	まあそう思う	あまりそう思わない	ぜんぜんそう思わない	無答・不明	合計%（実数）
同窓会や卒業生（OB・OG）の活用	とても役立つ	33.8%	36.9%	21.5%	6.2%	1.5%	100.0%（65）
	ある程度役立つ	21.2	51.3	25.1	1.2	1.2	100.0%（335）
	あまり役立たない	12.5	42.2	41.1	3.0	1.1	100.0%（263）
	ほとんど役立たない	13.1	32.3	40.4	14.1	0.0	100.0%（99）

表9-10　仕事で同窓会や卒業生の活用程度別「同窓会や卒業生を圧力と感じることがある」

		圧力と感じることがある					
		とてもそう思う	まあそう思う	あまりそう思わない	ぜんぜんそう思わない	無答・不明	合計%（実数）
同窓会や卒業生（OB・OG）の活用	とても役立つ	3.1%	9.2%	67.7%	18.5%	1.5%	100.0%（65）
	ある程度役立つ	0.6	16.7	59.4	23.0	0.3	100.0（335）
	あまり役立たない	1.5	14.8	61.6	20.9	1.1	100.0（263）
	ほとんど役立たない	7.1	17.2	33.3	42.4	0.0	100.0（99）

表9-11　仕事で同窓会や卒業生の活用程度別「同窓会や卒業生が学校のサポート組織になれる」

		学校のサポート組織になれる					
		とてもなれる	ややなれる	あまりなれない	ぜんぜんなれない	無答・不明	合計%（実数）
同窓会や卒業生（OB・OG）の活用	とても役立つ	41.5%	41.5%	16.9%	0.0%	0.0%	100.0%（65）
	ある程度役立つ	19.4	55.5	23.3	1.5	0.3	100.0（335）
	あまり役立たない	9.1	47.9	39.9	2.7	0.4	100.0（263）
	ほとんど役立たない	4.0	30.3	40.4	24.2	1.0	100.0（99）

4　学校の伝統や文化の継承教育重視と同窓会・卒業生による支援の差異

(1) 学校の伝統や文化の継承教育重視の活動別同窓会の援助・支援

学校の伝統や文化の継承教育を行っている（とても＋やや行っている）教員は、同窓会・卒業生が支援と援助をしているし、してほしい、学校のサポート組織になれると考えている。特に、学校の伝統や文化の継承教育を「とても行っている」教員は、上記の同窓会・卒業生の援助や支援を受ける比率が最も高く、なおそれへの願いや期待も高い。さらに、学校のサポート組織になれると思う比率も最も高い（**表9-12**）。

(2) 伝統や文化の継承教育程度別援助・支援格差の「とても思う」強さの特徴

では、伝統や文化の継承教育程度別援助・支援格差の「とても思う」強さの特徴についてみることにする。

表9-12　学校の伝統や文化の継承教育重視の活動別同窓会援助・支援の差異

学校の伝統や文化の継承教育	援助や支援をしてくれる（とても＋まあそう思う）	援助や支援をしてほしい（とても＋まあそう思う）	圧力を感じることがある（とても＋まあそう思う）	学校のサポート組織になれるか（とても＋ややなれる）	合計（実数）
とても行っている	78.9%	73.7%	19%	75.8%	(95)
やや行っている	66.5	66.2	18.7	66.8	(427)
あまり行っていない	52.4	54.4	15.7	57.3	(204)
全然行っていない	52.7	41.7	21.4	47.2	(36)

表9-13　学校の伝統や文化の継承教育程度別「同窓会・卒業生が援助や支援をしてくれる」

		援助や支援をしてくれる					
		とてもそう思う	まあそう思う	あまりそう思わない	ぜんぜんそう思わない	無答・不明	合計%（実数）
学校の伝統や文化の継承	とても行っている	36.8%	42.1%	17.9%	3.2%	0.0%	100.0%（95）
	やや行っている	14.5	52.0	27.9	5.2	0.5	100.0（427）
	あまり行っていない	9.8	42.6	35.3	12.3	0.0	100.0（204）
	全然行っていない	8.3	44.4	22.2	25.0	0.0	100.0（36）

表9-14　学校の伝統や文化の継承教育程度別「同窓会・卒業生が援助や支援をしてほしい」

		援助や支援をしてほしい					
		とてもそう思う	まあそう思う	あまりそう思わない	ぜんぜんそう思わない	無答・不明	合計%（実数）
学校の伝統や文化の継承	とても行っている	35.8%	37.9%	18.9%	6.3%	1.1%	100.0%（95）
	やや行っている	18.7	47.5	29.7	2.6	1.4	100.0（427）
	あまり行っていない	10.3	44.1	40.7	4.4	0.5	100.0（204）
	ぜんぜん行っていない	11.1	30.6	47.2	11.1	0.0	100.0（36）

表9-15　学校の伝統や文化の継承教育程度別「同窓会・卒業生に圧力を感じることがある」

		圧力を感じることがある					
		とてもそう思う	まあそう思う	あまりそう思わない	ぜんぜんそう思わない	無答・不明	合計%(実数)
学校の伝統や文化の継承	とても行っている	3.2%	15.8%	50.5%	29.5%	1.1%	100.0%(95)
	やや行っている	1.6	17.1	57.8	23.0	0.5	10.0(427)
	あまり行っていない	1.5	14.2	63.7	19.6	1.0	100.0(204)
	ぜんぜん行っていない	5.6	15.8	36.1	52.8	0.0	100.0(36)

表9-16　学校の伝統や文化の継承教育程度別「同窓会・卒業生が学校のサポート組織になれるか」

		学校のサポート組織になれるか					
		とてもなれる	ややなれる	あまりなれない	ぜんぜんなれない	無答・不明	合計%(実数)
学校の伝統や文化の継承	とても行っている	37.9%	37.9%	22.1%	2.1%	0.0%	100.0%(95)
	やや行っている	14.8	52.0	29.3	3.5	0.5	100.0(427)
	あまり行っていない	9.3	48.0	36.8	5.9	0.0	100.0(204)
	ぜんぜん行っていない	8.3	38.9	33.3	16.7	2.8	100.0(36)

表9-13から表9-16でわかるように、伝統や文化の継承教育活動を「とても行っている」教員は、同窓会・卒業生が支援と援助をしているし、してほしい、学校のサポート組織になれるかに、「とてもそう思う」と示す比率が最も高い。したがって、伝統や文化の継承活動を「とても行っている」教員は、同窓会・卒業生の援助・支援への意識が高く、学校のサポート組織であると強く思っていることがわかる。

5　まとめ

(1) 同窓会・卒業生の援助や支援について教員の全体的な傾向

高校教員の6割以上は、同窓会・卒業生が支援と援助をしていて、なお、それをしてほしいと考えている。さらに、同窓会・卒業生は学校のサポート組織になれると考えていることがわかる。また、高校教員の2割弱は、同窓会・卒業生の行動について圧力と感じる場合がある。

(2) 学校間格差と同窓会・卒業生への援助・支援の差異

高校の学校間格差と比例して、同窓会・卒業生の援助・支援に格差が見られる。これは学校が学力・進学率という格差だけでなく、学校のために利用可能な外部の組織・個人の資本に格差が存在していることである。すなわち、その資本とは、同窓会・卒業生の援助・支援による社会的、経済的、文化的資本の保有である。これは高校と同窓会・卒業生研究における新しい発見である。

①学校間格差によって同窓会・卒業生の援助・支援をしてくれている程度に格差がみられる。進学校系（超進学校、進学校）、準進学校、非進学校（Ⅱ、Ⅰ）の順に高い。

②同窓会・卒業生からの援助や支援をしてほしいと思うことについても超進学校が最も高いが、学校間にはそれほど差異がみられない。どの学校も同窓会・卒業生の援助や支援がほしいと思う。進学校は援助や支援を多く受けているが、それへの願望や期待では、他の学校より低い。

③同窓会・卒業生を圧力と感じることがあるのかについては、超進学校が最も高く、進学校、非進学校1が高くなっている。進学校系以外では、非進学校1が強い特徴を示している

④同窓会・卒業生が学校のサポート組織になれるかについては、超進学校が最も高く、進学校、準進学校、非進学校2、非進学校1の順である。非進学校系はあまり差異がみられず類似している。

(3) 学校間格差と教員の表象

①超進学校教員の表象は、同窓会・卒業生からの援助・支援を豊かに活用し、なおかつその願いや期待も高く貪欲で、同窓会・卒業生をサポート組織として見なしている程度も高い。しかし、そのなか同窓会・卒業生への圧力も感じる比率も他の学校の教員より高い。したがって圧力を感じながら、超進学校としてトップレベルの維持・向上のため、同窓会・卒業生と関係を構築し、その資本を十分に活用しているイメージ・表象が見いだされる。

②進学校の教員の表象は、同窓会・卒業生からの援助・支援、圧力、サポート組織として見なす程度も、超進学校より若干低い。また、援助・支援への期待においても貪欲でなく、現状に満足しているというイメージ・表象である。

③準進学校は、同窓会・卒業生の援助・支援の受け入れ、期待、圧力、サポート組織としてのみなし、すべての項目において、進学校系と非進学校系の中間的位置づけであり、そのイメージ・表象も普通・中間的である。

④非進学校2は上記の四つの項目において、準進学校より低く、非進学校1と比較すると若干高い傾向であるが、あまり差異がなく類似している。非進学校系のイメージ表象としてみなされる。

⑤非進学校1は、同窓会・卒業生の援助・支援において他の類型の学校のなかで最も低い傾向を示している。しかしながら、同窓会・卒業生に圧力を感じる比率は非進学校2よりも高く、進学校系に次ぐ順である。非進学校1の教員の表象は、同窓会・卒業生の援助・支援をあまり受けることもなく、期待も低く、そのため、サポート組織としてあまりみなしていない。

(4) 同窓会・卒業生の援助や支援について学校間格差の「とても思う」強さの特徴

①援助や支援をしてくれるかについて「とてもそう思う」の比率は進学校が最も高いが、超進学校とあまり変わらない。しかし、援助や支援を受けていると思う全体の比率は超進学校が最も高い傾向をみせているなか、強く思う比率は進学校とほぼ変わらないという現状が理解される。

②援助や支援をしてほしいと強く思うのは超進学校が最も高い。しかし、非進学校1は強く思う比率

が高く、進学校にほぼ同程度である。非進学校1は、同窓会・卒業生からの援助や支援の程度が低いにもかかわらず、援助や支援をしてほしいと思う（とても＋まあそう思う）比率も低い。にもかかわらず、その願いや期待の「とてもそう思う」の比率は高いことから、その願望の度合いが強いことがわかる。これは非常に重要な特徴であると思われる。

③圧力については、「とてもそう思う」ことにはあまり差異がみられない。

④サポート組織になれるかについて、超進学校が最も高く、次が進学校である。ただし準進学校とあまり差異がみられないほどサポート組織として強く思っていることは、非常に重要な特徴であろう。

(5) 学校システム・制度と同窓会・卒業生による支援の差異

①仕事（授業、生徒・進路指導）での活用程度別同窓会援助・支援の格差

同窓会・卒業生による支援の差異を学校システム・制度との関係でみることにする。**表9-7**をみると、次のことがいえる。すなわち、学校の仕事に同窓会や卒業生を活用することが役に立つかの程度によって、役に立つ（とても＋ある程度）場合は、実際、同窓会・卒業生からの支援の程度が高く、なお、支援をしてほしいと期待する程度も高い。さらに、サポート組織としてイメージも強いことがわかる。

②仕事での活用程度別援助・支援格差の「とても思う」強さの特徴

仕事で同窓会・卒業生が「とても役に立つ」と活用する教員は、同窓会・卒業生の援助・支援への意識が高く、学校のサポート組織になれると強く思っている。

③学校の伝統や文化の継承教育重視と同窓会・卒業生による支援の差異

学校の伝統や文化の継承教育を行っている（とても+やや行っている）教員は、同窓会・卒業生が支援と援助をしているし、してほしい、学校のサポート組織になれると考えている。特に、学校の伝統や文化の継承教育を「とても行っている」教員は、上記の同窓会・卒業生の援助や支援を受ける比率が最も高く、なおそれにたいするの願いや期待も高い。さらに、学校のサポート組織になれると思う比率も最も高い。

④伝統や文化の継承教育程度別援助・支援格差の「とても思う」強さの特徴

伝統や文化の継承活動を「とても行っている」教員は、同窓会・卒業生の援助・支援への意識が高く、学校のサポート組織であると強く思っている。

引用・参考文献

深谷昌志他（1983）『モノグラフ高校生'83』vol. 10　福武書店
深谷昌志他（1990）『モノグラフ高校生'90』vol. 28　福武書店
樋田大二郎他（2000）『高校生文化と進路形成の変容』学事出版

黄順姫（1998）『日本のエリート高校』世界思想社
黄順姫（2007）『同窓会の社会学』世界思想社

第10章　教育システムと学歴の「地位降下防衛機能」
――「日本」と「韓国」の比較からみた「投資としての学歴」

1　はじめに

２０２０年COVID-19が世界的に流行し、命の安全を守るため各国は対処に余念がなかった。グローバル化社会から人やモノの移動が閉鎖され、これまで自明視されていた社会的な世界システムが機能不全に陥った。各国の経済は大量の失業者を生み出し、ほとんどの国はマイナス成長となった。国を超えたグローバルな移動だけでなく、国内の移動すらも封鎖され、他人と社会的距離を置かなければならない状況で、世界各国では学校教育が大きな問題となった。

こうしたなか、２０１０年代後半に登場し政策的な議論の的となっている「Society 5.0」が、急速に人々の生活のなかで認識されるようになった。一例を挙げれば、COVID-19から人々の安全を守るため、学校教育では従来の対面授業から非対面のオンライン授業へ変わったことである。さらに、産業構造の変動も生じている。ショッピングのオンライン配達が好まれるようになり、Googleや

Amazonなどのインターネット・プラットフォーム関係の世界的な企業は、コロナ禍でも順調に売り上げを伸ばしていった。その反面、観光やエンターテインメントといった対面でビジネスを展開する企業は大きなダメージを受け、なかには解雇される人々もいた。高学歴で有能であるとみなされる人々も、業種によって職を失う事態となったのである。こうした事態を目の当たりにすると、コロナ禍では学歴の機能に対する疑念が人々の間に広まったとしても不思議ではないかもしれない。

高等教育という学歴が社会的地位、富の生産・維持における重要な手段とみなされた「学歴神話」が、COVID-19によって加速度的に変化を迎えているのかもしれない。世界各国では、上流階層と下流階層への両極化現象が進み、中流階層の一部は下流階層へ転落している。学歴による「社会的地位形成機能」はもはや、立身出世でも、安全神話でもなくなりつつある。

特に、「Society 5.0」時代のなかで、上記で言及したインターネット・プラットフォーム関係の企業では、IT技術の急速な進歩に対処するため、優秀な人材を確保するうえで高等教育に期待しないで、高卒者を採用し職場で育てていく場合もあるという。さらに、企業が提供する専門知識や科学技術関連の講義を視聴し、その単位を獲得すれば、既存の大卒と同じく、またはそれ以上の価値をもつ免状として認定してくれる場合もあるという。一部かもしれないが、こうした変化を鑑みると、オンライン教育の普及などにより、伝統的な高等教育の意味合いも変化し、それにともない学歴に対する考え方においても地殻変動が生じている可能性がある。

戦後、工業社会「Society 3.0」の時期に輝かしい経済成長を成し遂げ、情報化社会「Society 4.0」の時期にそれを維持してきた日本社会は、人材を養成するために最適化した学校教育システムを構築し活用した。そのため、個人にとって、高等教育の学歴は、社会的地位を形成し、階層移動を成し遂げてくれる有効な道具であり投資としての効能が高かった。また、学校での集団主義のイデオロギーは、産業の発展に有効な人材の特性として機能していた。

教育社会学者たちも、学歴による立身出世、階層移動、階層の再生産など、「学歴の手段的な効果」の研究に熱心に取り組んでいた。家族の社会・経済的地位と子どもの成績、高校ランクと大学進学、そして高等教育の学歴が生涯賃金および社会階層の上昇移動、あるいは社会階層の再生産をもたらすという統計研究が膨大に蓄積されてきた。これらの研究は、社会階層の上昇移動であれ、社会階層の再生産であれ、大きく分類すれば、学歴の「投資としての機能」といえる。戦後の廃墟から経済発展を成し遂げ、１９８０年代のバブル経済、１９９０年代からの「失われた30年」の長期間にわたり、教育社会学において、学歴は「投資としての機能」に関する研究がメインストリームであった。そして教育社会学者たちは、統計的尺度や手法を用いて、日本の枠を越えて、アメリカ、イギリス、ドイツなど欧米との比較研究を行い、さらにはアジア、特に韓国との比較研究も同じ尺度と手法で行ってきた。その結果、「投資としての学歴」の機能は日本、韓国でどの程度の共通性および相違性があるのかを説明する作業に集中してきた。

ただし、「投資としての学歴」研究は、教育社会学領域における象徴的地位の階梯に高く位置づけられ、また次の世代の若手研究者を巻き込み、拡大再生産された。結果的に、学歴に関する新しい視点や研究の主題は周辺に追い出されることとなった。そのためか、近年の学歴に関する研究は研究テーマ、研究方法の創成による研究の多様性がやや乏しく、類似のテーマを再生産する傾向が目立つ。

学歴の領域は、研究の成果において斬新な内容、方法、創造性、想像性が失われがちな雰囲気を醸し出していると言えなくもない。

学歴の機能を考えるときには、大きく次の三つに区分することが考えられる。第一は「投資としての学歴」、第二は「文化としての学歴」、第三は「信頼・ネットワークとしての学歴」である。本論文では、「投資としての学歴」のみを取り上げることにする。具体的には、世界的な学歴インフレと「デジタル」社会への移行のなか、学歴に関して、次の四つの主題を中心に考察してみることにする。

第一に、変動する社会のなかで、学歴を取得する過程において学校教育にはどのような問題があるだろうか。第二に、学歴の「投資としての機能」研究において「地位形成機能」、「地位表示機能」に加え、新たに注目していく機能はどのようなものであるだろうか。第三に、女性の高等教育機関の問題である。女性の大学への進学率は高くなっているだろうか。第四に、高等教育機関への進学率が増加するなか、生徒たちの学校生活の不安はどのようなものであるだろうか。以上のことについて、日本と韓国の交差的視点および、両社会に共通する教育・学歴の問題と展望について考えることにする。

2 学歴主義における日本・韓国の教育の問題

(1) 教員文化と生徒文化の乖離

Society 5.0 の新しい社会変革の時代に、集団のために個人を犠牲または抑制し、集団の頂点に立つ誰かの意思に従って働く人は、適切な人材といえるだろうか。初等・中等学校の管理職者および大学の組織の長がもつ、これまで彼ら／彼女らが教育を受けて成功してきた、P・ブルデューのいう「ハビトゥス」は、新しい時代の主役となる子ども・青年のそれと類似なものにすることができるだろうか。デジタル社会「Society 5.0」は、個性的で創造性の高い多様な個人が互いに「連携・連結する社会（Connected Society）」である。「個別に最適化した社会」と学校教育には、どれくらい共通性が存在するだろうか。

内閣府は科学技術基本計画で、Society 5.0とは、「サイバー空間（仮想空間）とフィジカル空間（現実空間）を高度に融合させたシステムにより、経済発展と社会的課題の解決を両立する、人間中心の社会（Society）」であると示した。[1] すなわち、個別に最適化する「超スマート社会」であるという。

それを受けて経団連は、人間中心の「超スマート社会」を、「デジタル革新と多様な人々の創造・想像力の融合によって、社会の課題を解決し、価値を創造する社会」という意味で、「創造社会」と定義づけた。[2] 創造社会を成し遂げるためには、企業、技術、人の変革が必要である。企業はSDGsへ貢献するとともに、構造改革、働き方、および雇用慣行を変革する必要があるという。技術はサイバー空間のなかで展開され、多様なデータを共有しながら戦略と創発を重視する方向へと変革していく。さらに、各個人はリテラシーを向上させ、文理を問わず、平等主義から脱却し、リカレント教育を施すことが必要であると提起している。企業で働く人は、創造力と想像力が重要であり、多様な人々の力を融合して、問題を解決し価値を創造することが求められている。[3]

こうしたなか、学校の現場では、多様な人々の創造力の育成や、創造力の融合・連携という教育を行えているだろうか。現在の日本社会は、情報化社会「Society 4.0」からデジタル社会「Society 5.0」へ完全に移行しているのではなく、情報化社会を維持しつつ、デジタル社会が到来する状況であるといえる。学校の現場は、工業社会・情報化社会の教育を受けて、その時代に必要とされていたハビトゥスを身体化した教員が情報化社会に生まれ、デジタル化社会の影響をいち早く受けている生徒・学生たちを教育している。教員たちは、多かれ少なかれ、集団主義、知識中心主義、学歴主義、努力主義、立身出世主義、受験競争、理性優位、アナログ的な感性を身体化しながら成長し、それを自明視している。一方で、生徒・学生たちは、生まれた時からインターネットを使用する社会環境に置かれた背景から、集団のために個人を犠牲にするのではなく、個人を大事に考えている。

生徒・学生たちは、個人主義、多様性、個性重視、立身出世より個人の成長、競争主義より連携・連結、感性・感情の重視、共感・幸福の優位、創造や想像が重要であると認識したり感じたりしている。彼ら／彼女らは家族の社会化を通してこれらをある程度身体化している。にもかかわらず、学校に入学すると、上記の特徴を多く有している教員や学校の文化に接することになる。彼ら／彼女らは学校のなかで学校・教員が表出する文化やその身体性を受け入れなければならない。

生徒・学生は、学校生活の社会化を通して自分の身体に刻まれている無意識の文化を変容させ、学校・教員の身体文化を素直に受け入れることが大事な課題となる。それを素直に受け入れる生徒は学校生活への疑問をもたなくなり、たとえ疑問をもつとしても、自分の意識や行動を変えるため、学校生活での困難をあまり感じなくなる。しかしながら、そのようなハビトゥスの修正や学校への順応は容易なことではなく、時には、学校や教員の文化に合わせて「良い子」を適切に演じている場合もある。

(2) 韓国からみる日本の教育制度・システムの特徴

では、教員文化と生徒文化の乖離が表面化しにくいのはなぜだろうか。ここでは、「集団主義」と入学試験制度・システムという視点から検討してみよう。

日本の高校には、格差が存在する。たとえば、教員の学力の考え方、教科の取り組み、部活動や学校行事の実践も学校ランクによって異なっている（武内 2018）。また、母校に対する同窓会・卒業生の援助・支援や、その支援に対する教師の期待すらも、学校ランクによって違った様相をみせている（黄 2018）。さらにまた、勉強や学校行事などだけではなく、頭髪、ピアス、ひいては制服の着方などの服装検査や校則の厳格な適用においても、学校ランクによる差異が存在することもある。学校・教員文化が規範化され、支配力をもっているため、生徒たちは諦めて卒業まで耐えて過ごすことが大いにある。

比較的学校ランクが高い高校では、自由・自主自律を強調し、検査や校則の適用が緩やかな場合がある。そこで教員の校則による拘束ではなく、むしろ学校に規範化されている伝統的な学校文化が、生徒への緩やかな管理に作用しているのである。したがって、生徒は厳しい検査や規則がなくても自由に学校生活を過ごしている。そしてこのような学校の伝統的な文化のなかに、日本的集団主義が機能していることがある（黄 1998, 2007）。

このようにランクの高い高校のほうでは、検査や校則の緩やかな運用でも問題が生じない場合が多いが、それは当該高校の教員たちの間に、次のような考え方が共有されていると思われる。「服装の乱れが心の乱れになるという言葉がある。ただ、生徒が多少服装や髪の乱れがあるとしても、生徒たちは学校の「常識」をわきまえているし、彼ら自らが一定の線を越えないだろう[4]」ここでいう学校の「常識」とは、学校文化である。教員たちは彼ら／彼女らが伝統、歴史、偏差値などの学校文化による社会化を通して順応し、それを内面化しているとみなしているのである。それでも生徒たちのなかには、教員に合わせることや、そのふりをしていることもある。

まず、「集団主義」についてみる。子どもは幼稚園をはじめその後の学校教育を通して「日本的集団主義」を身体化していく。児童・生徒たちは、学校教育のフォーマルなカリキュラムを通して、「日本的集団主義」を「ヒドゥンカリキュラム（Hidden Curriculum）」として学びとる。児童・生徒たちは人間関係において個人の個性よりも他者への同調、組織体制への順応が重要であることを学び、自然と体得している。学校行事や部活動を通して、上級生からの指示が規範化され、たとえ不条理であっても従うことが重視されやすい。しかも、自分たちが上級生になったときに、同じようなことを下級生に要求する。このような傾向は、伝統ある名門の高校、女子高校においてより強く守られている。さらに、歴史と伝統のある部活動のOB・OGは、このような「身体文化」の具現者である。「身体文化」とは考え方、価値観、審美性、行動様式などからなる、身体の心的・身的な総体的様式である（黄 2019）。彼ら／彼女らは、部活動の発表会や、他校との対抗試合などで援助・支援などの協力をする。しかしながらそれと同時に、在校生の「身体文化」についても気にする場合が多い。

部活動における集団主義の傾向は、部活動自体が個人的な活動であっても、運営システムが集団主義的な場合が非常に多い。部活動の文化を類型化するときに、学校のなかで最も好まれる類型は、部活動そのものが集団で行われ、学校内部で行われるタイプである。たとえば、縦軸に部活動が集団・

チームで行うか、個人的活動で行うのかを設定し、横軸に学校内部で行うか、学校の外で行われるかを設定してみよう。その際には、野球、サッカー、合唱などのように集団で行い、かつ学校内部で行うタイプが学校に最も好まれる。そして、水泳、弓道、楽器など個人的な活動でも、集団主義の運営システムに沿って学校内部で行われる類型が好まれる傾向がある。

部活動にみられるように、現在の中学校・高等学校における「日本的集団主義」は、生徒たちに閉塞感を生じさせているのだろうか。学校では、集団主義固有の特性、すなわち、個人が集団に包摂され集団を通して個人が自己実現をするという機能があり、集団の利益が個人の利益として機能しやすい。また、集団の内部では「疑似ゲマインシャフト」のかたちをとり、心理的に「強制的な同調性」が機能しやすい。さらには、集団は一つの「閥」の形態を成して集団の内と外についての行動様式が異なり、「閥」の内部では庇護移動が存在する。このような集団主義の特性が学校のなかで運用され、特に、部活動、クラス、クラスのなかのグループ、生徒会組織などでも機能している（黄 2000）。そして、それら集団のなかの生徒たちに「思いやり」が大事であることが強調される。そのため、集団の外にいる生徒たちには、「内と外」の論理によって、「思いやり」、「見守る」、「受け継ぐ」など庇護移動の恩恵が受けられない。生徒たちのなかには、「強制的な同調性」が強制されるものの、集団の「恩恵」では庇護移動から排除されてしまう人々が生じてくる問題がある。

このように、「奉公」と「恩恵」の論理が上手く機能せず、社会心理的機能の面で学校の集団主義に機敏に適応できない生徒たちの問題が生じてくる。また、学校における「一斉主義」は、移民の子どもたちに「強制的な同調性」として機能し「多文化共存時代」に彼ら／彼女らが学校生活へ適応していく過程で困難が生じやすい（恒吉 1996）。

次に、入学試験制度・システムについてである。日本の学校教育は、一部で年齢の早い段階から入学試験制度、トラックシステムがある。これは韓国と比較して非常に異なる制度・システムである。日本の場合は、小学校、中学校、高校の入学試験制度がある。場合によっては、幼稚園に入学するときに、入園試験を経験する子どもがいる。なお、私立学校の場合、幼稚園から大学までエスカレータ一式に進学していく場合もある。偏差値、社会的威信も高い名門大学の私立大学であれば、生徒や保護者は入学を強く希望するであろう。というのは、一般的には高校生になってから初めて進学したい大学・学科を選別することや、大学の文化を垣間見ることもないまま、大学入学試験を受けるストレスや負担が多少軽減され、比較的に安心して高校生活を送ることができるからである。したがって、わざわざ地方にある附属高校に入学し、東京に戻って同系列の大学に進学する、という戦略をとる人もいる。ここには心理的、社会的にハードルが高くリスクをともなう大学受験という事柄を、相対的にスムーズな連結によってこれらを削減し、大学に進学することができるからである。

このように日本では高校の段階で国立・公立、私立の区分だけでなく、それぞれの区分のなかでも附属の小学校、中学校・高校が、韓国より多く存在する。したがって、早い段階から、子どものライフ・ステージやライフ・スタイルを考え、多岐にわたって選択できる多様性があると思われる。

他方、韓国の場合は、教育制度と運用システムによって、ほとんどの子どもが高校まで入学試験を受けないで進学していく。これらは１９４５年以降、教育制度と入試制度を改革し続けてきた結果である。なお、偏差値や社会的な威信の高い有名私立大学で、幼稚園、小学校、あるいは中学校・高校などの附属学校が設置されている大学は非常に少ない。あるとしても、日本のように何割の生徒がその私立大学に進学するという暗黙的に共有された「社会的イメージ」がほとんどない。たとえ、有名私立大学に附属高校があっても、大学の入学試験においては、他の人々が不利な立場にならないよう平等な競争を行うことが望ましいと考えるのが一般的な社会的認識である。このような、日本と韓国の教育制度・システムは、それぞれの社会で出身階層・学歴・就職・到達階層、社会的不平等や教育機会などに関して、社会構造と実践に、規範化され共有されている文化が異なる結果でもある。

日本の場合、高校の偏差値による学校間のトラッキングが存在する。中学3年生の段階で主に成績によって格差構造のなかのいずれかの高校に入学する。さらに、中学校の成績によって配分された高校では、その格差によって、進学する大学ランクが異なる。すなわち、高校3年間で生徒はあまりトラック間の越境ができない。多くの場合、成績においてもトラック間の格差がそのまま維持され、大学ランクにスライドしていく傾向がある。近年の研究では、学歴の地位表示機能が強調されている。子どもは出身階層、親の学歴を媒介にそれぞれの学歴を取得し、到達階層に位置づけられるのだが、その際、学歴は階層を再生産する傾向があるとする研究が多い。なお、学歴に関する日本・韓国の比較研究も質問紙調査を通して行われている（中村・藤田・有田編 2002、渡辺・金・松田・竹ノ下編 2013）。

日本の高校間学歴格差のトラックの現象は「多元的志向―選択的分化」とされ、韓国の場合は「一元的志向―強制的分化」と称されている（中村・藤田・有田編 2002）。日本と比較して韓国の場合は、中学校から高校へ、また、高校から大学へ進学していく際に、日本のようなトラッキングの現象が明確に存在しない。したがって、一般の高校の場合、高校の在学中に成績を伸ばせば、高校3年生のところで偏差値の高い有名大学に進学できる可能性が比較的に高い。韓国では、高校は大学入学試験において「逆転可能な場」である、という「社会的なイメージ」が人々に共有されている。

(3) 韓国における教育制度・システムの社会的背景

教育社会学者たちの日韓比較研究では、上記のような現象が明らかにされた。しかしながら、そのような現象が生じてくる社会的背景に関する考察にまではメスが入っていない場合がある。

戦後、日本と韓国は、アメリカの影響を受け、小学校6年、中学校3年、高等学校3年、大学4年という6・3・3・4制度に改革した。しかしながら、日本は庇護移動システム、韓国はトーナメントシステムで運営してきた。竹内洋（2016）は、「成熟したメリトクラシー社会では学歴獲得レースや内部労働市場の昇進レースのように選抜が継続的におこなわれ」、「初期の選抜に選ばれなかった者にはのちに努力し能力開発しても反応（処遇）は硬直的で敗者復活が困難になる」と指摘している（竹内2016：238）。日本の場合、戦前の教育システムとは異なるが、戦後も実質には多元的なトラッキングのシステムとなっている。なお、日本社会の教育システムは、社会の構成員に自明視され、安定的に運用されている。

他方、韓国社会はトーナメント型教育システムというかたちをとっている。上述したように、日本は中学3年時の成績が、高校へのトラッキングを経て大学進学へ影響を及ぼす反面、韓国は高校3年生までそれが引き延ばされ、3年生の時の成績が大学進学へ決定的な影響を及ぼす。その背景には韓国社会の構造と社会意識がある。

戦後、韓国社会の再建には民主主義と経済発展を重視するイデオロギーがあった。それを達成するために人的資源として教育が最も大事であった。したがって、韓国社会において、教育は戦後からの社会と個人、両方の発展のために最も重要なものであった。つまり、社会階層の高低に関係なく、より多くの個人に良い教育を受けさせ、人材を育成し、人的資源を蓄積、配置する必要性があった。高校卒業者と大学卒業者の間に給与と昇進における差異の幅を大きくし、社会構成員に大学進学への動機を付与した。他方、個人の立場からは、高学歴を取得し高所得を確保し、社会階層の移動が可能になると考えられるようになった。学歴を通して社会階層の上昇移動、または再生産が行われていた。韓国社会では、子どもの出身階層がたとえ下層であっても高い学歴を取得できる、「教育機会の平等」を満たすような教育制度とシステムを運営することが最も重要な課題であった。

韓国では、4年に一度の選挙で政権が代わるたびに、教育制度を見直し、カリキュラムを変え、入試制度改革を実施する場合が多い。韓国の生徒たちは高校の段階まで入学試験をほとんど受けていない。生徒たちは居住地域別に区分され、そのなかに位置する一般高校に抽選で入学をすることになっている。したがって、生徒たちは大学に入学するときに初めて入学試験をうけることになる。すなわち、韓国社会では、大学入試を受ける高校3年生まで、学力、入試情報、内申成績、非教科の遂行能力・実績を高めるための機会と敗者復活の機会を失わないための競争期間を長く設けている。

(4) 韓国の大学入学制度の改定と社会階層の不平等の問題

1990年代後半からは、政府の支援・補助なしに完全に自立して運営する「自立私立学校」、外国語や国際性、科学を中心に教育する「特殊目的学校」、特定分野で優れた能力をもった人を教育する「英才学校」などが設立された。このような高校は一般高校に比較して、授業料、生徒一人当たり親の負担金が高い。また、これらの学校では高校入試によって生徒を選抜する。生徒たちはこれらの高校に入学できるほどの学力が必要であるが、そのため中学校段階でも学力を高めるための塾だけでなく、入試コンサルタント専門塾などの学校、家庭以外でもサポーターが存在するのである。生徒のための学習環境が良く、大学の入試においても「学校生活記録簿」に記載できる創造的体験活動、サークル活動、小論文作成の機会や質の保証、学外での奉仕活動の機会などが豊かにある。生徒たちは国内の名門大学、あるいは海外の大学を目指して学習環境の良い学校で生活をしている。実際、それらの大学に入学する実績も見せている。

したがって、生徒たちの出身階層の経済的資本、文化的資本が生徒たちの学力に変換され、大学進学に有利になっている。このような学校は数的には多くないが、学歴の地位表示機能、社会階層の再生産という「象徴的な意味」が社会的に大きな影響を及ぼしていた。テレビメディアでも、時事企画「窓」という番組では、「学閥、金で買います」を放映した[5]。これら「自立私立学校」「特殊目的学校」の生徒たちが、社会階層の低位出身で努力によって学校で高い成績を上げた生徒と比較して、名門大学に入学するうえで有利であるのかを指摘した。なお、国立有名S大学で実施した学生「入学類型別学生の成績の変化」をみると、1年1学期では、上記の学校出身者の多い「特技者（特別能力者選抜）型」の学生が、地域による社会的・文化的資本の不平等を解消するために設けられた「地域均衡選抜型」や「一般入試型」の学生より成績が高かった。しかし3年1学期からは、「地域均衡選抜型」の学生が、他の類型の入学者たちより高成績を維持したという結果が示されている。

韓国社会では、社会階層と学歴所得に関して、社会階層の高位の子どもが高学歴を取得する現実が理解されるからこそ、社会階層の低位の子どもの「学業能力の格差」、「地域間格差」、複雑な大学入試制度のなかでの「情報格差」を越えて、「機会の平等」をいかに維持するのかが重要な社会的合意となっている。上記のような社会的現象に対処するため、従来の「修学能力試験」から2008年に「入学査定官・学生生活簿総合選考」制度へと改革して実施していた大学入試制度を一部改訂することになった。結果、「チョンシ」は「修学能力試験」を、「スシ」は「入学査定官・学生生活簿総合選考」であり、生徒個人はどれかの入試を選択することができる。また、「チョンシ」、「スシ」のどれか、あるいは両方の組み合わせにするかは大学の意志に任されている。

すなわち、全国一律に実施する「修学能力試験」より、「入学査定官・学生生活簿総合選考」のほうが、社会階層の格差がより大きく影響を及ぼす可能性があると思われた。生徒の「学校生活記録簿」に記載された内容が大学入試で重視されるからである。生徒の自己紹介書（自己PR書）、創造的体験活動、サークル活動、小論文、奉仕活動の内容などは、生徒の単なる偏差値より、大学の勉強に有利であると思われる活動内容の選別、実施など、入試に関する専門的な塾のアドバイスが必要であり、文化的、経済的資本だけでなく、保護者のネットワークの社会的資本さえも必要な場合がある。したがって、授業の教える内容の暗記あるいは思考力・分析力などによる偏差値を高めることよりも、生徒一人の努力によって達成できる領域を超えて格差が表れる。社会階層の低位出身の生徒には、むしろ「修学能力試験」で志願をするほうが、階層格差を解消する戦略的選択であろう。

しかも、現行の制度では、大学の判断によって「入学査定官・学生生活簿総合選考」と面接試験、簡単な論述試験を実施する場合と、これらに加えて「修学能力試験」の成績を要求する場合がある。有名大学では、前者の「入学査定官・学生生活簿総合選考」試験の成績に追加して、「修学能力試験」の高い等級の成績を要求し、それに見合う成績の生徒を入学させる。このような結果から類推すると、過去の入試制度では、偏差値が高い学生を選抜したが、現在はそれに追加して、創造性、企画・実践力、コミュニケーション能力、他者との連携活動力までも要求することになった。デジタル時代に見合うような人材育成を目的としていたが、社会的に不利な階層の人々への「機会の平等」のイデオロギーには適切でなかった。

「教育部」は、2022年に実施する改正案「2022年度大学入学制度改変方案及び高校教育の革新の方向」を発表した(6)。これは、大学入試における社会階層格差の教育への影響力を縮小するように考案されたものである。2018年、教育部長官が、制度改定の目的は「より良い教育のための公正な一歩」とし、「生徒の選択権の拡大、及び負担の緩和」、「2015年改訂した教育課程の安定的な運営」、「大学入試の公共性と責任の調和」にあるとした。具体的には「チョンシ」の比率を2022年に30%、23年からは40%以上に拡大し、「スシ」では学生生活簿の記載に生徒の受賞経歴記載の制限、自己紹介書（自己PR書）の改善、教員の推薦状の廃止、小論文を廃止、サークル活動数の制限等の改編が実施される。なお、「情報格差解消のための支援」策として、大学入試情報サイトの機能強化、大学入試博覧会などを運営している。これらは社会階層格差が生徒の大学入試の結果に及ぼす影響を削減するための入試制度および運営における対策である。

韓国で40年間教員をしてきた女性のL・Eは、大概の大学で、「チョンシ」が40％、「スシ」が60％である。生徒は自分の得意な試験で選んで、「修学能力試験」で高い成績を出せると自信がある人は、「チョンシ」にして、「スシ」の試験を受けない場合がある。また、「スシ」では、学生生活記録簿の内容と大学での論文試験で決まる場合が多く、「スシ」で合格した人は、時期的にその後に実施される「チョンシ」の試験を受けられない。「スシ」はいくつかの大学を併願できるが、合格すればそこで入試が終わる。しかし、「スシ」と「チョンシ」の両方の成績を必要とする大学および学科を志願する場合は、「スシ」の後に「チョンシ」も受験することになる。このように、生徒は志望する大学の情報を熟知して準備しなければならず、大変複雑である。入試のコンサルタントをしてくれる塾ではプランを作ってくれる。1回の相談で40万ウォン（日本円で約4万円ほど）を支払うが、塾によってはより支払いが高い場合もある。[7]大学入試制度が変わると、たとえば自己紹介書（自己PR書）の書き方でさえも、大学受験に影響があると考えた生徒や保護者は不安になって、塾に頼る傾向がある。塾の側も、受験勉強を教えることからコンサルタントのサービスも受けもつことになり、ビジネスの形態が異なってくる。ところで、2018年の改正案は、国家教育会議、大学入試改革特別委員会だけでなく、市民の参加や、国民大討論会としてのTV討論会などを通して、世論を反映していた。生徒は自分の大学入学試験について、豊富なサポートがえられるかどうかという社会的階層、および自分に自信のある入学試験のタイプや、大学・学科の選別に多くの選択肢が与えられているため多様な機会がある反面、偏差値だけでなく、自分を熟知して準備する必要があり、かつそのような能力が要求されている。

3　学歴の「地位降下防衛機能」と生徒・学生の不安

(1) 高等教育進学率の増加

日本では18歳人口が減少するなかでも、高等教育機関への進学率は増加している。2020年度『学校基本調査』の結果によると、[8] 2020年3月の段階で、大学(学部)、短期大学(本科)、高等専門学校4年制、専門学校を含む高等教育機関への進学率は、過去最高で83・5%である。そのなかで、大学(学部)・短期大学(本科)への進学率は58・6%であり、大学(学部)だけを取り上げてみても進学率は54・4%で過去最高である。さらに、専門学校への進学率も24・0%で過去最高である。しかし、短期大学への進学率はわずか4・2%で、前年度より減少している。短期大学への進学率について1985年から2020年までの推移をみると、1985年から緩やかに増加し1994年の13・2%でピークに到達したが、1990年代後半に急激に減少し、なおその後も徐々に減少してきた。これに比較して専門学校の場合は、1985年では短期大学の進学率とほぼ同じであり、2005年をピークに減少したが、再度2009年からゆるやかに増加してきた。このように短期大学と専門学校への進学率は相違があることが理解されよう。

また、女子学生についてみると、学部学生全体のなかで女子学生の割合は、45・5%で、過去最高である。これらの結果からみても、高等教育機関への進学率は増加していることが理解されよう。ただ、大学(学部)卒業者のなかで大学院などへの進学率は、11・3%であり、前年度より0・1ポイ

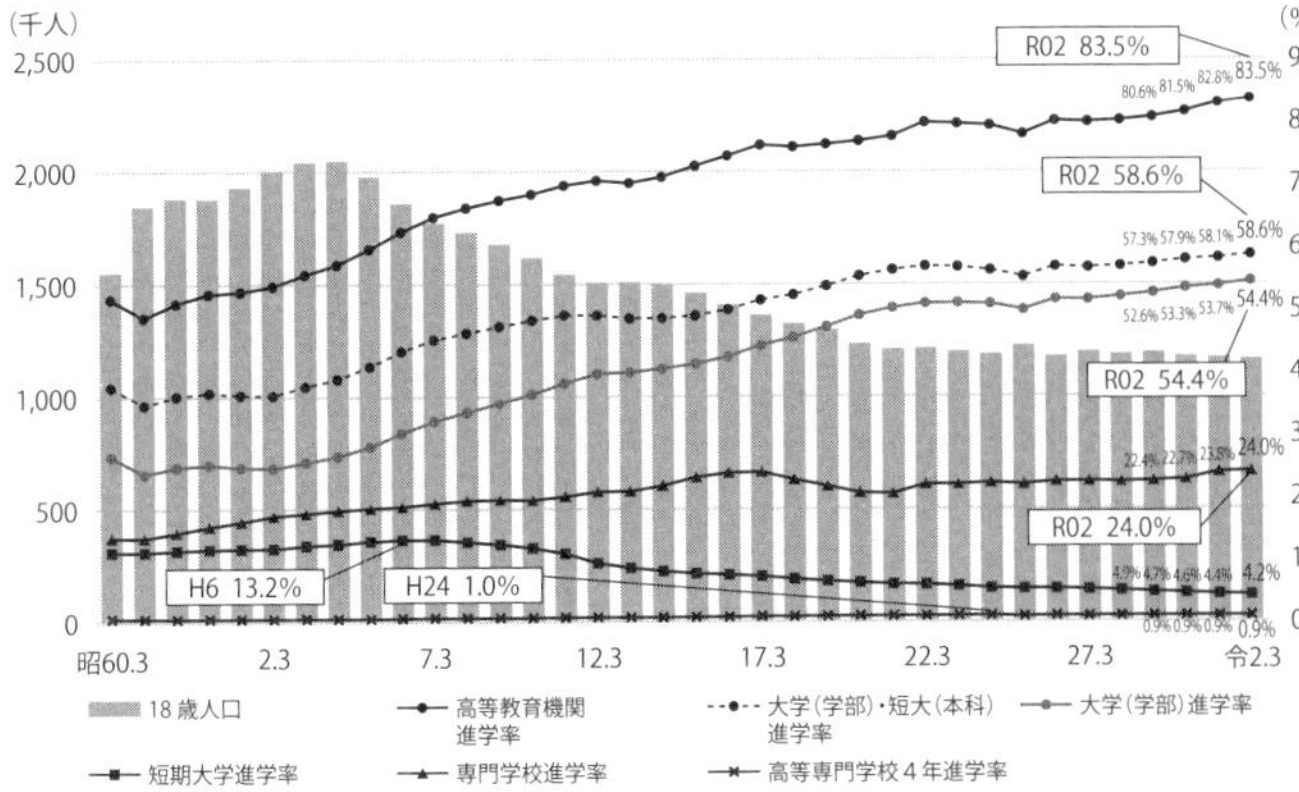

図10-1　高等教育機関への進学率

（出所）文部科学省「令和２年度学校基本調査（確定値）の公表について」報道発表資料（令和２年12月25日）

ント低下している。ちなみに、進学率は２０１１年度が最も高く、それ以後10年間低下し続けている。なお、修士課程修了者のなかで大学院などへの進学率は９・３％で前年度より０・３ポイント上昇している（高等教育機関への進学率の推移は**図10-1**を参照）。

　では、日本以外のＯＥＣＤ各国の大学進学率は増加しているだろうか。「世界の高等教育機関の大学進学率の推移」をみる。１９９０年から２００９年の間、ドイツ、日本、イギリス、アメリカ、韓国、オーストラリアを取り上げてみても、全体として各国で増加している。ただ、ドイツと日本の伸び率は緩やかである。２００９年時点で、ＯＥＣＤ平均よりも高い国は、イギリス、アメリカ、韓国、アメリカである。これらのデータを発表した「産業競争力会議下村大臣発表資料」によると、「先進諸国の多くが、大学進学率を上昇させる中で、日本の伸びは低位」である、と指摘している。[9] さらに２０１９年、ＯＥＣＤの各国のデータを用いて「高等教育進学率の国際比較」を男女別に分析した濱本真一は、「一部を除くほとんどの国で学業達成、高校卒業、及び高等教育進学率において男女間の差は減少している」と指摘している（濱本 2020）。なお、女性の進学について、4年制大学への進学率が短期大学を超え始めたのは、1970年代以降生まれの世代であり、80年代以降生まれの世代では上回ることになった。

では、大学進学に対する性差と社会階層差についてみるとする。2005年および2015年SSM（社会階層と社会移動全国調査）のデータを使用した世代別教育達成と性差、社会階層差についてみてみよう。濱本によると、大学進学における性差は減少しているが、社会階層差は維持している。さらに性別内部における階層差は容易に減少せず格差がある。すなわち、男性間に進学に有利な階層と不利な階層の格差があり、また女性同士の間にも格差がある。なお、「性差は進学に有利な階層の家庭において大きい傾向にある」という（濱本 2020）。父職が専門管理職である家庭は、ノンマニュアル職、自営・熟練、非熟練・農業職の家庭と比較して、進学格差における男女差が大きい。進学が有利な階層出身の男性は大学進学を達成しやすいが、女性は男性より大学進学が低く不平等が存在している。すなわち、女性は学歴取得に有利な社会階層の「恩恵」を男性に比較して受けにくいのである。「有利な階層出身であることが、性差を克服するのではなく、むしろ有利な階層の家庭でより選別的な教育投資が行われる」という。なお、「世代を通して性差は減少しているが、階層による性差の減少速度には大きな違いがみられない」と指摘されている。そして、このような現象の社会的背景には、「女性には短大や専門学校を選好させる価値意識」や、「ライフコース上での価値の違い」がある（濱本 2020）。

他方、韓国における生徒の大学進学率を日本と比較してみよう。2019年度OECDのデータによると、韓国の女性の大学進学率は日本の女性よりも高いが、韓国の男性の場合は日本のそれとあまり変わらない（濱本 2020）。

日本と韓国の女子高校生の性役割意識および、親の社会階層別ジェンダーに関するしつけなどと高等教育へのアスピレーションとの関係をみてみよう。「男＝仕事、女＝家」という伝統的な性役割規範は、日本の女子高校生のほうが、韓国のそれより影響が大きい。また、就職する際に「どの学校を出たかが重要である」という学歴・学校歴を介した地位達成について、日本の女子高校生が韓国のそれより否定的に考え、韓国のほうが学校歴効用を肯定的にとらえる傾向が高いという。さらに、日本では、母親の学歴と親の職業が女子高校生の大学進学アスピレーションに影響を及ぼす反面、韓国は日本ほど影響されていない。なお、社会階層などを統制しても、日本では「女性＝家庭」の性役割意識が、女子高校生の大学進学アスピレーションに及ぼす影響が大きい。無論、韓国でも、名門大学といった大学ランクやタイプへの女子高校生の進学機会になると、社会階層の影響は大きい。しかしながら、韓国では急激な高学歴化が進展するなかで、「業績主義的な文化」が浸透し、女性にも大学進学が求められ、女性たちも認識している（金 2002）。

現代の韓国社会では、女性が大学の学歴を求める背景として以下の点が考えられる。第一に、親の世代が大卒でない場合は、自分たちはより高い教育機関で教育を受けることを希望している。第二に、親および子ども本人も、性差に関係なく高等教育を受けることが望ましく、進学できるように努力することが重要であると考えられている。第三に、男女ともに大学進学率が高いため、女性の場合も大学を進学しないと就職の機会が少なく、地位が降下する可能性がある。また、社会的関係形成においても、認められない恐れを回避するためである。第四に、女性であっても大学を卒業しそれに見合う給与をもらうことが重要であり、また結婚の際にも女性の高学歴に見合う相手とマッチングできると考えられている。第五に、デジタル化が進むなか企業は採用者数を厳選し大卒でも就職が困難であるため、大学は卒業しておくべきとする考えが一般的となっている。たとえ企業への就職が困難な場合でも、スタートアップをすること、特にＩＴ関係の分野での創業など政府が支援する政策を活用する。その場合は、大学進学後に創業を考える。なお、親の稼業を継ぐ場合でも職種に関係なく大学で教育を受けることが優先される。このような考え方が女性にも当てはまると考えられている。第六に、夫婦共働きの傾向が高まっているが、特に若い世代では家事や育児を分担する意識や、男性の育児休暇を取ることが容易であるという方向へ社会的認識が急激に変化している。変動する社会のなかで特に若い女性は「伝統的な性役割」が与えられることについて抵抗意識をもっているといえよう。

女性が大学で学び社会で働くことについて、性差に関係なく能力主義、業績主義でもって平等にとらえる意識が、親・当事者・社会に文化として受け入れられている。

(2) 高等教育学歴の意味の変化と「地位降下防衛機能」

日本を含むＯＥＣＤ各国の高等教育の進学率が増加してきた。１９９０年から２００９年までの大学進学率の推移をみると、日本と韓国ともに進学率が増加している。また、「修士号、博士号取得者数の国際比較[10]」をみると、日本の人口１００万人当たりの修士号取得者数と博士号取得者数（２００

8年）ともに、アメリカ、韓国より低い数値である。「第7期大学分科会の審議事項に関わる関連資料・データ」によると、「知識基盤社会で世界的に人材需要が高度化する中、我が国では博士・修士が諸外国と比べて少ない」と記されている[11]。

では、日本や韓国でこのような高等教育機関、特に大学の学歴インフレは学歴についてどのような意味の変化をもたらすのだろうか。ここでは、学歴の「地位形成機能」、「地位表示機能」とは異なる、学歴の「地位降下防衛機能」について考えることにしたい。

第一に、学歴インフレにより学歴の価値は減少した。まだ、高学歴が希少価値を持っていた時代には、経済成長の時代とあいまって一つの会社で生涯雇用されることが多かったため、学歴の価値の持続期間も長かった。だが、高校卒業者の80・０％以上の人々が高等教育機関に進学することになると、高等教育を受けたことが他者より労働市場で優先され、経済的に得をするという価値が低くなった。

しかしながら、歴史的にみると学歴インフレは高卒者の場合も、大卒者のそれと類似の現象をみせていた。１９５５年から１９９５年までをみると、中学校卒業者の高校への進学率は１９８０年まで急激に増加し、その後は穏やかに伸びていく。そのために、高卒者の価値は経済的見返りを高めた「プレミア」の時代を過ぎ、衰退してしまった。（香川・相澤 2006）。

そこでの学歴の機能には、積極的な意味で学歴のプレミアはなくとも、他者も進学するほどの「普通なことを自分もした」ことになり、人より先ではないけど、人と同じ程度である、という安心感がある。これは出身階層、学歴、労働市場で、マジョリティにいることによって、地位が降下しない、基本的防御策であることを意味するのである。換言すれば、学歴インフレによって学歴の希少価値が下がるなかで、多くの人々が有している学歴を獲得し、地位を低下させない基本的な防衛策である。したがって、このような学歴の機能を「地位降下防衛機能」と称することにする。

学歴インフレが進むと、高等教育機関に進学する理由が、他者より遅れをとらないこととなりやすい。大概の人々が高学歴を取得するのに自分だけが取らないと、労働市場のジョブ・マッチングで不利益を被るかもしれない。それを回避するために、高等教育に進学することになる。「教育は、個人の「マーケットシェア」を守るために必要な防衛的支出である」ということと相通じるものである（香川・相澤 2006、Thurow 1972）。

ここで、個人が高学歴を取得し、初職後のキャリアを形成していく際に、転職をすることを想定してみよう。たとえば、これまでとは異なる職種の企業か、あるいは同業種の他の企業に転職をする場合、中途採用をする企業側では、採用試験を受ける条件として「大学卒」という高学歴を要求する場合が多い。特に、企画、営業、人事、管理などのホワイトカラー職種がそうである。この場合、大卒という免状がなければ、試験さえも受けられない。そうすると、地位は降下し、賃金を得ることができない。大卒の学歴は、地位が降下することを防衛してくれる機能を果たしている。

今後、日本でも、経済の停滞や、Society5.0 による「デジタル」社会の時代には、これまでのような一つの会社で定年まで働く「終身雇用」という考え方が変わることになるだろう。また、企業側でも、従来は、新卒の人を採用し、企業のなかで教育を行い、さまざまな部署で仕事の経験をさせ、ジェネラリストを形成していく、いわゆる「メンバーシップ型」の形態をとってきた。しかしながら、今後は投資費用を節減するため、中途採用を通して即戦力になる人材を選抜し、ジョブに最適化した者を雇用することで効率を上げる、いわゆる「ジョブ型」を実施する可能性が高くなるだろう。企業は、それぞれの必要によって、「メンバーシップ型」と「ジョブ型」の適切な配分で、人材を配置し運営する可能性がある。また、個人も転職を繰り返し、さまざまな職種、企業で仕事をしていくかもしれない。

それでは、一つの事例を取り上げ、学歴の「地位降下防衛機能」を検討してみよう。私のゼミで卒論を指導した学生は、現在大手食品製造企業の管理部門で人事担当をしている。彼は中途採用について話をしてくれた。中途採用するときには、職務経歴書の書類審査と面接試験を行う。中途採用は、大卒を基本とするが、高卒も可能であり、資格や職務経験が優先される。生産工場で働く場合は、高卒も中卒も問題なく、これまでの職務経験が大事であり、入社後すぐ戦力になれるかどうかが重要である。

しかし、ホワイトカラーの人を中途採用する際には、大卒を最低条件にし、前の会社での職務経験や実績、面接試験を通して企業に適切な人であるのかを判断する。では、なぜ、大学卒を最低条件とするのか。それは大卒が人事担当者に「安心感」を与えるからである。すなわち、人事担当者は、大学を卒業した者を、ホワイトカラーの仕事で必要な抽象的な事柄を概念化する能力や、考え方を言葉で明確に呈示する能力を持ち備えているとみなす。「大卒」は、ホワイトカラー職に適合する能力をすでに有しており選抜すれば戦力として使えるという安心感の象徴なのである。

実際、元指導学生の兄は転職活動をしていた。彼は船舶関係の高等専門学校を卒業し、船舶の物流関係の企業で、企画の仕事をしていた。高卒後、高等教育機関で勉強し卒業をしたが、大卒の免状は持っていなかった。しかしながら、同じ企画の仕事を求め、電力会社の中途採用試験を受けようとしたときに、最低条件が「大卒」であった。彼は高等専門学校卒業として高等教育を受けていたが、大卒ではなかった。彼は長年の経験と実績があったにもかかわらず、書類審査の選考にさえ乗れなかった。彼はこれまでの仕事における社会的地位を失うことになった。しかしながら、彼は働きながらソフトバンクが設立したサイバー大学に入学し、大卒という免状を手に入れることができた。そこで初めて、彼は中途採用の試験に応募する資格が与えられた。彼は無事、職務経歴書を提出し面接試験を受け、新しい会社で働くことができた。「いくら実績があっても大学卒でなかったら兄は選考のステップにさえ乗れなかった」、「サイバー大学の卒業でなければ会社に入れなかった」と弟は述べていた。サイバー大学の教育にかかる学費等は、次の仕事を得るための「防衛的な支出」であった。このように、大学卒業の学歴は「地位降下防衛機能」を果たしていることが了解されよう。

(3) 学歴インフレとデジタル社会における生徒・学生の不安

世界各国で学歴インフレが進むなか、多くの生徒・学生は修学年限が長くなる。さらに、就職・転職に際して、学歴が一層重視されるようになっている。日本の場合はあてはまらないものの、大学院進学率がここ最近上昇している。また、デジタル社会では、アナログ時代とは異なり、現在ある職種の一部が消滅し、新たな職種が生まれるとの指摘もある。

生徒・学生側からすれば、高等教育、特に大学への進学動機は以下のような考え方があると思われる。第一に、デジタル社会への構造変動や、学歴インフレにともなって、将来の仕事について予測が不確実で、不安定であるため、とりあえず受験勉強をして大学に進学しておくことである。特に有名大学や特定の学部などが大手企業や就職に有利であるため、有名大学を目指すことにする。第二に、将来やりたい仕事や夢が特にない場合、とりあえず大学へ進学し、職業選択は就職活動を始めるまでにできるだけ後回しにしておく。第三に、特別にやりたい仕事がないので、採用されると入社し、会社に合わなければすぐ転職すればよいと考える。第四に、家の経済状況がよくない場合でも、大学を卒業しないと不利になるので、奨学金制度を活用して大学に入学する。就職してから返済すればよいと考える。第五に、両親、特に父親の望み通りに大学に進学することである。

こうしたなか、日本と韓国の生徒・学生の状況について、国立青少年教育振興機構が２０１４年に実施した「高校生の生活と意識に関する国際比較調査[12]」を例に考えてみたい。この調査の結果をみると、日本と韓国の高校生たちの傾向をアメリカのそれと比較してみることができる。日本と韓国の高校生たちの７割以上が「将来に不安を感じている」と回答している。具体的に、「とてもそう思う」と「まあそう思う」の合計をみると、日本が71・０％、韓国が78・０％である。アメリカの63・０％より高い。また、「将来に対して、はっきりした目標をもっている」かについても、日本と韓国の高校生は約６割で類似した傾向を表している。日本が57・３％、韓国が58・９％であり、アメリカは80・９％で日本や韓国より高い傾向にある。このように、日本と韓国の高校生たちには、大学進学やその後の就職へとつながる人生について不安をもっているが、はっきりした目標をもっていない人も多いことがわかる。

しかし、自国が「競争が激しい社会である」と考えることについては、異なる結果が出ている。日本の高校生の場合は66・6％であるのに対して、韓国では95・6％で非常に高い。アメリカは79・1％となっており、韓国よりは低く、日本よりは高い傾向である。なお、高校生が友達に求めることについて、「個性があること」を取り上げてみると、韓国は84・9％で日本の74・2％より高い。アメリカでは88・9％と、韓国よりも高くなっている。「友達に求める最も大事だと思うもの」で、個性の要素を取り上げてみると、韓国が37・9％、日本は9・6％となっている。全体としては、日本は「思いやりがあること」、韓国は「個性があること」、アメリカは「約束を守ること」が最も高くなっている。個性的であることについては、日本の生徒たちのほうがあまり気にしていないことが理解できよう。これは、両方の社会で学校教育の全般、とりわけ高校教育でも、生徒自身の個性を重視し、それを成長させようとする傾向や学校文化が異なることと深く関わっているように思われる。現在、韓国の高等教育機関の進学率は、大学のレベルでも女性が男性よりやや高くなっている。女性が男性より進学率が高いパターンは、イギリス、フランス、ドイツと、デンマーク、ノルウェーやスウェーデンなどの北欧諸国である。韓国がこうした国々と類似したパターンを辿るかについての判断は現段階では難しい。

4　おわりに

日本と韓国の教育・学歴について、互いの社会からの交差的な視点から考察してきた。これまで、特に学歴を社会階層おける地位の形成、地位の再生産を中心に「地位形成機能」「地位表示機能」を中心に研究が行われてきた教育社会学において「投資としての学歴」という大枠で考察をした。具体的には、第一に、高等教育機関の進学率が高くなるなかでの、学歴の機能である。日本においても高等教育機関への進学が8割を超えるなか、企業への就職・転職の際に、大卒＝学歴条件を満たさないことで、スタートラインにすら立てないことがある。このように、現在では大卒が地位の降下を防衛する「地位降下防衛」として機能している。

第二に、学歴インフレ、デジタル社会が進むなかで、日本や韓国の高校生たちは閉塞感、不安を感じている可能性がある。現在の学校教育は、戦後から現在までSociety 3.0の工業社会に適合した人材を育成する制度であり、しかもその制度の担い手は工業社会の文化を身体化し、成功体験をした中・高年齢の教員である。もちろん、現在の中等教育は、形式的には「Society 4.0」の情報化社会の影響を受けているが、文化の面ではなお工業社会の基盤に立っている場合が多い。

日本の学校でいえば、日本的集団主義、一斉主義、自主自律による生徒の管理、あるいは厳しい校則と規則的な服装検査など、生徒の個性より集団への同調がヒドゥンカリキュラムとして存在し、学校内で自明視されている学校文化が存在する。したがって、Society 4.0の情報化時代に少子化社会のなかで成長した生徒たちは、現在の高校で、上記の文化を代弁する教員文化への順応に文化的葛藤を覚えている可能性がある。なお、早い段階から入学試験を受け、高校に入学した生徒たちは、庇護移動システムのなかで高等教育への進学と社会的再生産の安定的なトラックを進み、そのなかで過ごしている。しかし、学校間格差の高いランクのトラックにいる生徒たちのなかでも、一部は階層降下のリスクで不安を抱えている。

一方、親の代からの再生産によって、高等教育機関への進学に不利な社会階層は、階層の上昇移動の可能性が低い。高学歴取得に不利な階層出身の生徒たちは、高校のトラックも低位に位置づけられる場合が多いが、大学進学への可能性、その後の就職への不安を抱いている。このような現象を踏まえて、教育社会学の研究者には、貧困の再生産へのリスクの縮減について社会的・教育的福祉の観点から研究と政策への提言が必要であると思われる。

第三に、日本の女性の高等教育への進学傾向は、短期大学、専門学校より、大学への進学率が高くなってきた。なお、高等教育への進学において、男女の性差は減少しつつある。しかしながら、社会階層における性差の格差が存在し、それが減少していく速度が遅い傾向にある。特に社会階層が高く、大学進学に有利な家庭の場合、男子は、社会階層の影響をうけて大学に進学する比率が高い。反面、このような階層に属する女子の場合は、社会階層の影響を受けることが男子より弱く、大学進学率が男子に比較して低い。彼女たちは、大学ではなく、短期大学や専門学校へと進学している。したがって、男子生徒と同様に大学進学に有利な家庭に属しているにもかかわらず、「恩恵」を受けにくい傾向にある。そこには「女＝家」「女子は短期大学でよい」とする伝統的な性役割意識、ジェンダー観が、社会階層による性差を生み出していた。ただし、１９９０年代半ばから短期大学へ進学する比率が著しく低下してきている。先にみた文部科学省「令和2年度学校基本調査」（確定値）によると、短期大学への進学率は１９９4年13・2％であったが、２０２０年４・０％まで低くなっている。在学者数の女性比率は88・８％で、専門学校56・８％、４年制大学の45・５％より非常に高い。また教員数に占める女性の比率も53・1％で専門学校53・7％と変わらないが、4年制大学の25・9％より非常に高い。このように短期大学は生徒も教員も女性が多い特徴を示している。しかし、進学率が低いためその機能を果たすのに問題がある。

他方、社会の変動にともない短期大学の方も変化した。同じ大学名の4年制大学付設の短期大学部になり同大学の4年制へ編入が可能になる制度を設ける場合もある。

また短期大学を廃止し4年制大学を開設する場合もある。このように、大学進学に有利な階層の女性たちの進学先として一定程度受け皿の機能を果たしていた短期大学は、制度・システムを変えることにより、意味付与も異なってきた。現在、短期大学は4年制大学への受験が失敗するかもしれないというリスクを考え入学し、卒業の段階で4年制に編入して勉強を続けるか、卒業して就職をするかの可能性をもつ。その判断の猶予期間を設けることができる場、という新たな意味解釈が成り立っているともいえる。

第四に、韓国の場合は、大学進学において社会階層の影響に関係なく進学率が高い。社会階層が高い場合、親および生徒本人も男女差はない。大学進学に有利な階層の「恩恵」を男子生徒も女子生徒も受けている。世代間でも、親の世代は自分たちの子どもについて、自分が受けた教育より高いレベルの教育機関で学ぶことを強く希望し大学進学にむけて献身的になる。なお、韓国社会では、資源の少ない国では人的資源しかないのだと、教育への重要性が社会の文化として構成員に共有されている。男性、女性に関係なく、大卒が高卒より高く評価され給与・昇進に有利である。もちろん、昇進においては男女の不平等が存在しているが、能力主義、業績主義と高賃金体制が女性の高学歴化を促進する装置となっている。その結果、韓国の高校生の高等教育機関への進学率は日本のそれより高く、大学への進学率も同様である。特に韓国の女性の大学進学率は日本の男性、女性より高くなっている。しかしながら、北欧のような女性が男性より高等教育進学率が高いパターンに変化していくかどうかは、現段階では判断が難しい。どちらにしても、現在韓国では社会階層の低い人々、地方居住で教育機会から疎外された人々、片親や貧困層の人々の機会の不平等・格差を訂正するために、大学に入学させる制度的救済装置を実施している。第五に、韓国の生徒たちが抱える主な問題は、大学入学についての学力への不安である。日本のように高校でトラックが存在しないため、高校では名門大学への「逆転可能」、「敗者復活」が可能であるため、学業成績への期待がある。したがって、学習成績の低い生徒たちは学校生活満足度が低く、不安に陥る傾向がある。具体的に、学業成績が高い層の生徒は、有名大学に入学できるかの不安、その次の層の生徒はソウルを含む隣接都市までにある大学に入学できるか、さらに成績が低い層の生徒たちは地方の大学か、専門大学にいくのかの不安に駆りたてられている。なお、保護者も同様に期待しているため、生徒たちは学習力への不安の圧迫から出口が見えない場合も多い。日本と比較をしてみると、日本のような高校トラックによって、学校が偏差値において同質的な環境である場合は、学力への不安よりも、学校のなかでの人間関係への不安を韓国よりも感じやすいといえよう。韓国では「頭髪の自由化」が導入され、髪の形態だけでなく、カラーやパーマなど髪型等の自由化によって、日本の生徒より、服装、頭髪の検査から自由になっている。相対的に、日本の生徒は、学力による不安が低く、学校生活での不安が高いといえよう。

このような日本と韓国の、学歴インフレ、デジタル社会なかで、出身階層の不利によって高学歴を取得できず社会的地位を形成する機会を奪われた人々のために、教育社会学者は何ができるだろうか。さらに、教育制度・システムが、学歴によって社会的地位を安定的に再生産する人々のためだけに運用されないようにするために、どのような政策的提言ができるだろうか。教育・学歴研究のテーマ、研究方法において多様性が必要とされているように思われる。

注

（1）内閣府「Society 5.0とは」https://www8.cao.go.jp/cstp/society5_0/（２０２１年３月31日閲覧）。

（2）日本経済団体連合会「Policy（提言・報告書）Society 5.0—ともに創造する未来—」https://www.keidanren.or.jp/policy/society5.0.html（２０２１年３月31日閲覧）。

（3）同右（２０２１年３月31日閲覧）。

（4）茨城県古河市に位置するA小学校の教師N・Sに、２０２１年６月15日、１時間にわたって電話で面接を行った。彼は47歳であり、25年間教員を務めている。また、筆者が勤務する大学の大学院教育研究科修士課程を修了している。今回は教員文化および生徒文化についてインタビューを行った。

（5）https://www.youtube.com/watch?v=lgVMNbPFHpE（２０２１年６月７日閲覧）。

（6）「２０２２年度大学入学制度改編方案及び高校教育革新の方向」https://www.moe.go.kr/sn3hcv/doc.html?fn=12f1f89d29c4e0b6699378c2c37dab 2&rs=/upload/synap/202106/（２０２１年６月16日閲覧）。

（7）L・Eは56歳でソウル教育大学を卒業し40年間小学校の教員を務めている。彼女は韓国のソウル市内にあるB小学校の教員である。２０２１年６月15日にカカオトークというアプリを通して国際電話をし、１時間にわたって面接調査を行った。韓国の生徒文化、特に、「頭髪の自由化」、および大学入学制度改定後の状況等について面接を行った。

（8） 文部科学省「令和2年度学校基本調査（確定値）の公表について」報道発表資料（令和2年12月25日）https://www.mext.go.jp/content/20200825-mxt_chousa01-1419591_8.pdf（２０２１年６月１日閲覧）。

（9） 文部科学省「産業競争力会議下村大臣発表資料「人材強化のための教育戦略」（10／11）」（２０１３年３月）に掲載されている「世界の高等教育機関の大学進学率の推移」（25頁）https://www.mext.go.jp/component/b_menu/shingi/giji/__icsFiles/afieldfile/2013/04/17/1333454_11.pdf（２０２３年３月１日最終閲覧）。

（10） 文部科学省「産業競争力会議下村大臣発表資料「人材強化のための教育戦略」」33頁（11／11）https://www.mext.go.jp/component/b_menu/shingi/giji/__icsFiles/afieldfile/2013/04/17/1333454_12.pdf（２０２３年３月１日最終閲覧）。

（11） 第7期大学分科会の審議事項に関わる関連資料・データ、人口１００万人当たりの修士号取得者数、博士号取得者数、文部科学省「教育指数の国際比較」より作成 https://www.mext.go.jp/component/b_menu/shingi/giji/__icsFiles/afield file/2013/04/16/1333453_2.pdf（２０２１年６月７日閲覧）。

（12）国立青少年教育振興機構「高校生の意識と生活に関する意識調査報告書（概要）—日本・米国・中国・韓国—」平成27年（２０１５年）https://www.niye.go.jp/kanri/upload/editor/98/File/gaiyou.pdf（２０２１年６月７日閲覧）。

引用・参考文献

濱本真一（2020）「戦後教育達成の性差の長期変動—学校段階・階層によるトレンドの違いに着目して」『社会学評論』51(3)、３７７-３９２頁

香川めい・相澤真一（2006）「戦後日本における高卒学歴の意味の変遷—教育拡大過程前後の主観的期待と客観的効用の布配連関」『教育社会学研究』78、２７９-２９９頁

金美蘭（2002）「ジェンダー意識と教育アスピレーションの分化」中村高康・藤田武志・有田伸編『学歴・選抜・学校

の比較社会学』東洋館出版社、２２１‐２３６頁
中村高康・藤田武志・有田伸（2002）「終章：学歴・選抜・学校の比較社会学の可能性」中村高康・藤田武志・有田伸編『学歴・選抜・学校の比較社会学』東洋館出版社、２４５‐２５３頁
武内清（2018）「高校格差と高校教師の意識、行動」『高校教員の教育観とこれからの高校教育』中央教育研究所、53‐65頁
竹内洋（2016）『日本のメリトクラシー　増補版』東京大学出版会
Thurow, Lester C. (1972) Education and Economic Equality, *The Public Interest* 28 (Summer 1972), pp.66-81.
恒吉僚子（1996）「多文化共存時代の日本の学校文化」堀尾輝久・久冨善之編『講座学校６、学校という磁場』柏書房、２１６‐２４０頁
渡辺秀樹・金哲・松田茂樹・竹ノ下弘久（2013）『勉強と居場所―学校と家族の日韓比較』勁草書房
黄順姫（1998）『日本のエリート高校』世界思想社
黄順姫（2000）「日本的集団主義における新たな信頼問題、」駒井洋編『日本的知の死と再生―集団主義神話の解体』ミネルヴァ書房、１４７‐１９１頁
黄順姫（2007）『同窓会の社会学』世界思想社
黄順姫（2018）「高校間格差と同窓会・卒業生援助・支援の差異」『高校教員の教育観とこれからの高校教育』中央教育研究所、１００‐１１３頁
黄順姫（2019）『身体文化・メディア・象徴的権力』学文社

初出一覧

第1章　以下を再構成し、大幅改稿。

・「記憶のなかの学校」竹内洋編『学校システム論』放送大学教育振興会、2002年、138―150頁／序章『同窓会の社会学』世界思想社、2007年、1―19頁

第2章　以下を改稿

・「学校文化の身体化―名残の伝統・継承される伝統」竹内洋編『学校システム論』放送大学教育振興会、2002年、75―87頁

第3章、第4章　書き下ろし。

第5章　初出は以下の通り。

・「学校体育における身体文化の多重性と両義性―捏造される戦時期の身体・メタ身体の狭間」杉本厚夫編『体育教育を学ぶ人のために』世界思想社、2001年、62―80頁

第6章　初出は以下の通り。

・「高等女学校同窓会の身体文化―戦時期の実践と記憶の再構築メカニズム」竹内洋・稲垣恭子編『不良・ヒーロー・左傾』人文書院、２００２年、２０７―２３８頁

第7章、第8章　以下を再構成し、改稿。

・「「信頼資本」、「社会的資本」蓄積の場としての部活動―教育変動の危機にたつ高校のサバイバル・ストラテジー」『社会学ジャーナル』筑波大学社会学研究室、30号、２００５年、87―１２６頁

第9章　初出は以下の通り。

・「高校間格差と同窓会・卒業生援助・支援の差異」『高校教員の教育観とこれからの高校教育』中央教育研究所、２０１８年、１００―１１３頁

第10章　初出は以下の通り。

・「「日本」と「韓国」の交差的視点からみた「投資としての学歴」：教育システム、「地位降下防衛機能」、不安」日本教育社会学会編『教育社会学研究』第１０８集、２０２１年、39―66頁

ま行

や行

ら行

た行

な行

は行

さ行

索　引

【著者紹介】

黄　順姫（ファン・スンヒー）

1958年大韓民国に生まれる。1987年九州大学教育学研究科博士課程単位取得満期退学、1987-1989年九州大学教育学部助手、1990年筑波大学社会学博士学位取得、1991年筑波大学社会科学系専任講師、1999年同大人文社会科学研究科助教授、2006年より教授。1994-95年米国アイオワ大学（University of Iowa）アジア太平洋研究所招聘在外研究員、2012年韓国高麗大学日本研究所招聘在外研究員、2012-13年米国エール大学（Yale University）人類学招聘在外研究員。

現在　筑波大学人文社会系教授

専攻　教育社会学、文化社会学、スポーツ社会学

主要著書・論文『日本のエリート高校―学校文化と同窓会の社会史』（世界思想社、1988年）、『同窓会の社会学―学校的身体文化・信頼・ネットワーク』（世界思想社、2007年）、『エリート教育と文化』（培英社新書［韓国］、1994年）、『身体文化・メディア・象徴的権力―化粧とファッションの社会学』（学文社、2019年）、『W杯サッカーの熱狂と遺産』（編著、世界思想社、2003年）、「日本的『集団主義』における新たな信頼問題―グローバルとローカルの接点に生きる身体」（駒井洋編『日本的社会知の死と再生―集団主義神話の解体』ミネルヴァ書房、2000年）、「集団形成の原理」（井上俊・伊藤公雄編『日本の社会と文化』世界思想社、2010年）、「社会的・文化的体罰の日本・韓国の比較」（日本体育学会編『体育の科学』Vol.63、2013年）、「小学校教員が考える子どもの学力格差の発生時期・要因と対策」（『小学校教員の教育観とこれからの学校教育』No.98、中央教育研究所、2022年）。"Football, fashion and fandom-Sociological reflections on the 2002 World Cup and collective memories in Korea", Wolfram Manzenreiter and John Horne (ed.), *Football Goes East*, Routledge, 2004［英国］／"Korea and Japan: 2002 Public Space and Popular Celebration", Alan Tomlinson and Christopher Young (ed.), *National Identity and Global Sports Events*, State University of New York Press, 2006［米国］／"The Body as Culture: The Case of the Sumo Wrestler", William W. Kelly and Atsuo Sugimoto (ed.), *This Sporting Life*, Yale University CEAS Occasional Publications, 2007［米国］／"The Circulation of Korean Pop: Soft Power and Inter-Asian Conviviality" Eric Tagliacozzo, Helen Siu, and Peter C. Perdue (ed.), *Asia inside Out Volume II: Connected Places*, Harvard University Press, 2015［米国］他多数。

学歴の専有と意味 ―投資・身体化・文化圏―

2024年３月25日　第一版第一刷発行

著　者　　黄　順姫

発行者　田中　千津子

発行所　株式会社　学文社

〒153-0064　東京都目黒区下目黒3-6-1
電話　03（3715）1501（代）
FAX　03（3715）2012
https://www.gakubunsha.com

印刷所　新灯印刷株式会社

ISBN978-4-7620-3328-5